엄마도
아프다

엄마도 아프다
: 이 시대의 엄마 노릇

지은이 _ 나임윤경, 김고연주, 로리주희, 박진숙, 이유진, 최시현, 태희원
펴낸이 _ 이명회
펴낸곳 _ 도서출판 이후
편집 _ 김은주
본문 디자인 _ 이수정
표지 디자인 _ 박진범

첫 번째 찍은 날 2016년 4월 28일
세 번째 찍은 날 2017년 8월 23일

등록 _ 1998. 2. 18(제13-828호)
주소 _ 10449 경기 고양시 일산동구 호수로 358-25(동문타워 2차) 1004호
전화 _ 031-908-5588 전송 02-6020-9500
http://blog.naver.com/ewhobook

ISBN 978-89-6157-086-2 03300

이 도서의 국립중앙도서관 출판시도서목록(CIP)은 e-CIP 홈페이지
(http://www.ni.go.kr/cip.php)에서 이용하실 수 있습니다.
(CIP 제어번호: CIP2016008777)

엄마도
아프다

이 시대의 엄마 노릇

나임윤경

김고연주

로리주희

박진숙

이유진

최시현

태희원

이후

차례

모성, 성찰이 필요한 사랑

나임윤경

한국 사회에서 '엄마 노릇'*을 비롯한 여성에 대한 얘기를 하기란 쉽지 않다. 성찰적으로 이야기를 하다가도 곧 이 사회의 고질적 습관이 고개를 들며 마지막엔 "그러니까 여자들이 문제라니까"로 끝나기 일쑤기 때문이다. 지금 한국 사회에 팽배한 '일베', 혹은 '일베성 집단'의 여성 혐오 발언과, 그들을 반사 mirroring하며 패러디하고 저지하는 진영의 고된 투쟁을 보노라면 여성에 관한 얘기들이 또 '지저분한 입들'을 거쳐 여성들을 더욱

---

* 이 책에서 '엄마 노릇'은 부정적인 뉘앙스를 담고 있기에 따옴표(' ')를 사용한다. 정부와 사회는 물론 아이의 아버지에게도 요구하지 않고, 엄마 혼자 아이들의 학교 성적(건강, 봉사 활동 등 대입이나 취업을 위한 스펙)을 향상시키기 위해 하는, 엄마가 할 수 있는 자녀에 대한 모든 관리적 노력을 뜻한다. 특히 사교육을 중심으로 한 엄마들의 경쟁적 관리 노력을 뜻한다.

피곤하게 하는 것은 아닐까 지레 겁먹게 된다. 그럼에도 이 책의 저자들이 '엄마 노릇'에 대해 말하기로 맘먹은 것은, 조금은 거창하게 말하자면, 우리가 공부를 통해서 이루고 싶었던 것이 여성들이 함께 이루는 '해방'이었기 때문이다.

이 책 저자들은, 대개 그렇듯 살아온 여정과 배경, 연령과 성향, 그리고 성깔과 입맛은 제각각이다. 그렇지만, 지금처럼 치열하게 살아 내던 수십 년 전 어느 날, 일상적이던 어떤 경험과 현상이 그날 따라 '이건 좀 아닌데……'라며 머리를 땅 때리듯 강렬하게 다가왔던 공통의 경험을 갖고 있다. 그런 순간들이 켜켜이 쌓여 갔지만 답을 찾을 수 없어 답답해하고 있을 때, 페미니즘이라는 낯설고 두렵고 유별난 학문이 '이건 좀 아닌 것' 같은 것들에 대해 선명한 시각을 드리운다는 사실을 알게 됐다. '꼴통 지식'으로 통하는 페미니즘의 선명한 시각이란 곧 내가 '식민화'된 상태에 있음을 비추는 것이었고, 그것은 마치 식민지 주민들이 생각은 있으되 말할 수 없고, 말할 수 있다 해도 지배자의 언어로밖에 할 수 없었던 그런 상태를 의미했다. 조혜정이 『탈식민지 시대 지식인의 글 읽기와 삶 읽기』*에서 누누이 말하고 있는 것처럼, 피식민지인에게 생각과 말을 찾는 과정이 해방의 과정이듯, 이 책의 모든 저자들도 자신의 생각과 말을 찾아, 해방을 위해 2000년대 초반 즈음 신촌으로 모여들기 시작했다.

---

* 조혜정, 『탈식민지 시대 지식인의 글 읽기와 삶 읽기』, 또하나의문화, 1992.

우리는 신나게 떠들고, 토론하고, 여행하고, 분노하고, 울고, 웃으며 결국은 다른 여성들과 함께 이 상태보다 나아지기 위해 무언가 해야 한다는 것을 알게 됐고, 그것을 깨닫는 사이 십여 년이 흘렀다.

페미니즘은 여성해방을 위해 해체해야 할 가장 강력한 체제로 가부장제를 지목했다. 그러자 일상에서 많은 여성들은 어떤 것들이 우리의 해방을 막으며 식민의 상태로 두게 하려는 것인지 보기 시작했다. 그런데 당황스럽게도 그 가부장제라는 것이 여성의 밖에만 존재하는 것이 아니었다. 나와 다른 모든 여성들의 내부에, 마음에, 정신에, 행동에…… 똬리 틀 듯 자리 잡고 있었던 것이다. 그러므로 프랑스 철학자 푸코의 말, "권력은 어디에도 없으나 도처에 있다."는 진리다. 또한 '훈남'과 '초식남'들이 넘쳐 나는 한국 사회에서 "가부장제는 어디에도 없지만 도처에 있다."가 완벽하게 성립한다. 그 '도처到處'라는 곳에 이 책의 저자들은 물론 수많은 여성들의 생각, 심리, 감정, 몸, 행동, 언어 등도 포함되어 있음을 인정하는 것이 쉽지만은 않았다. "우리의 발목을 잡은 것이 가부장제뿐만 아니라 우리도?"라고 깨닫듯 묻는 것은 정말 괴로운 일이다.

이러한 문제의식과 정확히 조우하는 여성의 실천에 '엄마 노릇'이 있다. 그 누구도 여성들을 가둬 두고 아이들만 돌보라고 강요하지 않는다. 그렇지만 '좋은' 엄마들의 대부분은 아이와 함께 있든 따로 있든 모든 촉각을 아이들에게 세우고 있다. 그럼에도 '엄마 노릇'이 힘들다고 말할 수 없거나 말하더라도 이 사회에서 통용될 수 있는 언어로밖에 할 수 없다. 예전의 '미운 일곱 살'이 '때려 죽이고 싶은 일곱 살'이 되었다는 '농담유골' 같은 말은 있지만 감히 그렇게 말할 수 있는 엄마는 흔치 않다. 그러므로 EBS가 만든 다큐멘터리 〈마더 쇼크〉 속의 엄마들은 자기 아이에 대한 귀찮음과 애정 없음을 넘어 혐오감까지 드러내지만 그건 다큐멘터리 안에서일 뿐이다. 이 엄마들은 이 '일베적'인 한국 사회에서 자신의 말을 통용시킬 수 없고, 통용시킨다면 그 즉시 '나쁜' 엄마로 매도될 것을 안다.

꽤 정성스럽게 만든 것으로 보이는 〈마더 쇼크〉에는 이상하리만치 아빠들이 등장하지 않는다. 엄마들에게만 집중해 보겠다는 제작진의 의도였겠으나, 한국 사회에서 육아 장면에 남성이 출연하지 않는 것은 사실 자연스럽다. 아빠가 참여하지 않는 돌봄 노동이기에 엄마들은 헌신적이지만 분노하고, 결국엔 분노하는 그녀를 사회는 물론 그녀 자신도 '나쁜' 엄마라 부르며 꾸짖는다. 제작진은 이 힘든 과정을 지켜보며, 그 원인을 엄마와 그녀 엄마의 건강하지 못한 관계 때문이라고 밝힌다. 아이의 아빠와 그의 아버지는 거기에 없다. 결국 아이의 모든 것은 엄마 책임, 그것도 모자라 엄마의 엄마에게까지 전가된다. 한국 사회는 이렇듯 두꺼운 얼굴을 갖고 있다.

친구들과 혹은 단체로 한류 스타를 만나러 한국에 나들이 나와 한국 곳곳의 맛집을 누비는 일본 여성들을 우리는 가까이

서 본다. 그 또래 한국 여성들은 친구들과 해외여행은커녕 1박 2일 국내 여행도 못(안) 한다. 2장의 저자 이유진이 말하고 있듯, 한국 엄마는 과학적 모성으로써 가족의 건강과 안녕을 지키는 '홈닥터'이기 때문이며, 3장의 태희원이 밝히고 있듯 자녀들의 정서와 외모를 관리하고 그들과 '거래'하며 성적을 관리해야 하기 때문이고, 5장의 최시현이 일갈하듯 경제적 공황 상태의 가정에서 가족 구성원 간의 유대를 강화해야 하기 때문이다. (그럼에도 불구하고 4장의 김고연주가 밝히듯, 엄마들은 아이들에 대해 아는 것은 별로 없다.) 이렇듯 초유부터 시작하여, 분유, 기저귀, 백신, 마스크, 소고기를 비롯한 각종 먹거리, 스펙, 대학, 취업…… 아이들을 위한 끝없는 돌봄을 하며 한국 엄마들은 정말 열심히 산다. 그런데 우리 아이들은 행복하지 않다고 말한다. 행복감이 주관적이라고는 하지만 OECD 회원국 중 한국 사회의 아동, 청소년, 청년들이 객관적으로 가장 행복하지 않다고 밝혀질 때면, 새삼 열심히 뒷바라지한 엄마들의 희생은 어떤 의미인지 따져 보게 된다. (각 나라 엄마들의 행복감을 따져 본다면 한국 엄마의 행복감 역시 최하위일 것이다.) 그러므로 우린 괴롭다. 괴롭다 못해 외롭다. "엄마들이 우리보다 열심히 사는 사회 있으면 나와 보라고 해!"라며 당당하게 외치고 싶다. 그러나 오르지 않는 성적에다, 무표정한 얼굴로 엄마와 눈 맞춤도 않는 아이들을 보면 움츠러든다. 나쁜 경쟁 시스템을 계속 유지하며 엄마들을 사교육 기계로 만들어 놓은 이 사회는 뻔뻔하게도 엄마들을 '극성', '치맛바람', '헬리콥터 맘', '매니징 맘'으로 부른다. 그것도 모자라 아동 및 청소년의 OECD 행복 지수 성적표를 받아들 때마다 "그러니까 여자들이 문제라니까"라고 말하고 싶은 표정이다. 엄마들은 괴롭고 외로운 데다 억울하다.

출구는 없을까. 가족들의 건강, 감정과 정서, 성性, 학업과 성취, 살림 등은 사회와 개인과 가족이 협력적으로 돌보거나 기획하도록 하는 건 어떨까. 그리고 '나' 역시도 건강, 감정, 노동, 성취를 돌봄 받으며 자녀 양육에 '관여'는 하지만 '전담'은 하지 않는 그림을 그려 보는 건 불가능할까. 이 어려운 질문에 답은 못 하겠지만, 이 책의 저자들은 다른 여성들과 함께 그 답을 찾아가는 여정을 상상한다. 지금까지 '엄마 노릇'과 관련해서 얘기가 덜 되었던 것들, 혹은 여성들에게 불리하게 논의되었던 것들에 대해 좀 더 나눠 보고, 대안을 제시하기 위해서.

1장 「지금은 성찰의 시간: 시대의 거울, 아이들을 보며」에서 나임윤경은 요즘의 중고생들과 대학생들을 대하며, 또한 졸업생들에게서 듣는 30대의 모습을 접하며, 요즘 아이들이 '이상하다'고 말한다. 헌신적으로 열심히 길렀건만 도무지 맘에 들지 않는 이들은 '엄마 노릇'의 어떤 부분을 들여다보게 한다. 아니, 들여다보자고 제안하는 듯하다.

2장 「엄마로 사는 건 너무 힘들어: 과학적 모성의 불편한 진실」에서 이유진은 요즘 엄마들의 '엄마 노릇'이 '계보'가 있다고 말한다. 근대 시기에 들어서 한국 사회에 이른바 '신여성'이 출현한 이래로 여성은, 한국 사회의 '야만'과 '문명'을 가르는 척도처럼 여겨졌다. 그리하여 끊임없이 (야만과 대척점에 있는) 문명사회를 도래시킬 '과학적' 모성으로 호출되었다. 오늘의 '엄마 노릇'은 바로 그 '과학적' 모성이라는 밑그림을 갖고 있다. 전염병 창궐 같은 한국 사회의 위기 때마다 그 밑그림은 더 이상 '밑'그림이 아니라 하나의 언명처럼 엄마들을 동원하고 호출해 낸다. 그러므로 위기 아닌 일상에서도 '엄마 노릇'은 매일매일 만들어진다, 점점 더 강하고 촘촘하게.

3장 「자녀와 거래하는 엄마들」에서 태희원은 친밀성의 영역에서마저 '엄마 노릇'이 어떻게 도구화(목적 지향적)되는지 잘 보여주고 있다. 10대에게 힘든 일상의 탈출구, '놀이'로서의 외모 관리가 있다면, 엄마에게는 자녀를 공부에 몰입하게 하는 '수단'으로서의 외모 관리가 있다. 10대들이 탈출구를 필요로 할 만큼의 억압적 일상에 놓인 것은 외면한 채, 여전히 성적 향상을 위한 '관리' 모드에 있는 '엄마 노릇'은 이대로 괜찮은지 묻고 있다.

4장 「성춘향과 이몽룡도 십 대였는데: 깜찍한 아이들에게 말 걸기」에서 김고연주는 어른들이 도저히 마주하고 싶지 않은 10대의 한 면을 담담히 써내려 간다. 담담할 수밖에 없는 것은 10대들의 '활발한 성性'은 부모만 제외하고 이들에게 관심 있는 어른이라면 누구나 다 아는 사실이기 때문이다. 10대들을 성적性的 주체가 아니라 성적成績 주체만으로 보려 하는 부모들에게 이제는 아이들과 학교 성적 얘기만이 아니라 성적인 이야기도 함께 나누어야 한다고 말한다.

5장 「캥거루 가족의 딜레마」에서 최시현은 끝날 줄 알았던 '엄마 노릇'은 사실 끝나지 않을, 그래서 어쩌면 처음부터 다르게 수행되었어야 했음을 암시하듯 보여 준다. '엄마 노릇'에 길들여질 대로 길들여진 '다 큰' 자식들은 영어 실력을 비롯한 화려한 스펙을 두루 갖춰 '주었건만' 후기산업사회의 전형적인 경기 침체로 독립이 불가능하다. 이들은 집에 머물며 때론 '방콕' 상태인 아버지와 긴장 관계를 만들기도 한다. 이때 '엄마 노릇'은 이 둘 사이의 조정자로, 흔들린 가족 경제의 기획자로 '또다시' 수행되어야 한다. 여성들에게 그래도 '엄마 노릇'을 결코 끝내지 않을 것인가 묻고 있는 듯하다.

6장 「일하는 아이들에게도 돌봄이 필요해」에서 박진숙은 집 안에서의 '엄마 노릇'보다 집 밖에서 '어른 노릇' 하는 것에 대한 의미를 겸손하게 보여 준다. 끝나지 않을, 무엇보다 그 누구도 행복해하지 않는 '엄마 노릇'의 결과를 알고 있었다는 듯, 박진숙은 스스로 사장이 되어 '다 큰' 남의 집 자식들에게 때론 '꼰대' 노릇을 하고, 때론 그들과 싸우며 '어른 노릇'을 했다. 그랬더니 그 남의 집 자식들이 독립을 꿈꾸기도 하고, 희망을 가지는 것도 같다. 물론 '어른 노릇'의 결과가 달콤하기만 한 건 아니다. 그럼에도 '엄마 노릇'이 아니라 '어른 노릇'에 나서야 한다고 말한다. 그것이야말로 '사회적 변혁'의 다른 말이고, 우리가 어렴풋이 깨닫게 된 '해방'의 길이기 때문이다.

7장 「〈줌마네〉라는 낯선 세상에서」에서 로리주희는 〈줌마네〉 공동체를 직접 만들고 운영하면서 겪은 '엄마 노릇'으로부터의 해방 과정을 들려준다. 아이를 억지로 떼어 놓고 엄마들끼리 모이는 순간부터 비난은 쏟아졌다. "무슨 영광을 보려고?" "나라를 구하는 것도 아니면서!" 자기 안에서, 그리고 밖에서 들려오는 비난은 이 모임을 곧잘 멈추게 했고, 맨 처음으로 돌아가게 만들곤 했다. '해방 프로젝트'는 쉽지 않았다. 〈줌마네〉에서의 시간 이후 "집으로 돌아가는 길에 (아이의) 대학 입학 설명회장으로 향했다."고 말하는 한 여성의 고백은 이를 말해 준다. 그럼에도 이 과정이 '엄마 노릇'보다 중요한, 아니 자신에게 더 큰 충만감을 주는 이유는 희생자라는 생각에서 벗어날 수 있기 때문이다. 그럴 수 있을 때 아이들의 성장은 물론 자기 자신의 성장도 도모할 수 있다.

8장 「혼자 하는 '엄마 노릇'에서 함께하는 사회적 모성으로」에서 나임윤경은 혼자 아닌 여럿이서, 경쟁 아닌 동반 성장을 도모한 기획들이 나름의 성공을 거두고 있음을 공동체의 실명을 들어 가며 말한다. 그러면서 묻는다. 이런 노력들이 '사회적 모성'이라는 모호한 개념의 구체적 실천이 아닐까? 정확히는 모르겠지만. 어쩌면 바로 그렇기 때문에, 각자의 공간에 맞춰 실천 방법을 달리 할 수 있는 게 아닐까? 그것이 아이들을 살리고, 또 우리 여성들이 해방되는 길이 아닐까? 하고 말이다.

엄마도 아프다

여성학자들이 한국의 저출산 '사태'를 출산 파업으로 부르며 그 파업의 위력을 얘기했던 적이 있다. 노동자들이 파업으로 자본가들에게 힘을 행사하고 더 나은 노동조건을 이뤄 온 역사에 대한 비유일 것이다. 이런 주장을 폈던 이들은 주로 '래디컬 페미니스트'들이었다. 한국에서 '래디컬radical'은 주로 '급진'으로 해석되는 경향이 있지만, 나는 '근본'이라 해석하는 것이 더 정확하다고 본다. 바로 그 '래디컬 페미니스트'들은 인류 평등을 이루는 가장 근본적인 실천으로 인류 재생산, 즉 출산의 변혁을 꼽는다. 한국의 페미니스트들이 저출산을 '출산 파업'이라 개념화한 것도 그런 까닭이다. 나는 여기서 한발 더 나아가 우리가 '엄마 노릇' 파업을 기획하면 어떨까 하는 상상을 해 본다.

페미니스트 조주은은 『기획된 가족』*에서 집과 직장을 정신없이 오가는 이른바 고소득자 여성들을 다룬다. 그리고 이들이 안팎으로 뛰며 직장과 가족을 '완벽히' 돌보았기 때문에 한국 정부가 가족 정책과 복지에 한발 빼는 결과를 낳았다고 말한다. 가뜩이나 모든 책임을 가족, 개인에게 미루기만 하는 무책임한 한국 정부는 집 안과 밖을 알아서 돌보는 이런 여성들의 존재가 반갑기만 하다. 호재好材가 아닐 수 없다. 그러니 정부는 더욱 나태해질 밖에. 이 지적에 나는 동감한다. 책 속의 그녀들뿐만이 아니다. 한국의 엄마들은, 적어도 우리가 익히 알고 있

---

* 조주은, 『기획된 가족』, 서해문집, 2013.

는 그 어떤 다른 나라의 엄마들보다 자식과 가족의 뒷바라지에 열심이다. 그러나 역설적이게도, 그것이 복지에 대한 정부와 사회의 무능과 무책임, 더 나아가 뻔뻔함을 부추겼다고 생각한다. 이런 맥락에서 나는 '엄마 노릇' 파업을 상상하는 것이다.

엄마들이 내 아이와 내 가족을 돌보는 일에 파업을 선언한다면 어떻게 될까? 육아와 가사에서 손을 떼는 대신 사회적 돌봄을 기획하고 실천한다면? 물론 그 기획에는 정부, 아이 아빠, 그리고 아이의 공동체까지 모두 돌봄 노동에 참여시키는 방법이 들어 있어야 한다. 그럼 엄마들은 뭘 할까? 일본 여성들처럼 국경을 넘어 다니며 자신들의 사회와 정부가 무시해 왔던 이웃 나라 시민들과의 평등한 교류를 실천할 수 있을 것이다. 이런 교류는 전쟁을 반대하는 이유를 감각적으로 이해하는 계기가 될 것이다. 또한 그렇게 몸으로 알게 된 지식을 자기 사회에 전달할 수도 있을 것이다. 밀양과 강정의 그녀들처럼 반핵·반전 운동을 기획하고 시위에도 참여하면서 다음 세대를 위한 안전한 터전 마련에 기여할 수도 있을 것이다. 그 과정에서 정경 유착으로 태어난 한국 정치의 근본 한계를 깨닫고 한국 정치가들에 대한 이유 있는 불신을 공고히 할 수도 있겠다. 나라 곳곳에 수많은 생활협동조합을 꾸리며 이미 이러한 실천과 그보다 훨씬 많은 일들을 거뜬히 해내는 한국 여성들을 보면 사실 이런 내용들은 특별하지도 않다.

페미니스트들이 남성(남편)들로부터의 경제적 독립이 여성의 해방을 이루는 최고의 수단인 것처럼 말한 적이 있었다. 서구사적으로 보자면 1970년대가 될 터이지만, 경제적 성취를 이룬 여성들이 자녀와 남편에 대한 '죄의식'에서 벗어날 수 없었음이 이후 속속 보고되었다. 21세기 한국의 『기획된 가족』에는 일요일에도 일하는 아내를 비난할 목적으로 회사 1층 경비실에 아이를 두고 간 남편과, 분노하는 대신 오히려 남편의 감정까지 보살피는 고소득 여성이 소개된다. 이렇듯 여성의 해방은 경제적 성취를 비롯한 다양한 분야에서의 물질적 성취와 무관할지 모른다. 결국 페미니스트들의 경제적 성취에 관한 주장은, 당시에도 지금에도 옳았다고 볼 수 없다. 보다 근본적인 곳에 여성의 억압과 식민 상태가 있는 것이다. 이 책은 그것을 한국 여성들의 '엄마 노릇'에 있다고 전제하였다. 그래서 저자들은 그 '엄마 노릇'에 대해 얘기하기로 하고 모였다.

막상 '엄마 노릇'에 대한 책을 쓰려니, 오래전부터 하고 싶었던 일이었음에도 돌연 겁이 났다. 주로 이 책에서 기술된 '엄마 노릇'에 관한 얘기는 대중 강의에서 만났던 여성들로부터 얻은 영감에서 비롯된 것인데, 첫째, 이분들이 이 책을 읽고 화를 내시면 어쩌나 하는 마음과 둘째, 이렇게 부분적인 경험만으로 책이라는 것을 펴내도 괜찮을까 하는 걱정이 밀려왔기 때문이다. 그러나 어차피 모든 지식은 상황적이고 파편적이다. 그러므로 모든 저자는 자신이 말하는 내용이 진리이며 인간 경험의 보편성에 근거하고 있다는 '사기'를 쳐서는 안 된다고 가르쳐 준 페미니스트 선배들의 통찰과 조언에서 힘을 얻었다. 많이 알기 때문에 발언하고자 하는 욕구가 생기기도 하겠지만 때론 무지가 발언의 용감함을 부추긴다. 이 책의 결과물은 아마도 후자 때문이 아닐까 한다. 어쨌든 지식은 보편적이기보다 파편적이다.

이 책의 저자들이 일상적으로 토론할 수 있고 함께 놀 수 있는, 그늘 있는 잔디밭이 되어 준 연세대학교 문화학협동과정 공동체는 저자 모두에게 지적 자극이고 휴식이다. 유머와 지성이 한 쌍임을 보여 줌으로써 재미있게, 또한 진지하게 페미니즘의 이론과 실천을 공유하는 김현미 선생님께 저자 모두 묵혀 둔 감사의 인사를 전한다. '정년'이라는 제도적 물러남에 묶이지 않고 싱그러운 미소와 10대처럼 '앞뒤 안 재는' 눈으로 우리 공동체에 여전한 영향력을 발휘하시는 조한혜정 선생님께도 깊은 감사를 드린다. 조금 뜬금없지만, 이 지면을 빌어 문화학협동과정 졸업생, 재학생, 휴학생, 그리고 두 분 선생님과 우리 저자들은 진정 좋은 팀이라고 감히 말하고 싶다. 이 팀워크를 발판으로 우리 공동체가 앞으로도 지금까지처럼 사회에 대한 여성주의적 말 걸기와 실천들을 계속해 나아갈 줄로 믿는다.

마지막으로 이 책이 나오게 된 배경적 감성을 적으며 여는 글을 맺으려 한다. 최근 텔레비전의 공익광고에는 선배나 친구들에게는 밥 한 끼 신세만으로도 고마워 어쩔 줄 모르면서, 끼니는 물론 일상을 살뜰히 보살펴 주는 엄마에겐 덤덤하기 짝이

엄마도 아프다

없는 어떤 아들, 그러나 우리 모두의 모습이 나온다. 처음 그 광고를 접했을 땐, 내 엄마에게 나는 어떤 딸인지 텔레비전 앞에 멈춰 생각에 잠겼었다. 그러곤 상투적으로 "잘해 드려야지……" 라고 다짐했다. 다시 하던 일을 하려는데, 얼굴로 두어 방울 눈물이 또르르. 양심보다 몸이 더 엄마에 대한 나의 부채를 기억하고 있었나 보다. 양심보다 더 양심 있는 몸 같으니……. 탕감 받을 길은 요원한데 최근 병치레로 그 엄마에게 또 큰 빚을 졌다. 쉰이 넘은 딸의 병치레가 무에 그리 큰일이라고 팔순의 노구老軀에 요것조것 맛난 것 만들어 내 입에 챙겨 넣느라 넋이 반쯤은 나간 모습이셨다. 그 모습에 다시 "잘해 드려야지……"라고 다짐했지만 이젠 안다. 이런 감상이 습관처럼 찾아오는 얄팍한 싸구려임을. 이젠 정말 이런 감정들이 엄마에 대한 개인적 부채감, 개인적인 느낌만으로 끝나지 않았으면 좋겠다. 사회 구성원을 낳고, 먹이고 입혀 기르고, 살뜰히 돌보는 엄마 노릇은 개인이 아니라 이 사회와 그 구성원 '모두'가 고마워하고 갚아야 할 일이기 때문에 그렇다. 한발 더 나아가 그 일은 우리 모두가 엄마에게, 서로에게 실천해야 하는 값진 일이기 때문에 그렇다. 그럴 수 있을 때라야 우리는 비로소 빚쟁이가 아니라 양심적인 사람으로 살 수 있다. 엄마 노릇은 엄마만 하는 일이 아니다.

1

지금은 성찰의 시간

: 시대의 거울, 아이들을 보며

•

나임윤경

•

•

•

나임윤경은 시도한 대부분의 일이 실패로 끝난, 참담했던 20대 중반에 지푸라기를 잡는 심정으로 강남의 영어 학원 강사가 되었다. 자기 또래의 '강남 사모님' 수강생들을 만나며 화려할 줄 알았던 그들의 삶이 크게 다르지 않음을 알게 됐다. 그때 '억압', '해방', '성 평등' 같은 개념들을 떠올렸고, 그런 것들을 공부하러 30대 초반에 유학생이 되었다. 제도나 법도 중요하지만 '일상'에서의 여성해방이 중요하다고 믿으며 매일매일 실천하려 투쟁 중이다.

요즘
대학생들

　　나는 첫 수업에서 늘 학생들의 자율성을 존중하겠다고 말한다. 배경과 맥락을 잘 설명해 준다면 아무리 '이상한' 생각이라도 다양성이라는 이름으로 기꺼이 존중할 것이다, 출결을 확인하지 않으니 수업에서보다 더 많이 배울 수 있는 곳이 있다면 그곳에 가서 몰입하는 것도 좋다, 그러니 강사 몰래 스마트폰이나 인터넷을 들여다보는 행동 등은 자제하길 바란다, 나는 여러분이 비겁함을 몸에 익히느니 중요하다고 생각하는 일을, 원하는 그 일을 당당하게 하길 바란다 등등 내 수업이 전제하고 있는 철학을 약 두 시간에 걸쳐 친절하게 설명한다. 그러고 나서 으레 질문을 받는데 질문들은 주로 이런 식이다. "출석을 안 부르면 전자 출결로 하시나요?", "쪽 글을 한 주 밀려서 제출하면 불이익이 있나요?", "좌석은 지정석인가요?", "시험을 안 보신다고 했는데 정말인가요?" 등의 '고딩' 같은 질문들. 수업을 통해 '자기 안에 있는 약자성, 혹은 소수자성과 만나기'를 바라는 내 뜻에 대해서는 무엇도 묻지 않는다. 좀 궁금하라고 추상적인 말을 잔뜩 늘어놓는데, 아무 관심도 없어 보인다. 아니, 사실 관심조차 없다고 해야 할 것이다. 처음에는 놀랐지만 이제는 놀라지 않는다. 다만 점수와 학점에만 목메는 이 아이들은 어디서 온 이들일까…… 궁금할 뿐이다.

대학생들은 한국 사회 대부분의 성인들처럼 자유, 정의, 진리 '따위'의 진실을 믿지 않는다. 그건 세상에 적응할 필요기 없는, 혹은 사회에서 경쟁이란 걸 할 필요가 없는, 이를테면 요즘 텔레비전 속 '자연인' 같은 사람들이나 좇는 특별하거나 유별난 가치라고 믿는다. 그러니 대학에 왔다고 해서 새삼스레 그런 것들을 추구할 리 없다. 그러므로 내가 하는 추상적인 질문들, 정답을 요구하는 것이 아니라 각자의 생각, 경험, 다른 배경을 이해하기 위한 질문들을 귀찮아한다. "당신에게 자유는 어떤 의미인가요?", "대학에는 왜 왔지요?", "인간은 왜 평등해야 하나요?", "정의롭게 산다는 건 도대체 어떤 걸까요?" 등의 질문에 대해 그들의 얼굴에 나타나는 단 하나의 표정은 '그런 걸 왜 알아야 하는데?'이다. 그렇지만 아마 대기업 신입 사원 선발 시험에 위와 같은 문제가 출제된다면 대학생들은 학원 가서라도 정답을 구해 올 것이다. 아무튼, 진리와 진실은 우리의 사유 방식과 실천으로 만들어질 수 있음을, 그렇게 사는 삶의 의미를 요즘의 대학생들과 함께 나누기란 아주 어렵다. 진리와 진실을 믿지 않으니까 그렇다. 이들은 대신 '스펙'을 믿는다. 진리와 진실이 아

엄마도 아프다

니라 스펙이 자신의 인생을 성공적으로 만들어 줄 것임을 확신한다. 그러므로 학점은 물론이고 교환학생 기회나 선후배 관계, 심지어 연애까지, 자신이 가진 모든 자원을 스펙으로 만드는 데 동원한다. 그래서인지 요즘 대학생들은 겨우 며칠 늦게 제출하는 보고서에 대해서, 그리고 겨우 몇 번 빠졌을 뿐인 수업에 대해서도 "점수를 깎나요?"라는 질문을 한다. 조금 민망해하기라도 하면 좋으련만 이익을 챙기는 일이라면 그 어떤 것에도 민망해하는 법이 없는 사람들이 요즘 대학생들이다.

이들의 부모인 우리 세대는 많은 정보를 대학생 자녀들에게 물어다 준다. 그것도 모자라 사회에서 낙오하지 않도록, 한눈팔지 말고 안정적인 삶이라는 목표를 향해 경주마처럼 뛰어 주기를 바라고 또 주문한다. 1학년생이 입학하자마자 로스쿨과 행정고시를 준비하고, 교환학생을 계획한다. 대학 생활의 정점이라는 동아리도 '학회'라는 이름으로 취업 준비를 지향하게 된 지 오래다. 학생들은 연애 또한 계산적으로 하느라 '썸'만 타다 끝내는 경우가 많다. 기성세대의 눈에는 분명히 연애인데도 '썸'이라고 말한다. 심지어 성관계를 하는 사이인데도 '썸 타는 중'이라고 말한다. 서로의 감정 상태를 살피고, 배려하고, 신경 써야 하는 연애로 돌입하지 못하는 이유는 연애가 시간과 돈, 그리고 에너지를 쏟아야 하는 일이기 때문이다. 그래서인지 대학생 자녀들에게 고등학생 때 그랬던 것처럼 "연애는 취직해서 하지?"라고 말하는 부모도 있다. 대학에 오기 전까지 '현재

적 욕망'을 유예하고 대학에 가서 그 모든 억압된 것들을 한꺼
번에 풀라 주문했던 부모들이, 이번에는 취직해서 하라고 말
한다. 놀라운 것은 적지 않은 학생들이 그 말에 일정 부분 동
의한다는 것이다.

그래서인지 대학 1학년생들은 점수 기계인 고등학교 3학년
처럼 엄청나게 피곤해 보인다. 생생한 대학 1년생이라는 의미
의 'freshman'이라는 영문자가 무색하게도 이들은 고등학교 4학
년인 듯 교실에 앉으면 엎드려 자거나 잠시 깨어 있을 땐 스마
트폰에 열중한다. 시험 문제가 출제될 것 같지 않은 참고 도서
는 거들떠보지도 않고, 어느새 시험 문제 '족보'를 찾아 헤매기
도 한다. 그러니 대학 강의실에서 토론은 불가능하다. 토론이 점
수에 반영된다는 교수의 선언이 있기 전에 이들은 절대로 입을
열지 않는다. 그러던 어느 날이었다. 그날도 학생들은 고등학교
4학년인 채로, 내가 어떤 걸 물어도, 어떤 말을 건네도 그저 멍
했다. 그날따라 화가 나서 참을 수가 없었다. 어깃장이라도 놓
아야 할 것 같았다.

"토론과 대화를 통해 자신의 생각을 객관화시키세요. 침묵하
는 동안 생각했던 것들, 그걸 다른 사람들이 들을 수 있는 말
로 표현하세요. 그래야 비로소 자신의 생각이 어떤 것인지를
알 수 있고, 그것을 알 때 다른 사람과의 차이, 또 그 차이에서
새로 피어날 새로운 생각들을 경험하고 그래야 성장이란 걸
할 수 있지 않겠어요. 성장하기 싫어? 성장하면 큰일나요?"

엄마도 아프다

그러자 어떤 학생도 마치 그동안 참고 있었다는 듯이 항변해 왔다.

"선생님, 저희는 선생님의 그 '생각해 보라'는 말씀이 제일 어려워요. 생각하는 방법을 잊었거든요. 생각이라는 것이 뭔가요? 거의 20년 동안 생각 않고 그렇게 살았는데 대학에 와서 만난 선생님들이 갑자기 저희에게 계속 생각하라 하시니 저희도 참 답답합니다!"

그 학생의 대답은 지금 대학생들에게 사유하는 능력이 없음을 말하는 것이었다. 이들은 시험 잘 보고, 자격증 많고, 외국어도 잘하지만 정작 생각하는 능력이 없다. 그렇다면 경쟁에서 살아남느라 다만 안정적인 삶만 원하게 되어 버린 우리 세대가 이 조용한 '기계'들을 만들어 낸 것일까.

하긴 그렇다. 선생님의 질문에 손을 들며 서로 "저요! 저요!" 했던 초등학교 시절을 지나 중학교에 들어오면 선생님들은 강하고 거친 목소리로 늘 "조용히 해!" "떠들 시간에 한 글자라도 더 봐!" 말한다. 진도 나가기에 바쁜 선생님들은 질문이 많은 학생들을 달가워하지 않는다. 조금 엉뚱하거나 선생님을 골탕 먹이려는 아이로 취급하기도 한다. 입시 전쟁의 마지막 단계인 고등학교 선생님들은 아예 말없이 문제만 풀거나 시험에 나올 만한 내용만 정리하여 인쇄물로 나눠 준다. 학생들은 그것만 외우면 된다. 도무지 교사와 학생 간에 말이 오고 가지 않는다. 30년 전이나 지금의 학교는 똑같다. 그동안 한국 사회가 급격히 변했음에도 학교는 놀랍게도 그대로다.

　사실 학교 교육만 아이들의 말과 생각을 막는 것은 아니다. 한국의 부모들은 아이에게 누군가 질문을 하면, 아이 대신 대답한다. 그건 대학생 자녀를 둔 부모도 다르지 않다. 미국 대학교로 교환학생을 계획한다는 친구의 딸에게 물었다.

　"교환학생 가서 특별히 하고자 하는 것이 있어? 영어만 배우러 가기엔 좀 아깝다, 그치?"

　그러자 영락없이 곁에 있던 내 친구가 대답한다.

　"여행도 하고, 어렸을 때 만났던 친구들도 보고……. 이 다음에 유학하고 싶은 곳에도 가 보고 싶대."

　친구 딸은 처음부터 엄마가 대답할 줄 알았다는 듯, 내 질문이 끝나자 엄마를 바라봤다. 초등학교 이후 말할 기회를 빼앗긴 이들에게 침묵이란 그러므로 말과 생각을 다듬는 시간이 아니다. 말할 필요가 없었으니 침묵의 시간에 사유를 할 필요가 없고, 그러다 보니 "그 '생각해 보라'는 말씀이 제일 어려워요. 생각하는 방법을 잊었거든요."라고 제 스스로도 답답해서 소리치게 되는 것이다. 생각하는 대신 그들은 그 시간에 자거나 스마트폰 위에서 손가락을 움직인다. 그러다가도 "이거 시험에 나옵니다."라는 한마디면 눈을 반짝이고 귀를 쫑긋 세운다. 이게 요즘 대학생들의 모습이다.

자식에게
헌신한다는 것은

　　미국의 페미니스트 학자 벨 훅스bell hooks는 『사랑은 사치일까?』라는 책에서 "우리(여성들)가 아무리 훌륭하다 해도 가부장적 세계에서는 결코 충분히 훌륭하지 않다는 것을 알게 된 순간부터 사랑에 대한 집착은 시작된다."*라고 시원스레 말해 버린다. 저자가 이 문장에서 말하는 '사랑'의 대상은 남성인 것으로 보인다. 그럼에도 나에게는 이 말이 남성과의 사랑은 결혼으로 '마무리'하고, 그것을 자식들과 이어 보려는 한국 엄마들의 자식에 대한 사랑으로, 집착으로 이해되었다. 한국 엄마들의 자식 사랑은 개인적으로 다른 문화권의 엄마들과 비교해 봐도 집착이라고 할 수 있을 정도로 절대적으로 보인다. 그런데 훅스의 그 말, "우리가 훌륭하지 않다는 것을 알게 된 순간부터 사랑에 대한 집착은 시작된다."를 읽고 나자 오래된 궁금증이 풀리는 듯했다. 100개가 넘는 나라들을 성 평등 지수로 줄 세워 보면 한국은 언제나 하위권이다. 이런 가부장적 사회에서 한국 여성들은 자신이 '덜 중요한' 존재임을 일찍 깨닫는다. 나의 경우 여자가 똑똑하면 남자들에게 인기가 없다는 '여성적 진리'를 꽤 이른 나이에 습득했다. 부모님이나 다른 가족에게서

---

* 벨 훅스, 『사랑은 사치일까?』, 양지하 옮김, 현실문화, 2015.

들은 것 같지는 않은데 어찌 된 일인지 나는 이미 이것을 알고 있었다. (본격적으로 남자들과 대면을 시작한 대학 시절, 나의 똑똑함이 그들을 불편하게 할까, 그래서 나의 인기가 떨어질까 나는 그들 앞에서 똑똑해 보이지 않으려 안간힘을 썼고, 그러자 나중에는 정말 그렇게 안 똑똑한 여자가 되어 버렸다.)

훅스의 말대로라면, 엄마들이 자식에 집착하는 것은 스스로가 '덜 중요한' 존재임을 깨달은 여성들이 초超가부장적 한국 사회에 적응하면서 나타난 부작용일 것이다. 훅스의 말을 더 확장해 가면, 사회가 여성들을 차별하면 할수록, 그래서 여성들이 폄하되면 될수록 자식 사랑에 몰입하게 되는 것은 아닐까 하는 질문에 닿는다. 왜냐하면 어머니 노릇을 잘 하는 것이 가부장적 사회에서 여성들이 '훌륭함'을 인정받을 수 있는 거의 유일한 길이기 때문이다. 그렇다 하더라도 여성들이 거기서 벗어날 수 있는 길은 없는 걸까. 유일한 길만을 제시하는 그들에게 "또 다른 길도 있다. 여성들이 훌륭함을 인정받을 수 있는 길은 정말 많다. 아니, 여성들이 발 딛는 곳이 모두 길이고 사실 너희들의 인정 따위는 필요치 않다!"고 선언할 수는 없을까. 그렇지만 이런 선언을 하기까지 엄마들의 일상 중 극복해야 할 일은 많아 보인다.

한창 아이들을 기르는 30대에서 40대 중반의 여성들은 결혼하지 않았거나 아이가 없는 친구들을 섭섭하게 한다. 도무지 함께 여유롭게 식사 한 끼도 나누지 않기 때문이다. 싱글 여성들

엄마도 아프다

의 말을 빌리자면 이렇다. 아이가 있는 친구들과 겨우 날짜와 시간을 정해 밥 먹고 차라도 한잔 하고 있으면, 오후 두세 시쯤 부터 친구들의 휴대전화로 돌아가면서 전화가 울리거나, 친구들 이 아이들에게 전화를 걸기 시작한다. "학교 갔다 왔니? 엄마가 냉장고에 딸기 씻어 뒀는데, 손 씻고 딸기에 연유 뿌려서 먹고 피아노 학원 가. 가기 전에 열 번 연습하고, 갔다 와서 엄마한테 전화해." 하고 말하는 식이다. 이후 둘째 아이에게도 그런 식의 전화를 하거나 학원 선생님에게 전화를 받거나 한다. 이 아이들 이 중고등학교에 들어가면 아예 친구들과의 약속은 생각도 못 한다. 그렇다면 아이가 대학생이 되면 어떨까.

대중 강의에서 엄마들을 만나게 될 때마다 그녀들이 다 큰 대학생 자녀들의 일상까지도 자세히 알고 있음에 놀란다. 어떤 요일에 어떤 수업을 수강하는지는 기본이고, 특정 과목 교수의 성향까지도 알고 있다. 자녀의 애인 이야기도 많이 알고 있으니, 요즘 대학생들은 별걸 다 엄마에게 얘기하는구나 싶다. 스무 살 이 다 되도록 엄마가 운전하는 차를 타고, 엄마가 짜 준 과외 스케줄에 따라 움직였던 아이들은 영락없이 매니저 없이는 꼼 짝 못 하는 연예인 같다.

나의 동료가 학교에서 본 광경은 이랬다. 입대 전 제출하는 휴학계를 아들 대신 작성하던 엄마가 이름과 학과를 적고 나 더니 옆에 우두커니 서 있는 아들에게 "우리 아들 학번은 뭐야 ~~~?" 하고 다정하게 물었다. 그러자 그 아들은 "엄마, 내 학번도 몰라?" 하더란다. 내가 직접 본 광경은 이랬다. 어느 해 8월 한여름, 비자를 받기 위해 미국 대사관 앞에 길게 늘어선 줄에 섰다. 내 앞에 서 있던 모녀의 얘기를 듣다 보니 딸이 미국 대학에 교환학생으로 가는데, 비자 수속을 위해 엄마가 함께 온 것이었다. 엄마는 딸이 뙤약볕 아래 더위라도 먹을세라 한 손으로는 양산을 이리저리 옮겨 그늘을 만들고, 또 한 손으로는 딸의 얼굴에서 연신 땀을 닦아 줬다. 거만한 연예인의 로드매니저역을 자처하는 그 엄마가 맘에 들지 않아 (비아냥의 마음을 담아) "교환학생 가는 데까지 따라가시겠어요." 하자 "안 그래도 데려다만 주고 오려고요." 한다.

이런 얘기는 그래도 귀여운 축에 속한다. 아들을 군대 보낸 요즘 엄마들의 헌신은 그 이전까지의 모든 열성과 희생을 뛰어넘는다. 아들의 군 생활 내내 급식용 식판에 소박한 식사를 하는 엄마도 있고, 아들이 속한 부대의 소식을 인터넷을 통해 24시간 꿰기도 하며, 아들이 장거리 행군을 하는 날에는 자신도 무거운 배낭을 메고 장거리를 걷는다는 '엽기적인' 엄마들도 있다. 어떤 엄마는 면회 때마다 아들의 여자 친구를 동행하며 아들의 연애 감정까지도 지속되도록 관리해 준다. 이 헌신과 집착의 '끝판왕'은 로스쿨이나 의대에 입학한 자녀에게 과외 선생을 물색해 '붙여 주는' 것이라고 말하는 엄마도 있다. 그러자 다른 엄마가 "그러면 다행이게? 결혼은 어떻게 하고. 또 손주는?" 이라고 타박하듯 말한다.

엄마도 아프다

이렇게 자랐기 때문일까. 대학생들은 뭔가 지시하지 않으면 스스로 하려 하지 않는다. 토론을 위해 책상을 옮겨야 할 때마저도 책상의 위치와 옮기는 방법을 일러 줘야 한다. 한 학기 내내 함께 지내는 기숙사 룸메이트의 이름과 학과를 모른다는 학생을 꾸짖으며 자기 소개하는 방법, 친해지는 방법을 가르쳐 주었다. "잘할 수 있겠어?" 하자, "선생님, 이런 거 기숙사생들 모두 모아 놓고 다시 한 번 해 주시면 안 돼요? 요즘 애들 대부분 룸메랑 몇 달이 지나도 말 한마디 안 하고 지내요."라고 천연덕스럽게 말한다.

친구들과의 밥 먹는 시간까지 쪼개, 관리하듯 '잘 기른' 아이들의 성인기 초반 모습이 이런 거라는 걸 엄마들은 알까. 아무튼 이런 맥락에서 나는 대중 강의에서 "엄마와 친한 아이들은 유치해요!"라고 말하게 된다. 그러나 이 아이들은 유치할 뿐만 아니라 보다 심각한 문제를 갖고 있다. 내가 염려하는 내용들은 아래와 같은 것들이다.

호기심과 배움에 대한 열정을 잃어버린 아이들

한국의 많은 부모들이 자녀를 보내고 싶어 하는 이른바 '인in 서울' 혹은 스카이(SKY, 서울대·고려대·연세대) 대학교 학생들을 보면 이들이 그간 어떤 환경에서 학습했으며, 학습과 어떤 관련을 맺어 왔는지 한눈에 알 수 있다. 초중고등학교 12년을 통과하면서 배움에 대한 즐거움과 새로움에 대한 호기심을 '거세'당한 이 '똑똑한' 아이들은, 그러므로 어떤 의미에서는 많은 '장애'를 갖고 있다. 나는 20대 청춘들에게 새로운 세계에 대한 호기심, 그것을 풀 새로운 지식에 대한 열정이 없는 것이야말로 우리 시대의 장애라고 생각한다. 그 장애가 현재의 '엘리트' 20대에게 만연해 있다는 건 정말 심각한 일이다. 아니, 장애를 가져야만 '엘리트'가 될 수 있다는 이 모순이 우리 시대의 크나큰 문제다.

대중 강연을 하게 되면 우스갯소리로 이렇게 말한다. "우리 중 정말 운이 없는 사람은 백 살까지 살지 몰라요. 지금을 '백 세 시대'라고들 하니까요." 그러면 사람들은 정말 어이없다는 듯 웃는다. 그런데 대기업의 경제 연구소들은 지금 20대의 평균수명을 120세로 가정하고 경제 지표를 만든다고 한다. 현재 20대 중 많은 사람들이 120세, 혹은 그 이상을 살아가야 하는 것이다. 그런데 이를 어쩌나. 이제 갓 스물이 넘었을 뿐인 이들에겐 이미 배움의 즐거움과 새로운 것을 향한 호기심이 없는데……. 대학에 들어오기 위해 인생 전반에 고루 분배되었어야 할 배움에 대한 열정과 에너지를 십 대 초반, 아니 그 이전에 다 소진했는데…….

아이들에 대한 성적 중심의 지나친 사교육열 때문에 한국은 배움에 대한 즐거움을 일찍 잘라 내는 사회다. '세계 책의 날' 등 독서를 강조하는 기념일이나 행사가 있을 즈음이면 국내 신문이나 뉴스 등에서는 한국인의 낮은 독서율을 잠깐 비판한다. 하지만 그런 비판이 학습 의욕을 조기 거세하는 한국인의 교육

엄마도 아프다

습관과 인식을 바꾸자는 담론으로 나아가지는 않는다. 초등학생 때부터 다양한 사교육으로 '뻥뻥 도는' 아이들은 이미 어려서부터 배움에 대해 싫증 낸다. 미국에서 나고 자란 나의 조카들이 긴긴 여름방학을 지루해하며 개학날을 손꼽아 기다리는 것과는 달리, 한국 아이들은 초등학교 2학년만 되어도 개학을 두려워한다. 내가 만난 초등학교 3학년 남자아이는 개학날이 다가오자 학교가 불에 타는 꿈을 매일 꾸기도 했다. 이 아이들에게 시험을 위한 (도구적) 학습이 아니라, 재미있어서, 지적 자극이 되어서, 혹은 보람 때문에 하게 되는 순수한 학습은 성적과 무관하므로 '쓸데없는 일'이 되고 만다. 성적을 올려야 하는 학습이므로 성적이 제대로 나오지 않을 땐 공부가 부담스러운 것이 되며, 무엇보다 다른 친구들보다 높은 점수를 받아야 하기 때문에 경쟁적인 학습이 된다. 그러므로 경쟁에서 지는 공부는 열패감만을 안겨 주므로 그 또한 하기 싫어진다. 아마도 공부를 잘하는 몇몇에게도 공부는 흥미로운 활동이기보다는 엄청난 스트레스일 것이다.

이러한 맥락에서 한국인 대부분에게 공부는 부담스러운 것이 되고, 공부하고픈 욕구는 일찍이 사라진다. 이렇듯 대부분의 사람들에게 학습 의욕이 사라지게 되었으므로, 한국인은 시험공부에 필요한 교과서나 참고서 말고는 읽지 않으며, 책을 읽지 않으므로 구성원들의 상상력은 빈약해진다. 배움이 즐겁지 않고, 세상에 대해 더 이상의 호기심과 상상력도 없으니 회사에서 퇴직 후 이들 역시도 남들 다하는 치킨집이나 카페를 차리려나.

자기 주도성을 상실한 아이들

삼수 끝에 대학에 입학한 어떤 학생에게 가볍게 물었다. "원했던 대학에 들어오니 좋아요?" 그런데 전혀 뜻밖의 답이 돌아온다. "아뇨……. 재수, 삼수 할 때가 좋았어요. 그땐 적어도 뭘 공부해야 하는 줄은 알았거든요. 대학에 들어오니 제가 알아서 공부를 해야 할 것 같은 분위기인데 뭘 어떻게 해야 할지 모르겠어요." 그 옆에 있던 또 다른 학생이 말한다. "저는 작년에 입학하고 나서 너무 힘들어 부모님께는 서울대를 가고 싶다 말하고 반수를 했는데요, 사실 반수 할 때가 맘이 편하고 좋더라고요. 목표가 정해져 있으니까 방황하지도 않고……. 잘 안 돼서 1학년 2학기로 다시 돌아오긴 했는데 아직도 뭘 어떻게 해야 할지 모르겠어요." 대학에서 배우는 새로운 지식에 대한 호기심도 없고, 있다 하더라도 그 호기심을 어떻게 채워 나가는지 모른다. 그러니 대학생이 되어서도 이들은 여전히 시험 범위가 정해져 있고, 객관식 시험으로 평가하고, 토론은 하지 않으며 보고서도 요구하지 않는, 이른바 '꿀 강의'만을 찾아다닌다. 어쩔 수 없이 토론 수업을 수강하게라도 되면, 이들은 침묵하거나 스마트폰을 만지거나 잠을 청한다. 다른 사람이 정해 준 똑같은 내용의 교재를 너도나도 과잉적으로 암기하고, 시험에 대비해 밤을 새워 또 외우고, 그 결과에 따라 나온 성적으로 줄을 섰

엄마도 아프다

던 지난 12년간의 일상에서 벗어나고도 다르게 공부하는 방법을 알지 못한다. 이들은 어떤 것이 자신에게 필요한 공부이고 더 중요한 공부인지 모른 채, 더 심각하게는 배움이 즐겁다는 감각을 잃은 채 대학에 들어온다. 그러니 이들은 지금까지 그래 온 것처럼 '또' 입사 시험을 준비해 대기업에 들어가는 것을 꿈꾼다. 그런데 이들이 높은 경쟁률을 뚫고 들어간 대기업에서 사십 대가 되고, 또 오십 대가 된 뒤에 회사가 이제 그만 나가 줬으면 좋겠다는 통보를 해 오면 그때는 스스로 무엇을 배워 또 다른 생을 어떻게 기획할 것인가. 자기가 주도할 필요 없이 늘 정해진 것만을 암기하듯 공부하는 것에 익숙해진 이들이 어떤 맥락에서 지도자가 될 수 있을까. 지도자는 접어 두고 노예가 되어 버린 아이들을 어떻게 할 것인지 고민해야 할 때다.

120세를 살지도 모를 이들이 고작 스무 해를 살았을 뿐인 지금부터 새로운 것에 대한 호기심을 잃고 다른 사람에 의해 주어진 정보만을 외우고 따라하는 것은 참담한 일이다. 결국 이런 젊은이들을 보려고 엄마들은 그렇게 '엄마 노릇'에 열심이었던 걸까.

관계 맺기에 실패하는 아이들

대학교는 사회에서 생각하는 것보다 크고 작은 사건과 사고가 많은 곳이다. 신입생 입학 즈음 신문 지상에 자주 오르내리는 오리엔테이션, 새내기 배움터, 엠티, 다양한 모임의 뒤풀이 같은 자리에서는 간혹 성희롱이나 성추행, 성폭력이 일어난다. 사회과학에서는 이 모두를 '성폭력'이라고 부르지만 아무튼 그런 다양한 사고가 생기는 곳이 대학이다. 서울대학교가 펴내는 신입생 관련 보고서에는 신입생들이 대인 관계에 많은 어려움을 토로하고 있음이 빠지지 않는다. 그건 물론 서울대학교 학생들만의 문제는 아니다. 왜 그럴까.

나와 몇몇 여성주의 연구자들이 연구한 바에 따르면, 신입생들이 입학 초기에 선배들의 과한 음주나 '성적인sexual' 오락 권유에 대부분 저항하지 않는 것으로 드러났다. 인맥조차 '스펙'으로 간주하기 때문이다. 선배들에게 찍히거나 눈에 나기 싫다는 것이 엄청난 음주와 불편하고 '역겨운' 놀이에 동참하게 한다. 연구자들에 따르면 대학생들은 자신들이 하는 대부분의 활동을 스펙으로 만들어 이력서에 한 줄 채워 넣기 위해 스펙에 도움이 되는 것은 참여하고, 그렇지 않은 것에는 빠진다.

이번 학기에 내 강의를 듣는 학생들은 학기 말까지 '지성인 프로젝트'를 완수해야 한다. 강사로서 나는 어떤 생각과 실천이 '지성인'다운 것인지 고민하고, 그에 따라 '지성인'의 정의를 스스로 내려 보고, 그런 '지성인'이 될 수 있도록 뜻 맞는 동료들과 실천도 해 보게 하고 싶었다. 고등학생 때까지 억압당했던 대상을 찾고 억압을 스스로 풀어내려는 실천, 그것이 지성인이 되는 한 방법이라고 힌트까지 주었다. "노래방에서 밤새워 노래하고 싶었던 욕망을 억압당했던가요? 정신을 잃을 정도로 취하고 싶었나요? 여행하고, 친구들과 밤새 자기 꿈에 대해 이야기하고, 맘껏 책을 읽고 싶지는 않았나요? 억압당했던 욕망을 찾아보세요." 그러니 정답이 있을 수 없는 프로젝트였다.

그럼에도 대부분의 학생들은 내가 원하는 '정답'을 찾아 헤매느라 너무 엉뚱한 실천들을 했다. 예를 들어 학교 앞에 쓰레기통 설치하기, 복도에 붙은 스티커 제거하기, 수업을 위한 예습과 복습 철저히 하기 등등 '학생회장' 같은 일들만 했다. 학생들이 이렇게 헤매는 것은 지난 이십 년 동안 제대로 된 '어른 노릇'을 하는 어른을 만나지 못했기 때문이었다. 아이를 평가하지 않으면서, 있는 그대로, 아이가 하는 일 모두를 사랑하고 존중하는 제대로 된 어른을 경험하지 못했기 때문이다. 다시 말하면 이들은 자신의 목소리와 욕망에 귀 기울이기보다 부모와 선생님을 비롯한 다른 사람의 평가에 연연하는 삶을 산 것이다. 그랬기에 쓰레기통 설치 같은 일을 지성인 프로젝트로 여기며 '착한' 사람 노릇을 해 버린 것이다. 그랬기에 '명문대'에 입학도 할 수 있었을 것이다.

공부를 잘하는 아이들일수록, 그리고 또 공부를 더 잘해야 하는 아이들일수록 방과 후 바로 학원으로 향한다. 학교에서 하루 종일 시험 성적과 수행 평가로 시간을 보낸 후, 또다시 자신을 평가할 학원으로 발길을 옮겨, '명문대'를 목표로 하며 밤 열한 시에서 열두 시까지 보낸다. 귀가 후에는 청소년들에게 별로 권하고 싶지 않은 예능 프로그램을 이삼십 분 보는 것으로

스트레스를 푼다고 생각한다. 자기 전 한두 시간 공부를 더 해 줬으면 바라는 엄마의 '의도적으로' 친절한 대접을 받기도 한다 (3장 태희원 글 참조). 이들의 일상에서 자신을 평가하지 않는 어른들은 주위에 별로 없다.

수업 중 토론 시간에조차도 "평가에 반영됩니다."라는 '유인책'이 있기 전에는 입을 열지 않는 학생들, 스펙이 되지 않는 활동은 아무리 의미가 깊다 해도 참여하지 않는 학생들, 교수가 던지는 사소한 칭찬에도 뛸 듯이 기뻐하는 학생들, 조금이라도 부정적인 평가에는 분노하거나 하늘이 무너질 것 같은 표정을 짓는 학생들……. 다른 이에게 평가받는 데만 익숙해진 이십 대의 '도구적' 관계가 낳은 현상이다.

성애화된 아이들

한국 청소년들은 맘껏 뛰놀거나 산과 들, 바다처럼 자연을 느낄 수 있는 곳에서 성장하지 못한다. 바쁘고 치열한 일상에서 '룸살롱' '노래방' '찜질방' 등을 '효율적'인 놀이 장소로 선택한 부모 세대 덕분이다. 그러므로 짧은 시간에 많은 양의 정보를 주입해야 하는 한국형 입시에 치이는 청소년들도 '방'을 찾아다니며 논다. 어른들의 '폐쇄적' 놀이 문화와 입시 위주의 '시간 관리'가 만나 10대 놀이 공간 '룸카페'가 탄생한 것은 당연한 일이다.

룸카페는 이름 그대로 방처럼 만들어진 카페다. 출입하는 청

엄마도 아프다

소년들의 '죄의식'을 덜어 주기 위해, 그리고 청소년 전용 공간답게 입구는 환하고 깨끗하게 꾸며져 있다. 그 안에는 새콤, 달콤, 매콤한 음식들도 차려져 있다. 그 앞을 지나는 누구도 그 안이 맛있는 음식을 먹고 노는 '건전한' 청소년 전용 공간이라는 것을 의심하지 않는다. 그러나 일인당 6천 원에서 8천 원 정도의 비용만 내면 청소년들은 입구 근처의 홀에서 맛있게 먹고, 홀을 지나면 죽 늘어서 있는 2인용 방으로 들어갈 수 있다. 어림잡아 가로×세로가 겨우 2미터×2미터 정도 되는 방 안에는 비닐 커버가 씌워져 있는 얇은 매트와 쿠션이 있다. 벽에 등을 기대고 매트에 앉으면 2미터 앞 벽에 걸려 있는 대형 텔레비전 시청도 가능하다. 그곳에서 성적인 행동을 금한다는 표식은 방문에 있는 폭 10센티미터짜리 세로 유리창이 전부다. 20대가 사용하는 문에는 불투명 유리창이, 10대의 방에는 투명 유리창이.

한국의 청소년들은 입시 위주의 억압적 교육 환경 때문에 서로를 알아가고, 이해하고, 그 과정에서 생기는 갈등과 오해를 풀며 시간이 '오래' 걸리는 연애를 모르는 것 같다. 아니, 알더라도 부모나 선생님들에 의해 "대학 가서 실컷 해."라는 말로 차단당한다. 대신 '신속하게' 성적 쾌감을 주는 자극에 일찍 노출되고 익숙해지며, 그것을 선호하게 된 것처럼 보인다. 경쟁이 극심한 사회에서는 시간과 정성, 그리고 감정 노동이 많이 들어가야 하는 연애와 관계 맺기는 불가능하다. 대신 인터넷이나 성매매를 통해 자신의 성적 욕망을 해소하기도 하는데, 청소년들의 룸카페가 이런 사실을 더욱 명확히 보여 준다. 룸카페 이용객의 성별 숫자에는 거의 차이가 없다고 한다.

'연애 불능'이 된 30대 남성들

"선생님, 드디어 저 결혼해요." 얼마 전 서른두 살의 제자가 찾아와 청첩장을 내밀었다. 그녀는 똑똑하고 위트도 있으며, 서글 서글한 인상의 유능한 직장인이다. 만나는 남자마다 3, 4개월을 못 넘기고 헤어지더니 마침내 청첩장을 들고 나타난 것이다. "왜 그간 그렇게 짧은 연애만 했던 거야?" 물으니 조금 놀랍고 '신선한' 답을 한다. "선생님, 요즘 30대 남자들은 연애를 못 해요. 조금 잘나간다 싶은 애들은요, 평일에는 물론이고 주말에도 파김 치가 되도록 일하잖아요. 그러니까 연애처럼 에너지가 드는 일은 아예 할 엄두를 못 내요. 주말에 잠깐 만나 좋은 데서 밥 먹고, 여자한테 대충 비싼 선물 쥐어 주고 호텔이나 가려 하고. 그런데 성적으로 왕성한 10대도 아니고 제 또래 어떤 여자들이 그런 걸 원하겠어요. 요즘 남자들 중에는 돈 벌어서 선물이랑 호텔비로 다 쓰는 애들이 적지 않을 거예요. 그런데 애는(결혼 상대자는) 연애할 줄 알더라고요. 저도 그렇고 애도 그렇고 아무리 바빠도 일주일에 꼭 한 번은 야외에서 산책이라도 하려고 하고, 서점에도 가고, 연극도 보고, 요리도 해 먹고. 여행이나 캠핑, 운동도 가고. 평일에는 아무리 늦어도 전화하고 자려 하고, 인터넷 대신 직접 백화점이나 시장에서 함께 쇼핑하려고 하고.

암튼 요즘에 이런 남자 만나기 어렵거든요."

요즘 남자들이 연애 대신 파김치가 된 몸으로 선물 하나 '쥐어 주고' 호텔이나 가자고 한다니⋯⋯. 제자의 얘기를 들으니 룸카페를 다녔을, 얼굴도 모르는 그 청소년들이 생각났다. 10대에는 룸카페, 20대 초반에는 디브이디룸, 멀티룸, 그리고 사회 초년생이 되어서는 호텔, 제자의 말대로 여기서 여성들은 멈추기도 하지만 남성들은 멈추지 못하고 조금 더 나이가 들면 룸살롱과 모텔이나 호텔, 성매매 등을 전전할 것이다. 한국 사회의 남성 생애를 관통하는 일관적인 뭔가가 손에 잡히는 듯했다. 일상적이고 소소한 소통과 그것으로부터 파생되는 즐거움, 노여움, 오해, 갈등, 그리고 이해하고 화해하는 과정 등을 경험하지 못한 채, 자극적이고 성적인 즐거움을 찾는 한국 남성 문화의 근원이 무엇인지 알 것만 같았다. 특히 엄청난 억압 속에서 공부만을 해야 했던 한국 '엘리트' 남성들이, 대통령을 수행하는 출장지에서도 다른 여성을 성추행하거나, 길거리에서 혼자 변태 행위를 하거나, 혹은 직장, 골프장, 룸살롱, 캠퍼스 등 때와 장소를 안 가리고, 심지어 상대가 자신의 제자임에도 불구하고 성폭력을 저지르는 이유도 알 것만 같았다.

얼마 전 종영한 종편 채널의 〈마녀사냥〉은 요즘 젊은 사람들에게 인기가 많았다. 방송에는 진행자 허지웅, 신동엽, 성시경, 유세윤과 한두 명의 연예인 패널들에게 '그린라이트'(연애 가능성이 있는지)인지 아닌지를 묻는 개인적인 사연들로 가득하다.

그 사연들은 적나라한 성적 경험을 타인에게 말하는 것에 지나지 않았다. 도대체 왜 이런 질문들을 타인에게 하는지 궁금했다. 그들은 연애 기술의 '정답', 즉 '매뉴얼'을 필요로 하는 것이다. 여자는 남자 몸의 어디를 매력적으로 생각하는가, 남자는 여자의 속옷에 흥분하는가, 데이트 첫날 어떻게 해야 하는가, 여자는 술을 먹고 좋아하는 남자 앞에서 취한 척을 해야 하는가 그렇지 않은가 따위의 '신속 정확한' 매뉴얼을 알고 있어야 이들은 비로소 관계 안에서 정답을 찾은 양 안심하는 것 같다.

오늘날 청춘들의 연애에는 갈수록 깨알 같은 스토리와 '우리만'의 서사가 없어지고 있다. 만난 지 일정 기간이 되면 이러저러한 곳에 가서 밥을 먹고, 최신의 영화를 보고, 똑같은 모양의 반지를 맞춰 낀다. 또 일정 시간이 지나면 모텔이나 자취방에서 성관계를 맺고, 사진을 찍고 때론 동영상도 남긴다. 그 중간중간 인터넷에 떠돌거나 친구들로부터 얻은 정보대로 이벤트를 하며 '개성' 있는 연애를 연출해 보지만, 결국엔 남자들이 준비하는 비슷비슷한 이벤트 중심의 연애 중인 스스로를 발견한다. 흡사 결혼기념일 등 특별한 날에 남편이 아내에게 반지를 선물하거나 핸드백을 선물하며 건조해진 일상을 극복하려는 지루한 중년 부부의 모습이랄까?

이러한 청춘들을 보고 있노라면 결국 그들이 우리 세대인 그들의 부모를 꼭 닮아 있음을 알게 된다. 그들이 이른바 '명문대'

진학 확률이 높았던 학생이면 학생일수록, 그들은 늘 도구적 관계에 놓여 있었다. 대입 직전까지 그들은 부모들로부터 "대학에 들어가면 살 쫙 빼 주고 쌍꺼풀 수술도 해 줄 테니 연애는 그때 가서 해라. 지금은 공부만 하고."라는 식의 '거래성' 발언을 무수히 들어 왔을 것이다. 그들의 사교육을 전담했던 어머니는 아이들이 조금이라도 더 책상에 오래 앉아 있도록 하기 위해 그들의 비위를 맞추었다(3장 태희원의 글 참조). 고등학교 3학년이 될 때까지 '상전' 대접을 받아 왔던 그들이었지만 그 '상전'에 대한 대접은 진심으로부터 우러나온 것이 아니었다. 그들로 하여금 더 좋은 대학에 입학하도록 하기 위한 '회유책'이나 다름없었던 것이다. 학원 강사들은 말할 것도 없고 학교 선생님들마저 그들이 좋은 성적을 가질 때라야 애정도 표현하고 존중도 해 주었다. 모든 관계가 그랬다. 스무 살까지 대학만을 향해 달려왔는데 갑자기 애인이 생긴다고 해서 건강한 욕망이 생기고 그 욕망을 같이 나눌 마음이 생길 리가 없다. 취미가 비슷하고, 생각을 나눌 수 있는 이, 미래에 대해 오랜 시간 대화를 나눌 수 있는 친구나 교사, 부모를 갖지 못했던 아이가 말이다. 다른 사람에게, 또한 시험용 공부가 아닌 그 무엇인가에 많은 시간과 공을 들이고 관계를 맺는다는 것 자체가 그들의 사전에는 없었던 일이다. 늘 효율적인 '속성'만이 그들에게 정답을 알려 주었다. 그런 '속성' 연애를 더욱 그럴듯하게 해 주는 것이 이벤트라는 소비적 행위다. 그런데, 당황스럽게도 그것은 하면 할수록 더 커지고 더 화려해져야 하며, 그에 따른 경제적 부담은 더욱 커지게 된다. 게다가 형식만을 그럴듯하게 꾸며 줄 뿐, 그 내용까지 제공해 주는 것은 아니다. 그러므로 화려한 이벤트 형식 속의 주인공들은 때론 공허하고 지루해하기도 한다.

재독학자 한병철은 그의 저서 『피로사회』*에서 오늘날의 사회가 '좋은 삶'에 대한 소소하고 일상적인 상상력, 실천, 그것에 대한 스토리를 잃고, 오지 자아의 몸, 자아의 전시 가치, 건강 가치에만 집중한다고 지적한다. 그리고 그곳에서 소셜 네트워크 속의 '친구들'은 마치 상품처럼 전시된 자아에게 관심과 칭찬을 선사함으로써 자아 감정을 높여 주는 소비자의 구실을 할 따름이라고 말한다. 이들은 개인적이고 주관적 경험까지 모두 다른 사람들의 평가의 대상으로 만든다. 또한 끊임없이 자신들의 음식, 장소, 선물, 일기 등 연출된 일상을 SNS를 통해 '재미'라는 명분으로 깨알같이 나눈다. 그러나 그것은 곧 자신이 어떤 사람임을 다른 사람들에게 보여 주려는 요즘 대학생들의 일상적 기획에 불과하다. 이것은 이벤트라는 소비를 선택함으로써 자신을 다른 사람들의 주목 대상이 되게 하고, 그것으로써 자아의 감정을 높이려는, 즉 '잘나가는 사람'이라는 (허위)의식을 조장하는 한국 사회의 단면이다. 그러므로 그들은 자신을 전시할 뿐, 그 안에서 자신이 어떤 의미를 만들어 내며 즐기려 하는지

---

* 한병철, 『피로사회』, 김태환 옮김, 문학과지성사, 2012.

엄마도 아프다

에 대해서는 관심도 없고 그럴 능력도 없어 보인다. 엄청난 소비를 부르는 이벤트는 이렇듯 의미도 없는 SNS의 기록으로만 남을 뿐이다. 그러나 그것 역시도 남들과 전혀 다르지 않은, 유행하는 소비재일 뿐이다.

결국 나는 요즘의 대학생들을 보면서 이런 상상을 하게 된다. 이들이 결혼을 하고, 가족을 만들면, 그 가족은 어떤 가족이며, 그곳에서 자라나는 아이들은 또 어떤 이들이 될까? 성적이 우수한 학생이면 학생일수록, 늘 밤 11시 이후까지 밖에서 머물며 부모나 다른 가족 구성원들과 함께 식탁에 앉은 기억이 없을 것이다. 그런데 과연 이들이 만드는 가족은 집에서 밥이나 제대로 먹으며 '식구食口'로서의 정체성은 가질 수 있을까? 일상의 소소하고 깨알 같은 에피소드와 그것으로부터의 작지만 깊은 감동, 기쁨, 노여움, 슬픔, 민망함 등……. 인간을 성숙하게 하는 이런 정동情動을 가져 본 적이 없는 사람들끼리 과연 가족이라는 것을 구성할 수나 있을까? 룸카페를 찾는 10대, 이벤트를 좇는 20대, 연애를 못 한다는 30대……. 도대체 누가 탄생시킨 새로운 인류인가?

이 모습들이 전부 '엄마 노릇'의 결과라고는 할 수 없다. 경쟁 중심적인 사회적 틀, 그 안에서 다음 세대의 경쟁력을 높일 주체로 여성만을 호명하고 이용해 온 사회는 그 책임을 피하기 어려울 것이다. 그러나 그렇게 자식들을 몰아 온 우리들에 대해서도 성찰해야 한다. 2장의 이유진이 간략하게 정리해 준 '엄마 노룻'의 사회적 동원에 관한 역사적 맥락을 보자면, 그 성찰은 쉽지 않을 것 같다. '문화적 유전자'라도 된 것처럼 어느새 한국 사회의 '좋은' 엄마로 자리 잡은 그 역할에 대한 대안 모색 없이 다만 각자의 '성찰'만으로 지금의 현실을 바꿀 수는 없을 것이다.

함께 하기를
상상하기

각자 다른 이 책의 저자들을 한자리에 모이게 한 것은 페미니즘이었다. 저자들 역시 페.미.니.즘에 대한 알 수 없는 반감, 두려움, 못마땅함, '너무 과격한 거 아닌가?' '남성 혐오주의 아닌가?', '여성우월주의는 불편한데……'와 같은 감정들을 갖고 있었다. 어떤 사회적 문제에 대해서도 각자의 입장에 따른 다른 의견을 갖기도 하고, 비슷한 의견에도 온도차를 보이기도 한다. 그럼에도 이 책의 저자들은 물론 페미니즘으로부터 영향받은 많은 이들은 여성들 간의 '연대'만이 그 모든 문제의 해법임을 알고 있다. 백지장을 혼자보다 둘이 들면 가벼워지기 때문은 아니다. 그보다는 한국 사회에서 여성이라면, 엄마라면, 온도차는 있을지라도, 자녀의 교육열에서 자유로울 수는 없기 때문이다. 사회학자 울리히 벡Ulrich Beck은 지금 우리가 사는 사회를

엄마도 아프다

'위험사회'라고 진단했다.* 과학이 극도로 발전한 지금, 인류에게 위험은 외부로부터가 아니라 내부로부터 온다며 경고하였다. 우크라이나의 체르노빌과 일본의 후쿠시마 원전 사고와 같은 재앙이 그 좋은 예다. 지구온난화와 그로 인한 가뭄, 홍수는 물론 수질 악화, 생태 파괴와 동식물의 멸종 등 인류가 무언가를 개발하고, 발전이라는 명분으로 그 개발의 속도를 경쟁할 때 결국 이 같은 파국은 오는 것이다.

나는 벡의 이러한 통찰이 다만 과학과 기술에만 국한된 것은 아니라고 생각한다. 한국 청소년들의 가장 높은 자살률에서 보듯(사실 한국은 전 연령에 걸쳐서 OECD 최고의 자살률을 보이지만, 정부는 그 어떤 대책도 갖고 있지 않다.) 이미 '위험'은 내부로부터 충분히 경고되었다. 아이들을 여기서 더 성적 중심의 경쟁으로 내몰면, 언급했듯이 단순히 생각이 없거나, 도구적인 관계를 맺거나, 신속한 흥분과 자극만을 좇는 것에서 멈추지 않을 것이다. 자살 역시도 경미한 위험으로 분류될지도 모른다. 상상할 수 없는 더 큰 위험과 재앙으로 아이들을 떠밀기 전에 이 과도한 경쟁을 멈추게 해야 한다. 이 책의 저자들은 그것을, 그 힘을 '엄마 노릇'에서 탈주하는 것에서 찾고자 한다. 그렇다면 '엄마 노릇'에서 탈주해서 어디로 갈 것인가.

* 울리히 벡, 『위험 사회: 새로운 근대성을 향하여』, 홍성태 옮김, 새물결, 2014.

2

엄마로 사는 건 너무 힘들어
: 과학적 모성의 불편한 진실

•

이유진

•

•

•

이유진은 가부장적 문화가 지배적인 대구에서 나고 자랐다. 성별 때문에 집안과 학교에서 겪은 부당한 차별을 고민하다가 여성학에 관심을 갖게 되었고, 여성 문제에 대한 기사를 오랫동안 쓰면서 복잡성과 어려움을 느껴 젠더와 문화 연구를 공부하게 되었다.

보통의 '좋은 엄마'가
되는 길은?

독신 남자들만 모여 사는 어떤 집에 아기 바구니 하나가 배달된다. 평소 예쁘고 늘씬한 여자들 뒤꽁무니 쫓아다니는 데만 온통 정신이 팔려 있던 이 남자들, 깜짝 놀라 서로 자기 자식이 아니기 때문에 맡을 수 없다고 손사래를 친다. 남자들이 야단법석을 떨던 새, 아기는 어느 틈에 집 안에 들어와 있다. 게다가 목청껏 울어 대기까지! 남자들은 자지러진다. 우선 우는 아기나 달래 놓고 보자며 한 남자가 젖병과 분유, 기저귀 따위를 사러 약국으로 급히 뛰어가는데……, 그것이 길고 긴 '육아 전쟁'의 시작이었다. 아기 용품 사는 일이 자동판매기에서 캔 음료 뽑듯 간단한 게 아니었던 것이다. 판매원은 남자에게 거듭 질문을 던져 댄다.

"아기 월령은요? 성별은요? 기저귀는 월령에 따라 여러 가지인데……. 젖꼭지는 속도 조절이 되는 삼단으로 하시겠어요? 아니면 일반? 고급 분유는 이런 게 있고, 아니면 저런 것도 있는

데……."

남자들은 비명을 지른다. '대체 애 하나 키우는 게 뭐가 이리도 복잡한 거야!' 남자들은 밤잠을 설치며 육아에 시달리고, 아이를 귀찮아하기도 하지만 날이 갈수록 강한 부성을 경험하게 된다. 결론은 해피엔딩. 프랑스 영화 〈세 남자와 아기 바구니〉*의 내용이다.

이 영화가 개봉되고 30년의 세월이 흐른 지금, 이런 에피소드는 '호랑이 담배 피던 시절' 이야기가 되고 말았다. 이제 시중의 육아 제품과 정보들은 그때와 비교할 수 없을 정도로 훨씬 다양하고 복잡해졌다. 아이들을 키우는 데 필요한 물건은 날이 갈수록 늘어만 간다. 모빌, 수유 등, 걸음마 보조기, 애착 인형, 신생아 흔들의자, 치아 발육기, 가습기 등등. 육아 용품뿐이랴. 환경 공해나 식품 오염처럼 아이를 키우는 데 주의해야 할 사항이 너무 많고 부모가 필수적으로 알아야 할 정보도 차고 넘친다. 초보 부모들은 당황하지만, 요즘은 '전문가 부모'들도 적지 않다. 이들은 학자 못지않은 식견을 자랑하며 기저귀의 장단점을 꼼꼼하게 분석한다. 아기 용품에 유해한 성분이 들어가 있지는 않은지, 분유를 제조한 나라에서 제품을 만들던 시기에 위험한 동물 전염병이 창궐한 적은 없는지 살피며 제품에 대한 다른 사람들의 평가도 면밀하게 따진다. 아이를 잘 기르기 위해

---

* Trois hommes et un couffin, 콜린 세로Coline Serreau 감독, 프랑스, 1985.

엄마도 아프다

부모가 점검해야 할 목록은 점점 늘어나고 있는 것이다.*

독일 사회학자 울리히 벡은 과학과 기술의 발전 덕에 풍요로움을 누리는 현대사회는 오히려 그로 인해 생태, 환경 위기 같은 큰 위험 앞에 놓이게 되었다고 했다.** 이 시대의 엄마들도 모르는 바 아니다. 그래서 옛날에는 상상조차 하지 못했던 공기 중 미세먼지의 농도, 유해 환경 노출에 따른 환경성 질환, 알레르기 질환 가능성을 높인다는 항생제 사용 문제, 지진 해일 같은 재해 재난에 대해서도 공부하고 대처법을 익혀 둔다. 현대의 젊은 도시 엄마들은 지금도 아는 것이 너무 많지만, 새로운 지식 정보에 대한 업데이트를 결코 멈출 수가 없다. 현대사회는 너무도 복잡해졌고, 이에 따라 육아 지식은 갈수록 정교해지고 있기 때문이다. 자연주의적 방식으로 아이를 키운다고 해서 현대 과학기술이나 의학적 처치를 무작정 거부할 수도 없다.

해야 할 일도, 공부할 것도 많아 눈코 뜰 새 없는 요즘 엄마들. 노력하면 과연 누구나 '프로 주부', '진짜 좋은 엄마'가 될 수 있을까? 아니, 그전에 과연 '좋은 엄마'란 어떤 사람들일까? '좋은 엄마'는 누구의 승인이 있어야 되는 것일까?

좋은 엄마라는 이미지는 대체로 고정돼 있다. 성모마리아처럼

---

* 페미니스트 학자들은 유아 용품 광고, 인터넷 공론 장에서 주부들이 넘치는 정보를 얻으며 '완벽한 아이'의 신화에 포섭되고 있다는 점을 밝힌다. 자세한 내용은 김보성·김향수·안미선, 『엄마의 탄생』, 오월의봄, 2014. 참고.

** 울리히 벡, 『위험 사회』, 홍성태 옮김, 새물결, 2006.

사랑으로 가득 찬 커다란 존재, 사회 전체가 큰 혼란에 빠져 있어도 자식이 쉴 자리만큼은 마련해 주는 세상에 다시없는 단한 사람, 고통스러운 출산 뒤에도 갓 낳은 새끼를 먼저 정성껏 핥아 주는 어미 개처럼 본능적이고 자연스러운 모성……. 실제 자신을 낳아 기른 '진짜 엄마'가 그런 모습이 아닐지라도 어머니라는 이미지에 대한 사회적 합의는 존재한다. 그러니 엄마들은 더욱 부담스럽다. 이상과 현실의 괴리가 워낙 큰 데다, 따뜻하고 평화로운 품성을 최고로 치던 옛날의 엄마 이미지와 달리 요즘 엄마들은 재테크 능력에 정보력까지 갖춰야 하니까. 더욱이 인터넷과 모바일의 발달로 지금은 인류 역사상 유례없이 고도화된 지식 정보 사회 아닌가. 이를테면 흔해 빠진 종합감기약, 해열제, 비타민 하나를 먹이더라도 남들의 수많은 경험과 복잡한 조언을 잘 종합하며 돈, 시간, 정성을 기울여야 한다. 그렇게 하고도 시시때때로 '그때 그렇게 하지 말걸', '다른 병원을 찾을걸', '진작 이 방법을 시작할걸' 하고 내심 후회하기도 하는 게 요즘 엄마들이다. 완벽한 아이 키우기란 불가능에 가깝다는 것을 잘 알지만, 복잡한 모성 실천을 강요하는 그물망에서 벗어날 수가 없다.

이 시대의 엄마 노릇은 '과학적 모성'과 밀접한 관련이 있다. 흔히 과학적 모성은 전문 지식과 합리적인 육아 방법을 동원하면 아이들을 잘 기를 수 있다는 믿음, 그리고 이를 실천하는 엄마들을 가리킨다. 그러나 과학적 모성이란 끝없는 기획이며 도달할 만하면 다시 출구가 연장되는 미로와 같다. 날이 갈수록 좀 더 좋은 상품, 더 설득력 있는 아동심리학, 더 정교한 교육 프로그램, 더 확실한 어린이 건강관리법 등 갱신되는 지식 정보가 한두 가지가 아닌 탓이다. 더군다나 과학적 이론도 경합하기 일쑤다. 예전에는 아기를 청결하고 위생적으로 키우는 것이 최고라고 했지만, 이제는 적당한 오염에 노출시켜야 건강하다고 한다. 우유를 많이 먹이는 게 아이들의 성장 발달에 무조건 좋다더니, 이제는 절대 우유를 먹여서는 안 된다는 전문가들도 있다. 과연 어느 것이 진실일까. 밤새 인터넷을 검색하고, 주변 엄마들의 조언에 귀 기울이며 가장 완벽하다는 선택을 하더라도 내일 당장 후회할 수 있다. 부드럽고 흡수력이 좋다며 한국 엄마들 사이에서 선풍적인 인기를 끌었던 일본산 기저귀 판매량이 2011년 3월 일본 대지진으로 인한 후쿠시마 원전 사고를 기점으로 꺾인 것이 한 예다. 과학적 모성에는 정답이 없지만 엄마들의 정교하고 속도감 있는 기획과 실천을 강력히 요구한다.

모성을 사회나 국가와 연관 지어 살펴보면, 문제는 더욱 복잡해진다. 과거 바람직한 모성은 적은 수의 아이를 낳아 잘 기르는 엄마를 가리켰지만, 지금은 많은 수의 아이를 낳을수록 사회적 지지를 받는다. 옛날에는 학교에 다녀온 아이들에게 손발을 잘 씻으라고 지시만 하면 되었는데, 이제는 손 씻기 방법을 여러 단계로 나누어 세밀하게 가르쳐야 할 정도로 엄마가 개입해야 할 일이 많아졌다. 출산 장려 정책이나 손 씻기 캠페인에서 보듯 출산과 육아에 대한 국가, 사회 공동체의 조언은 명령과 권유 사이에서 강도를 조절하면서 개인의 일상 속으로 깊숙이 파고들었다. 국가의 특정한 지시를 따르는 엄마들에게는 박수갈채가 쏟아졌지만 거부하는 이들에게는 사회적 낙인이나 처벌도 잇따랐다. 나아가 그런 엄마들은 국가의 안위를 위협하는 불온한 존재로 간주되기까지 했다. '엄마 노릇'은 언제부터 이렇게 엄청난 일이 되었을까? 보통의 '좋은 엄마'가 되어 그저 가족이 단란하고 행복하게 살 수 있는 길, 무난하면서도 성공적인 모성의 길은 정녕 없는 걸까?

근대적 어머니의 탄생

'좋은 엄마 되기'는 딜레마다. 많은 엄마들이 자녀에게 헌신하더라도 부족하다 느끼고, 헌신하지 않더라도 죄책감을 느낀다. "내 모성애가 너무 부족하거나 때로는 너무 지나친 것 같아요.", "직장을 다니는 내 선택 때문에 아이가 피해를 볼까 봐 걱정돼요.", "내가 어릴 적 엄마와 사이가 좋지 않았는데, 나도 우리 엄마처럼 될까 봐 고민이에요.", "제 모난 성격 때문에 아이의 정서가 불안한 건 아닌지 우려돼요." 엄마들은 자녀의 성장 발달을 자세히 관찰하면서 아이는 물론이고 자신의 태도와 행동 또한 매순간 점검하고 교정한다. 너무 극성스러운 엄마가 되고 싶지도 않지만, 아이한테 무관심한 엄마라는 얘기를 듣고 싶지도 않다. 방법은 단 하나. 다른 엄마들도 나처럼 생각하고 있는 건지, 내가 정말 '비정상적인' 엄마인지 '정상적' 엄마인지, 나의 모성이 적당한 수준인지 아닌지 끝없이 비교하고 확인하는 것이다. 그러자면 남의 이야기를 들어 보는 수밖에 없다. 이웃, 친구, 친척의 양육 방식을 참조하고 교육학자, 심리학자, 영양학자, 의사, 미디어, 국가, 〈세계보건기구〉를 비롯한 국제기구의 조언과 권고까지 유념하는 것이다.

『제2의 성』을 쓴 프랑스의 작가이자 철학자인 시몬 드 보부아르는 "여자는 태어나는 것이 아니라 만들어진다"고 했다. '엄마'도 태어나는 것이 아니라 만들어진다. 페미니스트 학자들은 '모성애'라는 말이 근대화 과정에서 형성된 개념이라고 설명한다. 프랑스의 페미니스트 철학자 엘리자베트 바댕테르는 『만들어진 모성』에서 18세기 말에 들어서 서구에서 '모성애'라는 개념이 특별한 의미를 갖게 되었으며 이는 대단히 근대적인 사건이라고 설명했다. 그러니까 모성애는 엄마가 될 여성들이 자연스럽게 가지고 태어나는 것이 아니라 후천적으로 만들어진다는 것이다. 어머니의 사랑이란 일관되고 보편적인 법칙이 아니라 다른 감정들과 비슷하게 우발적이며 불안정할 수밖에 없다. 그렇다면 이렇듯 다른 사랑의 감정과 다를 것이 없는 모성애는 어떻게 엄마들에게 '자연스러운 의무'로 받아들여졌을까?

바댕테르의 책을 보면, 18세기 후반 서구 사회의 남성 지식인들은 출판물을 통해 어머니 되기의 중요성을 강조했다. 그전까지는 남에게 맡겨 젖을 물리는 일이 많았지만, 그때부터 직접 모유 수유를 하는 것이 최상이라는 관념이 생겼다. 인구 증식이 국부로 인식되면서 유아의 생존이 국가의 지상 과제로 부상했다. 어머니들은 유아의 위생과 건강에 큰 관심을 기울였고 근대의 가족은 전례 없이 큰 비중을 차지한 어머니를 중심으로 재편되었다. 19세기가 되자 국가는 아동에게 점점 더 관심을 보이게 되었다. 정신분석학적 담론은 어머니를 자식의 중요한 책임자로 만들었고, 여성은 도덕적 비난을 받지 않고는 그 책임을 회피할 수 없었다. 이로써 어머니가 되어 헌신과 희생을 하는 것은 '정상적인 여성'의 특징으로 고착화한다. 제2차 세계대전 이후 정신분석학이 더욱 폭넓게 받아들여지고 어머니의 책임론이 폭넓은 지지를 받으며 여성 매체, 지식인, 대학교수들까지 헌신적인 어머니와 가정주부상 만들기에 동참했다.*

호주 사회학자 데버러 럽턴은 19세기 초반부터 부인 과학이 발전하면서 '모성애'라는 이상에 맞춰 여성의 신체가 분석되었고, 여성의 월경과 임신이 의학적 문제로 간주되었다고 분석

---

* 엘리자베트 바댕테르, 『만들어진 모성』, 심성은 옮김, 동녘, 2009. 146쪽, 211쪽, 236~237쪽, 286~287쪽, 326쪽.

엄마도 아프다

한다. 여성끼리 알아서 공유하고 전수하던 월경과 임신에 대한 경험적 지식에 남성 의료 전문직이 개입하며 출산과 관련된 여성의 몸은 '환자'의 몸이 되었다. 월경, 임신, 피임, 낙태, 출산도 모두 '의학적인 문제'로 바뀌었다. 임신부의 경우에도 엄마의 신체나 정신적 욕구보다는 아기의 욕구가 중요해졌다. 임신부터 출산까지 전문가의 조언을 들어야 하는 상황이 많아지면서 그 과정의 통제권은 의사에게 넘어갔다. 이에 서구에서는 1970년대~1980년대부터 진통제의 도움을 받지 않고 의료적인 처치를 줄이며 출산을 여성의 신비로운 경험으로 가져오려는 움직임이 생겼다. 자기 몸을 스스로 통제하려는 이 '자연분만 운동'은 그러나 주로 중산층 여성에 해당할 뿐만 아니라, 이렇게 '자연적인' 방식을 주장하는 일이 '자연스러운 모성'이라는 고정관념을 더 강화한다는 반발에 부딪쳤다. 여성은 본능이나 자연에 가깝고, 남성은 합리적이고 과학적이라는 주장에 힘을 실을 수도 있었기 때문이다. 더 나아가 건강관리와 참여에 대한 남성 의료 전문가의 개입을 반대하면서 스스로 또는 서로 치료하는 것을 권장하는 여성주의 자조 운동 또한 생겨났지만, 이 또한 대중에게 전파되는 속도가 더딜 뿐만 아니라 백인 중산층 중심의 정치화된 영역이라는 비판을 받았다.[*]

페미니스트 학자들은 오늘날 여성들의 출산과 양육 부담이

---

[*] 데버러 럽턴, 『의료 문화의 사회학』, 김정선 옮김, 한울아카데미, 2009. 240~246쪽.

무거워졌다고 분석한다. 우선 여성을 사적 영역에, 남성들을 공적 영역에 위치시키는 '공사 영역 이분법'이 근대 이후 확고하게 자리 잡으면서 양육에 대한 여성의 책임이 강화되었기 때문이다.[*] 남성이 집 밖에서 돈을 벌어 오고 여성은 가사 노동을 전담하는 근대적 성별 분업 체계가 확립되면서 엄마들의 어깨는 한층 더 무거워졌다. 과학의 발전으로 육아 지식의 양까지 큰 폭으로 증가했다. 관련 연구들을 종합하면, 19세기 말에서 20세기 초 서구에서 '가정과학 운동'이 일어나 언론 매체와 전문가들이 과학적, 위생적인 자녀 양육과 가사 노동에 대한 의견을 전파했고, 주로 중산층 전업주부들이 그들의 지식과 이론을 내면화하면서 근대의 모성이 뿌리내리게 되었다. 전문 지식을 이용할 때 자녀를 좀 더 완벽하고 건강하게 양육할 수 있다는 신념이 '과학적 모성'을 낳았다는 것이다. 근대의 과학적 모성은 전문가 집단과 도시 중산층 어머니들의 공모와 협력으로 만들어졌고 광범위하게 영향력을 넓혀 온 셈이다.[**]

2014년 5월, 한 인터넷 서점은 종합 베스트셀러 순위에, 육아를 군대 생활에 빗댄 『닥치고 군대 육아』(김선미, RHK)가 예약 판매 1위에 등극했다고 밝혔다. 이 책은 "3년은 일 무조건

---

[*] 미셸 짐발리스트 로잘도·루이스 램피어 엮음, 『여성·문화·사회』, 권숙인·김현미 옮김, 한길사, 2008.
엘리자베스 벡-게른스하임, 『모성애의 발명』, 이재원 옮김, 알마, 2014. 59쪽.
[**] 이재경·조영미·민가영·박홍주·(이박)혜경·이은아, 『여성학』, 미래M&B, 2007. 191쪽.
채성주, 『근대교육 형성기의 모성 담론』, 한용진 감수, 학지사, 2009. 37쪽.

　　　　　　　　　　　　　　　　　　　　　엄마도 아프다

접고 육아만 하는 거야! 휴직 혹은 퇴직. 그리고 군대 육아 올 인!"이라는 구호를 외친다. 지은이는 기나긴 육아 기간을 3년으로 단축하는 대신 그 기간 동안 엄마는 '프로'처럼 모든 것을 바쳐 아이를 '최정예 요원'으로 길러 내자며 '신개념 육아 방식'을 제시했다. 법륜 스님이 쓴 『엄마 수업』(휴, 2011)도 자식 사랑에도 때가 있으며, 세 살까지는 엄마의 헌신적 사랑이 절실히 필요하다고 강조한다. 요즘 초보 엄마들은 아이를 가지자마자 이런 출산과 육아에 대한 구체적인 지침서 한두 권쯤 읽는 것은 필수지만, 이런 풍경이 일반화한 것은 사실 그리 오래된 일이 아니다.

한국에 과학적 육아 지침이 본격적으로 등장한 것은 1920년 대부터라고 하는데, 이것 또한 사회 변화와 관계가 깊다. 독일 사회학자 엘리자베스 벡-게른스하임은 핏줄에 따른 '신분 사회'에서 시장 법칙이 중요한 '산업사회'로 변화하면서 부모의 지위가 자녀에게 그대로 상속되지 않게 되자 아이를 정교하게 관리하며 능력과 지위를 높이는 엄마들의 구실이 강화되었다고 설명한다.* 20세기 이후 아이는 운명적으로 '태어나는 것'이 아니라 엄마의 노력으로 '만드는 것'이 되었다. 아이를 더 똑똑하게, 더 아름답게, 더 능력 있게 키우려는 엄마들은 점점 아이에게 헌신할 것을 강하게 요구받았고, 엄마들 또한 옛 세대가 전

---

* 엘리자베스 벡-게른스하임, 앞의 책, 69쪽.

수하는 비과학적인 경험보다 전문가들이 내놓은 합리적이고 설득력 있는 지식에 기대게 되었다. 그러나 이러한 양육 지식들은 절대적인 것이 아니었다. 때에 따라 옷을 바꿔 입고 쓸 만한 가전제품을 신형으로 바꾸듯 지식의 유행도 빠르게 바뀌어 갔기 때문이다. 아이 키우기는 점점 복잡한 지적, 정신적 노동으로 변모했다.[*]

앞서 언급했듯 한국의 경우, 육아 지식과 의료화의 발달에 따라 아이를 합리적으로 길러 내는 '과학적 모성'은 일제강점기를 전후해 지배적인 담론으로 자리 잡아 가기 시작했다. 유교와 유학적인 이념과 관습이 여전히 강력하게 남아 있는 사회에서 일본과 미국을 통해 근대적인 과학 지식이 물밀듯 밀려들어왔지만 당시는 아이 키우기의 전통과 신식 방법이 무척 복잡하게 뒤얽힌 사회였다. 아무리 전통적인 여성일지라도 이런 변화를 외면할 수만은 없었을 것이다. 그들이 느꼈을 혼란스러움은 아마 지금의 새로운 육아 방식이 가져다주는 충격보다 몇 배는 더 컸을 것으로 짐작된다. 당시 발행된 국내 신문들만 보더라도, 서구의 합리적이고 과학적인 육아 방식과 의료 행위들이 파도치듯 밀려드는 장면을 확인할 수 있다. 예컨대 최초의 근대적 소아과라고 일컬을 수 있는 아동 진찰소가 1924년 처음 문을 연 것은 대표적인 '사건'이었다. 미국 감리교의 지원으로 만든 이

---

[*] 채성주, 앞의 책, 282쪽.

엄마도 아프다

〈태화관 진찰소〉에는 미국인 선교 간호사와 한국인 산파가 근무했는데, 이곳에서는 다섯 살 미만 아이들에게 무료 건강 진단과 치료를 해 주었다. 무작위로 가정 방문을 해서 보건 교육을 벌이는 근대적 모자 보건 사업을 시행하기도 했다. 전문가들이 전달하는 서구의 영유아 양육법과 임신 위생법은 획기적이었다.* 낯선 얼굴의 서양 간호사가 조심스럽고도 친근하게 집 안까지 쑥 들어와 위생 교육을 하거나 무료 치료를 해 주었을 때 조선의 엄마들은 아마 고맙지만은 않았을 것이다. 당황스럽고 어쩌면 내심 저항감도 갖지 않았을까. 그때까지 입에서 입으로 전수되어 오던 전통적 육아법이 틀렸다는 사실을 알았을 때, 얼마나 심경이 복잡했을까.

일제강점기 식민지 시대의 지식인들 또한 후세와 자녀 교육에 대한 새로운 담론을 전파하면서 엄마들의 변화를 촉구했다. 18세기 서구에서 지식인들이 앞장서서 모성애를 강조한 것과 비슷하다. 하지만 한국의 경우, 식민지 사회였고 당시에는 훌륭한 국민, 개량된 민족을 만들기 위해 어머니들이 먼저 변해야 한다는 주장이 강력히 제기되었다는 점을 유념해야 한다. 일본에 맞서는 힘을 비축하기 위해서라도 다음 세대에 대한 올바른 양육과 교육이 요구되었고, 반대로 총독부와 타협해 민족 개량

---

* 이꽃메, 「한신광: 한국 근대의 산파이자 간호부로서의 삶」, 『의사학』 제15권 제1호(통권 제28호), 2006년 6월. 107~119쪽.

주의를 실천하기 위해서라도 변화된 후세 기르기에 대한 사회적 압력이 필요했기 때문이다. 그 덕에 한반도에는 나라의 대들보를 키워 낼 장래의 어머니, 여성들에게 더 많은 교육을 시켜야 한다는 주장이 넘실거렸다. 우선 근대적인 교육을 받은 여성, 과학적 어머니를 양성해야 그들이 나아가 훌륭한 국민을 낳고 기를 수 있을 테니까. 다시 말해, 여성 교육은 곧 근대적 어머니를 만드는 일이었다.

근대적 모성 담론을 삽시간에 널리 전파할 수 있는 물적 토대도 구축되었다. 신문과 잡지, 책 같은 활자 매체가 성장했고 라디오가 보급되기 시작했다. 미디어는 복잡하면서도 새로운 육아 지식을 광범위하게 실어 나르는 효율적인 도구였다. 이 새로운 매체의 콘텐츠를 채워 나간 사람들은 당대 내로라하는 지식인들이었고, 이들은 곧 '근대적 육아 이데올로그'이기도 했다. 지식인들은 옛날 방식으로 아이를 키우던 전통적인 엄마들을 문제 있는 모성이라며 깎아내리는 한편, 근대적 지식을 적용해 자녀를 양육하려는 새로운 엄마들에 대한 지지와 격려를 멈추지 않았다. 어머니에 대한 사회의 이분법적인 잣대는 오랫동안 지속되었다. 이 여론을 이끌던 이들은 근대적 의학 지식을 갖춘 남성들이 대부분이었고, 식민주의자들의 영향력이 압도적이었다. 산파와 육아 전문가들 중에는 일본인이 다수였다.[*]

---

[*] 채성주, 앞의 책, 216~220쪽.

여성 지식인도 없지 않았다. 우리나라의 첫 여의사이자 언론사에서 활동한 첫 의료 전문 기자이기도 했던 춘계 허영숙(1895~1975)이 대표적이다. 춘원 이광수(1892~1950)의 아내이기도 했던 그는 서구의 최신 지식을 앞세워 과학적 모성을 강조하는 수많은 신문 칼럼을 썼다. 이를테면 1926년 그가 쓴 「여자 교육에 취하여야 할 원리 몇 가지」라는 칼럼을 보면, 어머니들이 남성보다 국어와 역사에 관한 지식에 더 해박해야 하고, 생리학·위생학·생물학 등의 자연과학적 지식은 물론이거니와 교육심리학·아동심리학·사회심리학 등 다양한 심리학 지식까지 습득해야 한다고 강조한다.* 지금 생각해도 어마어마한 공부 양이 아닐 수 없다. 이처럼 지식인들이 불가능한 기획을 밀어붙인 배경에는 '민족 개량' 또는 '민족 개조'라는 의도가 깔려 있었던 것으로 짐작된다. 일본 총독부에 협력하든, 그게 아니면 진실로 세계 일등 민족이 되고자 했던 강력한 내셔널리즘적 열망이든 그 목적이 어느 쪽이었는지에 대해서는 이견이 있겠지만 말이다.**

---

* "국어와 제 나라 역사에 대하여 남자보다도 더욱 깊은 교양을 가지게 할 것, 생리학 위생학 생물학의 지식을 힘써 줄 것, 심리학(교육심리학, 아동심리학, 사회심리학을 포함하여) 교육학의 지식을 줄 것……." 「부인 문제의 일면 남자 할 일 여자 할 일」, 『동아일보』, 1926년 1월 3일자 4면.(맞춤법은 현대에 맞게 바꾸었다.)
** 허영숙은 이와 관련해 직접적으로 언급한다. "오늘날 세계 각국이 가장 주의하고 힘쓰는 문제가 있으니 그것은 민족 개량이다." 「민족 발전에 필요한 어린아이 기르는 법」, 『동아일보』, 1925년 8월 28일자 3면.

당시 신문들을 보면, 여성을 가정과 연관시키면서 어머니들이 모성애를 발휘해 국가 발전에 누구보다 먼저 이바지해야 한다는 주장들이 다수 눈에 띈다. "역사상으로나 과학상으로나 여자는 가정과 인연이 깊은 것은 사실"이라거나 "가정으로 말미암아 국가가 된다.", "여자는 약하다. 그러나 어머니는 강하다." 같은 말들을 통해서다.* 하지만 당시 여성상에 대해서는 지식인들 사이에서도 이견이 분분했다. 인류학자 조혜정은 그 시절, 독립적인 삶을 염원하는 여성들이나 사회주의를 지향하던 주도적인 여성 단체들이 있었다는 데 눈길을 준다. 여성들은 언론 매체에 시어머니와의 갈등을 '생지옥'이라 표현하며 시집살이의 고단함과 억울함을 토로하기도 했고, 전통적인 가정 생활양식을 전면적으로 부정하는 것을 실천에 옮겨 독신을 선택하거나 만혼을 하고, 이혼도 했다. 그러나 이들에 대한 사회적 비난, 급진적 신여성에 대한 성차별적인 혐오 발언과 인신공격이 강해지고 1920년대 일제의 대대적인 사회주의 탄압 정책이 탄력을 받으면서 여성들의 주체성을 강조하던 목소리는 수그러들기 시작한다. 계급 문제를 자각하며 근로 여성운동을 하려고 했던 여성들의 조직도 와해되었다. 그 뒤 여성운동은 기독교계 중심의 농촌 계몽, 여성 교육 보급으로 명맥을 유지했

---

* 「장래 모성의 조선 여자로서의 이상과 포부」, 『동아일보』, 1928년 1월 1일자 11면.
  「모성애는 거룩하다—이를 모독한 엄마」, 『동아일보』, 1939년 6월 23일자 5면. 부제는 '어머니의 본성을 잃는다면 금수만 훨씬 못한 존재이다'라고 돼 있다.

엄마도 아프다

고 이들은 좋은 어머니 만들기에 힘을 쏟았다. 이에 따라 독립적인 개별 주체로서, 자기 인생의 주인공으로 우뚝 서려고 했던 여성의 목소리가 잦아들고 여성을 가정에 뿌리박는 '모성'에 대한 주장이 활개를 칠 수 있었다. 더욱이 일제의 황국신민화 정책과 1930년대 한반도 공업화 정책이 펼쳐지는 가운데 자본가와 노동자 간의 계급 분화가 생기고 도시 중산층, 도시 핵가족이 등장해 어머니의 됨됨이를 강조하는 '신복고주의'는 세를 넓힌다. 조혜정은 "모성은 다만 여자로서만 최고의 천직이 아니라 진실로 인류로서의 최고의 성직이다."라고 했던 이광수의 '모성찬양론'(1936)처럼, 아내 구실 못지않게 엄마 구실을 강조하는 일본의 '양처현모'상이 한반도에 들어와 '현모양처'라는 단어로 자리 잡게 되었다고 설명한다. 현모양처론은 일본에서 수입된 담론이었던 셈이다.[*]

당시에는 이처럼 '여성상'을 둘러싼 담론의 각축이 치열했다. 신여성과 구여성에 대한 관념도 서로 맞부딪쳤다. 이런 과정에서 어떻게 아이를 잘 낳고 기르는 '근대적 모성', '과학적 모성'이 지배적인 여성상으로 뿌리내리게 된 것일까? 당시는 신여성에 대한 비난이 워낙 강력했던 데다, 더욱이 부부 중심의 낭만적 사랑에 기초한 중산층 핵가족이 이상적인 가정 생활상으로 자리 잡기 시작했던 때다. 결혼 제도에 저항하거나 남녀 성역할에

---

[*] 조혜정, 『한국의 여성과 남성』, 문학과지성사, 1999. 110~111쪽.

근본적인 질문을 던지도록 하는 급진적인 주장보다는 '단란한 가정의 좋은 어머니 되기'라는 쪽에 여성들이 공감하기가 더 쉬웠던 것은 아니었을까. 유교적 가정생활의 중심은 부모였고 전통적 가정의 여성 지위는 '며느리'였지만, 근대화된 가정의 중심은 어디까지나 아이를 키우는 '어머니'였기 때문에 새로운 주부상은 여성의 지위를 높일 수 있는 방안이 되기도 했다. 교육의 효과도 적지 않았을 것이다. 일제강점기 여성에게 베푼 근대 교육제도의 목표는 대부분 오로지 '살림 잘하고 아이 잘 키우는' 현모양처 만들기에 있었으니까 말이다.[*]

학교, 병원, 언론 같은 근대화된 기관에서 생산하고 유포한 과학적 모성 담론은 여성이 남성이나 구습에 맞서 당당한 자기 삶의 주체로 우뚝 서야 한다는 혁명적인 주장보다 훨씬 부드럽고 세련된 것이었다. 무엇보다 '신식 어머니 되기'는 '구식 어머니 되기'보다 신선했고, 사회적으로 비난받지 않았기에 '신여성 되기'보다도 덜 위험했다. 당시 신문은 태교나 수유, 우유 먹이기, 여름철 소아 위생, 어린아이들의 구강 위생과 같은 과학적인 육아 담론을 전파하는 첨병이었다. 1930년대 이후 시간이 갈수록 기생충, 우량아 시상식, 이유식, 탁아소, 영아원, 전염병 예방과 관련한 캠페인성 보도가 줄을 이었다. 전문가들은 아동 성장 발달의 기준이 되는 발육 표준표를 만들고, 수량화·표준화

---

[*] 김경일, 『여성의 근대, 근대의 여성』, 푸른역사, 2004. 43~55쪽.

엄마도 아프다

한 근대적 아동 건강 논리를 전파했다. 가령 '시간 젖'*이라고 해서 월령에 따라 아기들을 분 단위로 젖 먹이며 재우도록 한 것이 대표적이다. 여성학자 김혜경은 이 '시간 젖'이 '과학적 육아의 상징어'가 되었다고 설명한다. 이를 통해 어머니와 아동의 신체를 동시에 훈육하고 규율화했다는 것이다.**

서구의 생활방식을 들여와 최첨단의 모성 수행법을 전파했던 신문이나 잡지와 마찬가지로, 당시의 뉴미디어인 라디오 또한 과학적 모성을 향한 사회적 기획을 착착 진행시켜 나갔다. 한국의 라디오 방송은 1927년 일제강점기에 첫 전파를 쏘아 올렸다. 1939년 신문의 라디오 방송 편성표를 보면, 당시에도 주부 대상의 정보 코너가 적지 않았다. 지금의 주부 교양 프로그램과 비슷한 '어린이 습관 기르기' 같은 육아법, '아이스크림 만들기' 같은 서양 음식 조리법이 다수 소개되기도 했다. 계량컵, 계량스푼 사용하기처럼 철저하게 양을 재고 음식을 만들어 먹는 근대적 방법들이 속속 제안됐고 여름철엔 식중독 예방 같은 음식 위생과 관련된 새로운 내용이 주를 이뤘다.

미디어는 한편, 어떤 여성상이 사회적으로 바람직하고 권장할 만한 것인가에 대한 고정관념을 만드는 데도 크게 기여했다. 매체들은 근대적인 아동 양육의 지식을 습득하는 '신식 어머

---

* 당시에는 '젖'을 '젓'이라 표기했다.
** 김혜경, 『식민지하 근대 가족의 형성과 젠더』, 창비, 2006. 138~172쪽, 325쪽.

니'에게 보내는 열광과 반대로 이른바 '모던 걸'이라 일컫는 신여성에 대한 지탄을 동시에 쏟아냈다. 댕기머리를 자르고 서구식 헤어스타일을 한 여성, 치마저고리 대신 스커트에 하이힐을 신은 여성들을 향해 미디어가 보인 거부감은 대단했다. 1920년대~1930년대 경성에서 화려한 쇼윈도를 기웃거리는 여성들에게 언론은 대놓고 비난의 화살을 쏘았다. 신여성의 모습에 대해 "꼴도 보기 싫다", "소위 모던 걸이라는 것을 보면 구역질이 나요"라고 말하는 남성들의 여성 혐오적인 평가도 매체를 통해 적잖게 유포됐다.*

이처럼 당시 사회는 '근대적 어머니 되기'를 칭송한 반면, '근대적 여성 되기'는 비난했다. 여성은 나라의 동량을 키우는 '어머니'가 될 때라야 비로소 그 책임과 의무를 다할 수 있다고 생각했기 때문이다. 최신 지식을 적용해 아이를 새롭게 길러 내고 가정을 변화시키는 지혜로운 어머니상이 사회가 바라는 근대적 여성상이었으며 권장과 숭배의 대상이었다. 다시 말해, 여성에게 근대적 지식은 '어머니 되기'를 위한 범주 안에서 제한적으로 허용되었던 것이다. 근대성의 가장 큰 특징 가운데 하나가 바로 '개인'의 탄생이지만, 이 시기 한국 사회에서 여성에게 욕망을 가지고 마음껏 실행에 옮기는 '개인'은 허락되지 않았다.

---

* 〈연구공간 수유+너머〉 근대 매체 연구팀, 『신여성-매체로 본 근대 여성 풍속사』, 한겨레신문사, 2005. 69쪽.

엄마도 아프다

이와 관련해 학자들은 한국 근대 계몽기의 '집'은 개인의 것이라기보다 '국민'을 생산하는 하나의 기관이었으며, '가정'도 사회의 기본 단위였다고 분석한다. 여성 교육의 목표는 "어디까지나 여자를 만드는 교육이요, 그것이 가정을 만들고 국가를 만드는 것"이었다.[*]

중요한 점은, 식민지 지식인들의 새롭고 강력한 주장 속에서 엄마들은 적극적으로 변화해야 할 전근대적인 요소로서 대상화되고, 여성은 민족 장래가 걸린 아이 기르기의 임무를 담당하는 사람으로 도구화되었다는 것이다. '여성=어머니'라는 고정관념을 강화하고 여성을 국가 발전의 도구로 여기는 생각은 지금까지도 '사회 지도층'의 발언 속에서 끊임없이 변주되고 있다. 여전히 잊을 만하면 "아이를 많이 낳은 여성에게 비례 대표 공천을 더 많이 주자"라든지, "애기 안 낳으신 분들은 찔릴 것"이라는 등의 시대착오적인 목소리가 터져 나오는 것을 보면 모성에 대한 사회적 인식은 백 년에 가까운 시간이 흘렀음에도 그리 많이 변한 것 같지 않다.[**]

---

[*] 전미경, 『근대 계몽기 가족론과 국민 생산 프로젝트』, 소명출판, 2005. 16~28쪽.
  조혜정, 앞의 책, 112~113쪽.
[**] 김무성 새누리당 대표는 2014년 2월 저출산을 걱정하던 중 "이상화, 김연아 같은 딸 낳아야 한다"(http://www.segye.com/content/html/2014/02/12/20140212003314.html, 2015년 3월 1일 최종 방문), 같은 해 11월 "애기를 많이 낳는 순서대로 (여성) 비례 공천을 줘야 하지 않나 고민을 심각하게 하고 있다"고 말해 논란을 빚었다. (http://www.hani.co.kr/arti/politics/politics_general/662673.html, 2015년 3월 1일 최종 방문)

'바른 주부'라는
국가적 기획

근대적 어머니상이 만들어지기 시작한 식민지 시기를 거쳐 일본의 패망과 해방을 지나 새로운 정부를 수립하기까지 격동의 한국사가 펼쳐지던 시기 엄마들, 여성들의 삶은 어떻게 바뀌었을까? 실은 이때의 여성상 또한 일제강점기와 크게 다르지 않았던 것으로 보인다. 과학적 모성에 대한 이야기가 처음 나온 1920년대부터 1940년대까지 여전히 여성은 구습을 버리고 새로운 지식을 배워 '새로운 엄마'가 되기를 요구받은 계몽의 대상이었고, 다음 세대를 제대로 뒷바라지하라는 사회적 압력을 받았다. 해방 뒤에도 이 같은 목소리는 여전했다. 1946년 창간한 해방기 여성 잡지인 『부인』 창간사를 보면, "신국가 건설의 요람지인 가정을 건설하게 하고 부인 계몽운동의 지침이 되고자 한다"는 점을 분명히 한다. 해방이 되었지만, 아니 해방이 되었기 때문에 가정은 국가의 기본 단위라는 것이 더욱 강조되었고, 가정 부인은 장래의 일꾼을 길러야 한다는 새 국가의 열망을 받아 안아야 했다.

1906년 창간된 『가뎡잡지』부터 1950년까지 발행된 44종의 여성 잡지 표지를 분석한 서유리의 연구를 보면, 1940년대 잡지 표지 이미지는 '모성'으로서의 여성상의 비중이 늘어났다. 해방과 정부 수립이라는 사건이 있었지만 여성들은 국가 건설의

엄마도 아프다

직접적인 주체로 호명되지 않았다. 그 시절 잡지 표지에는 태극기와 남동생을 업은 누나가 등장하지만 국기를 손에 쥔 사람은 청소년인 누나가 아니라 철모르고 등에 업힌 남자 아기였다. 당시 잡지 표지에서도 여성을 어머니 되기 또는 남성을 지원하는 여성상에서 벗어나 새롭고 주체적인 여성으로 그려 낸 사례를 찾기 어렵다. 반면, 여성은 곧 '어머니'로 일컬어지며 과학적 모성 만들기를 위한 보건과 위생에 대한 강조가 거듭되었다. 미군정청 보건후생부 부녀국이 1947년 2월 창간한 기관지『새살림』에서는 위생, 의복, 음식에 대한 글들이 가장 큰 비중을 차지했다.*

해방 뒤 전쟁 이전까지 당시 한국 사회는 겉으로는 가부장적인 위계에 복종적인 다소곳한 조선 어머니, 그러나 속으로는 새로운 지식을 갖추고 위생적으로 아이를 길러 내는 능력 있는 근대적 모성상을 이상적인 여성상으로 구축했다. 시간이 흐르면서 여성은 점차 강력한 국가의 지시망 아래 놓이게 된다. 이를테면 6·25 전쟁이 발발한 직후부터 정부는 여성들에게 "몸뻬"나 "간소한 신생활복" 같은 편안한 생활복을 권장하기 시작했다. 나라를 지키는 '후방 부대'로서 여성들이 사치를 배격하고 가정살림을 하는 데 활동적이며 편안한 옷차림을 해 애국심을 가져야 한다는 것이었다. 전쟁 중임에도 지식을 가진 점잖은

---

* 「아단문고 미공개 자료 총서 2014」, 오영식·신혜수·서유리 해제, 42쪽, 44쪽, 63쪽.

가정부인이 "어듸 개가 짖느냐"는 듯이 외래 사치품으로 온몸을 휘감고 거리를 휩쓸고 다니는데, 그들의 애국심이 미심쩍다는 류의 비판이 신문 지상을 장식했다. 전시에 조직된 것으로 보이는 여성 단체인 〈북진 통일 여성 투쟁 위원회〉는 사치품을 일소하고 전시 생활에 맞는 국산품 간이복 착용을 호소해 눈길을 끌기도 했다.* 전쟁을 치른 뒤 신문 기사들을 보면, 여성들의 지나친 사치나 허영에 대한 비판이 점점 더 강한 어조를 띠며, 오늘날 '맨스플레인'(남자의 여자 가르치기)과 비슷한 양상의 꾸지람도 흔하게 보인다. "(여성들이) 하나의 민주주의를 방패로 자기의 감정을 그대로 행사하는 것을 새로운 사회관으로 오인"하며 그릇된 행동을 하고 있다는 류다.** 전후 재건의 국가적 사명을 도외시한 여성들의 방종과 일탈을 강하게 단속하기 시작한 사례는 그 밖에도 여럿이다. "나일론이 들어온 이래 여자들이 속살을 드러내며 거리를 횡행한다", "유행이라면 옷 머리 구두 심지어 입술 모양까지도 뒤따라가기에 사족을 못 쓰게끔 되었다"는 등으로 여성의 옷차림과 사치를 지적하는 담론들은 일제강점기 신여성 비판과 거리가 멀지 않았다.*** 이처럼 근현대사를

* 「허영과 사치를 버리자!」, 『동아일보』, 1950년 11월 14일자, 2면.
　「전시 생활 의장 결정」, 『경향신문』, 1952년 2월 27일자, 2면.
　「전시 생활복 앞선 북진 여성 투위서」, 『동아일보』, 1953년 7월 16일자, 2면.
　「전시 여성에게」, 『동아일보』, 1953년 7월 26일자, 2면.
** 「전후 여성의 사회관」, 『동아일보』, 1955년 10월 26일자, 4면.
*** 「해방 십 년의 특산물, 사치」, 『동아일보』, 1955년 8월 26일자, 3면.

엄마도 아프다

통틀어 커다란 혼란이 있을 때마다 여성의 몸과 정신은 정상과 비정상으로 나뉘어 대상화되었고, 특히 국가의 지시와 감시를 빠져나가는 여성들은 손쉽게 사회적 비난의 표적이 되었다. 다분히 정치적인 담론이었다고 할 수밖에 없다.

전쟁 뒤 한국의 여성상은 다시 한 번 '구국의 어머니'로서 자리매김한다. 신지식과 원리를 공부하고 몸에 익혀 아이를 잘 키우며 새로운 국가 건설에 이바지해야 한다는 촉구도 끊이지 않았다. 요즘 구청이나 백화점 문화 센터 강좌쯤에 해당하는 '수양 강좌'나 주부 강습회가 열렸고, 이에 참가해 좋은 가정주부로 거듭나라는 대대적인 캠페인이 벌어졌다.[*] 절약에도 합리적인 판단과 지식이 필요하고, 최소의 비용으로 최대의 효과를 거두는 것이 주부의 미덕이라고 부추기기도 했다. "과학적 지식을 가지고 물가 상품 선택 구입 등을 잘 생각하여야 되겠다. 이 방면의 지식이 부족함은 공연히 낭비하게 되는 것이 될 것이다."[**] 한편으로 절약을 강조했지만, 그러나 다른 쪽에서는 과학적인 최신의 상품을 구매해 생활의 합리성을 도모하라는 이중적인 담론 또한 끊이지 않았다.

독일은 철학과 음악의 나라인 동시에 과학과 기술의 나라다. 의식주

---

[*] 「주부의 생활 설계」, 『경향신문』, 1957년 8월 19일자, 4면.
[**] 「새해의 가사 설계」, 『동아일보』, 1955년 1월 3일자, 4면.

의 모든 가정생활 면에서 주부들 생활의 합리화를 지향하며 창의 공부해 나간다. 부엌의 정리 정돈 위생 시설은 더 말할 것도 없거니와 조리할 때도 반드시 중량계를 사용한다. (…) 방 안 온도 목욕물 등 반드시 한난계 또는 온도계를 가지고 조절한다. 세탁할 때는 펠질PERSIL이라는 가루비누를 사용하면 비비지 않아도 저절로 빠지기 마련이다.[*]

사치와 허영을 배격하는 절약의 생활 태도를 강조하면서도 신문물을 받아들이고 익히며 서구 주부들처럼 소비해야 한다는 담론은 서로 다른 방향으로 주부들을 끌어당겼다. 얼핏 혼란스러워 보이지만, 그러나 그 시절 여성들은 적어도 '지금과는 달라야 한다'는 메시지만큼은 충분히 전달받았을 것이다. 주부들이 가계를 꾸리고 생활을 주도적으로 해 나가야 한다는 주장은 여성들에게도 나쁘지만은 않은 제안이었다. 학자들은 당시 여성들도 가족 내 권한을 강화할 수 있는 이런 변화를 수용한 측면이 없지 않다고 분석한다. 더욱이 1960년대는 본격적인 공업 자본주의화 과정을 거치면서 친족 중심의 대가족 제도 대신 부부 중심의 핵가족 제도가 보편적인 형태가 되었고 현모양처 이데올로기도 폭넓게 자리를 잡아 갔다. 공사 영역 이분법이 확

---

[*] 「독일 놀라운 건강미, 예외 없이 부지런한 살림꾼들」, 『동아일보』, 1959년 4월 23일자, 4면.

엄마도 아프다

고해지면서 여성은 남성 가장을 위해 집에서 가사 노동을 하고 자녀의 출세를 위한 교육에 매진하게 되었다. 대가족 중심의 가부장제에서 탈피해 부부 중심의 가족을 이룬 여성들이 새로운 가족 이데올로기, 국가의 기획에 따른 핵가족의 '엄마 되기'를 거부할 이유는 별로 없었다. 그 시기 주부들은 제도적으로 취약한 입장에 있었기 때문에 가정 내 주도권을 잡기 위해 기꺼이 강한 어머니의 권한을 행사하는 '도구적 모권'을 구축하는 것이 여러 모로 유리했던 것이다. 여성의 모권은 남편과 아들 같은 남성 중심 핵가족의 '가장권'을 지탱하는 데 기여한 셈이다.[*]

한편, 국가는 어린이의 중요성을 부각하고 나섰다. 1962년, 보건사회부가 그해 5월 5일 어린이날과 5월 8일 어머니날을 통합해 '어린이와 가정' 주간을 만들었던 것은 상징적이다. 이 주간의 뜻을 되새기는 칼럼이나 기사들을 통해 어린이는 가정의 보배이며 나라와 겨레의 새싹이라는 관념이 널리 유포되었다. 정부는 이 주간에 빈곤 가정 구호 활동, 어린이 보건 상담과 진료, 선행 아동 및 우량아 표창 등을 벌이며 대부분 공식 행사를 어린이에 대한 것으로 채웠다. 어머니에 대해서는 모범 어머니 공로자 표창 정도에 머물렀다.

당시 아이들에 대한 관심은 국가와 가정 양쪽에서 모두 높았던 것으로 보인다. 1962년 〈이화여대 교육연구회〉가 서울 시내

---

[*] 조혜정, 앞의 책, 127쪽.

어머니 9백 명을 대상으로 국민학교 아동의 가정교육에 대한 조사를 벌인 결과, 한 달에 학교를 두 번 방문한다는 어머니가 전체의 58퍼센트를 차지할 정도였다. 학부형들이 너무 학교에 자주 방문해 이를 막은 일까지 있었을 정도로 담임선생과 엄마들의 만남이 잦았다.[*]

1960년대~1970년대, 신식 육아법이나 질 좋은 분유 먹이기 같은 의료와 영양 담론도 빠르게 정교해졌다. 이는 상품 생산과 소비와도 직결되는 문제였다. 1966년 2월에는 분유의 함량이 떨어지는 '부정 분유' 사건이 터져 온 나라가 발칵 뒤집혔다. 가짜 분유는 분유 함량이 6퍼센트에 지나지 않았다. 조사 결과, 업체들이 밀가루를 섞어 분유를 제조했던 것이 드러났다. 국산 분유에 대한 의혹이 날로 커지자 외국산 분유가 날개 돋힌 듯 팔려 나가 품절 사태를 빚기도 했다. 분유 값은 천정부지로 뛰었다.[**] 공업화가 본격적으로 진행되고 상품 대량 생산, 유통이 시작되자 아이의 건강을 지키기 위한 엄마들의 맹렬한 움직임이 시작되었던 것이다. 시장에 영향을 끼치는 '소비자 엄마 부대'의 탄생을 알리는 신호탄이었다.

가정에서 새로운 소비 항목이 나타났던 시기이기도 했다. 이즈음 미디어들은 더욱 정밀해진 의학적 진단과 검사를 엄마들

---

[*] 「어린이의 가정 교육—이대 교육회 실태 조사에서」, 『경향신문』, 1962년 9월 17일자, 3면.
[**] 「분유 또 올라」, 『매일경제』, 1966년 7월 20일자, 3면.

엄마도 아프다

에게 권유했다. 개학을 맞는 아이들에게 정기 건강진단, 소변 검사, 혈액 검사를 권하면서 "미연에 각종 병을 예방할 수 있다"는 담론이 신문에도 등장했다.* 전염병 발병을 줄이며 영유아의 생존율을 높이는 국가의 인구 관리가 절실한 때였지만 정부가 어린이 안전과 복지에 큰 예산을 책정하지 않았기 때문에 아이들의 발달과 건강 유지에 대한 책임은 오로지 각 가정의 엄마들에게 주어졌다. 엄마들도 '내 자식을 책임져 줄 사람이 없다'는 사실을 잘 알고 있었을 것이 틀림없다. 의료 담론에 매력을 느끼거나 이에 압박 받은 여성들은 자녀 성장에 필요하다는 갖가지 비용을 치르기 시작했고, 가족 건강을 성공적으로 꾸려 나가기 위한 엄마들의 '기획'은 점차 복잡해져 갔다.

가정에서 엄마들의 일이 늘어나는 것은 나쁜 일이 아니었다. 이는 주부의 '모권 강화'를 뜻하는 것이기도 했기 때문이다. 엄마의 소비자성이 증가하면서 모권은 점점 더 탄력을 받았다. 이에 아버지들은 밖에서 돈을 벌어 오기만 하고 집안에서는 텔레비전 채널 선택권마저 엄마에게 뺏기고 있다며 탄식하는 목소리가 터져 나오기도 했다. "아빠는 돈을 벌어 오되 모든 소비 권한이 엄마에게 있으므로 어린이들에게 상담을 해 주거나 크고 작은 명령을 내리는 것은 엄마의 역할이 되었다."** '소비자 엄마

---

* 「개학 채비」, 『동아일보』, 1970년 8월 29일자, 6면.
** 「권위 잃어 가는 아버지」, 『경향신문』, 1978년 5월 29일자, 4면.

들'의 가정 내 발언권이 커졌다며 부권 상실을 개탄한 말이었다.

가정에 충실하려던 엄마들이 집단적인 목소리를 낼 때도 있었다. 엄마들의 집단행동은 사회적 파장을 불러일으켜 '일탈'이나 '이상 행동'으로 간주되었다. 대표적 사건이 1964년 12월 치른 전기중학교 입시 과학 문제로 촉발된 '무즙 사건'이다. '엿을 만들 수 있는 것이 무즙이냐 디아스타제냐'고 물은 문제에서 엄마들은 무즙도 정답으로 해 달라며 소송을 세기했고, 무즙으로 직접 만든 엿까지 제출했다. 이런 엄마들의 낯선 행동은 과도하다며 손가락질을 받았고, 이후 엄마들의 과잉 교육열과 '치맛바람'에 대한 사회적 비난이 불붙는 계기가 되었다. 무즙 사건을 비롯해 학교장에 '실력 행사'를 하는 엄마들, 교사들에게 촌지를 준 엄마들, 어린이 회장 선거에서 힘을 과시한 엄마들은 물론이고 백화점에 갔다가 뒷문으로 빠져나와 댄스홀로 가는 주부, 아파트 입주권을 둘러싸고 새벽 4시부터 줄을 서는 주부, 도박하는 주부들까지 모두 싸잡아 부정적인 여성성을 가리키는 '치맛바람'이란 말로 통칭되었다.* 한편 그 시대 주부들은 '내조'를 통해 남편의 사회적 명망을 높이는 데 기여했고 남편을 자신에게 의존하도록 했다. 자녀의 교육으로 출세를 도왔고, 촘촘한 뒷바라지로 자녀의 사랑도 차지했다. 집안의 '감정적 지

---

* 「예능 교육에도 치맛바람」, 『동아일보』, 1972년 3월 6일자, 6면.
  「치맛바람」, 같은 신문, 1978년 3월 7일자, 5면.

엄마도 아프다

주'가 되었던 것이다. 그러나 이 같은 모권 강화의 기획은 가부장적인 권한을 완전히 가져오거나 여성이 경제적인 자립을 하는 단계까지는 나아가지 못했다.*

1970년대 새마을운동이 활발하던 시기에 소비 정책은 주로 '억제'에 초점이 맞춰졌다. 여성들은 강력한 소비 집단으로 바뀌고 있었지만 기업과 국가에 질 좋고 안전한 상품을 생산·관리하라며 대놓고 요구하기는 어려웠다. '과잉 소비'가 폐습으로 일컬어지며 지탄의 대상이 되었기 때문에 엄마들이 소비자로서 집단화할 때는 손가락질을 받았다. 단, 여성들의 목소리가 사회적 칭찬을 받는 경우가 없지는 않았다. 국가의 통치 전략과 정책에 정확하게 부응하는 집단행동을 할 때였다. 1973년 9월 '전국 여성 대회'에서 소비 패턴 억제 결의가 나오고, 〈한국부인회〉가 같은 해 12월 소비 절약 실천 대회를 벌이자 언론은 갈채를 보냈다. 반면, 연료난 때문에 집안에 연탄을 "쌓아 두고 긁어모으는" 소비자 엄마들은 "극성 주부"라며 비난 받았다. 생산량은 충분한데 이들의 이기적인 사재기 탓에 연탄이 시중에서 품귀 현상을 빚는다는 것이었다. 불안한 상황에 대비해 각 가정의 안정을 도모하려던 주부들은 순식간에 국가 전체의 안위를 위협하는 불온한 집단으로 매도당했다. 부족한 물자의 문제를 정치적으로 여성에게 전가하려 한 것일까. "사고 싶다는 욕망을 처음부터

---

* 조혜정, 앞의 책, 226쪽.

눌러 버려라"는 전문가들의 충고가 매체를 통해 거듭 강력하게 전달됐다.*

이처럼 1970년대에는 소비 억제를 강조하는 정부 정책을 지지하는 집단적 여성 행동에는 당근이, 그렇지 않은 여성들에게는 사회적 지탄이 잇따랐다. 언제 바닥날지 모를 가족의 생활필수품을 미리 비축하는, 어찌 보면 합리적 구매자들에 대해 '치맛바람'이라고 낙인찍는 일이 그때는 자연스러워 보였다. 모두가 허리띠 졸라 매는 시기에 필수품을 쌓아 놓는 이들을 비판하는 정부나 언론의 목소리에 다수의 빈곤한 국민들은 후련함까지 느꼈을지도 모른다. 문제는 절약하는 주부와 사치스럽고 낭비하는 주부를 가르는 이분법이라기보다 정부의 소비 정책에 협조하는 여성이냐 그렇지 않느냐라는 잣대를 들이대는 '구별 짓기'가 횡행했다는 것이다. 이렇게 '정부의 소비 정책에 협조하는 애국 여성'은 한국 사회의 이상적이고 긍정적인 모성상으로 서서히 자리 잡아 갔다.

주부들은 출산하는 '인구'로서 여전히 국가의 통제 대상이었다. 전후 베이비붐 등으로 연 3퍼센트에 이르는 높은 인구성장률이 '조국 근대화'의 저해 요인이라는 판단에 따라 1961년 가족계획이 수립되었다. 1960년대 초 국가는 여성들에게 피임

---

* 「연탄 품귀 빚는 극성 주부」, 『경향신문』, 1973년 12월 26일자, 7면.
「소비 욕망을 눌러야」, 『경향신문』, 1974년 2월 1일자, 5면.

엄마도 아프다

방법을 제공했고, 행정력을 동원해 계몽 활동을 벌였다. 1970년대에 이르러 여성 불임 수술이 실시되고 모자보건법을 통해 인공 중절이 조건부로 합법화되었다. 당시 사업 관련 표어는 무척 상징적인데, "딸 아들 구별 말고 둘만 낳아 잘 기르자", "하루 앞선 가족계획, 십 년 앞선 생활 안정" 등이다. 인구 조절을 위한 국가의 개입은 '국익 증대'라는 정확한 목표 아래 진행된 것이다. 가족 구조의 변화 자체가 '조국 근대화'의 프로그램이었으며, 여기에는 의료 기술이 동원되었다.* 여성들 또한 경제적 부담 탓으로 많은 아이를 낳아 기를 수 없었기에 정부 정책을 기꺼이 수용했다. 임신을 통제하려는 국가 발전 근대화 기획과 여성의 욕구가 갈등 없이 만날 수 있었던 것이다. 국가와 주부들이 손잡은 덕에 인구 증가율은 1986년을 기점으로 1퍼센트 이하로 떨어졌다. 1985년의 인구조사를 기초로 추계했을 때만 해도 1993년에 이르러서야 이 수준이 될 것으로 전망했지만, 막상 뚜껑을 열고 보니 출산율 하락은 생각보다 빨랐다. 셋째 아이 이상을 낳는 구성비는 1970년의 53.5퍼센트에서 1980년 29.1퍼센트로, 1987년에는 다시 8.0퍼센트로 줄었다.** 이에 여성 학자 김은실은 출산율이 하락한 1980년대 중반 이후 적은 수

---

* 김홍주, 「한국 사회의 근대화 기획과 가족 정치: 가족계획 사업을 중심으로」, 『한국인구학』, 제25권 제1호(2002) 51~82쪽, 한국인구학회.
** 「인구 동태 현황·신인구 추계 평균 연령 28세… 경제적 잠재력 작용」, 『한겨레』, 1988년 11월 17일자, 10면.

의 자녀를 낳아 잘 양육하려는 근대적 모성 주체가 탄생되었다고 본다. 국가의 가족계획은 적은 수의 아이를 출산하고 키우는 '근대화'라는 정치적 경험을 여성들에게 가져다주었다는 것이다.*

하지만 여성들이 내심 정부의 소비 억압 정책만큼은 고분고분 따를 수 없었던 것일까? 유신 체제로 한국 사회 전체가 꽁꽁 얼어붙은 1970년대가 끝을 보이고, 박정희 정권이 막을 내리면서 정부 주도의 근검절약 캠페인이나 소비 억제 정책이 한풀 꺾이자 한국 사회의 엄마들은 기다렸다는 듯이 화끈하게 변모한다. 그들은 억눌렸던 소비자성을 맘껏 표출했고, 기업들 또한 환호성을 올렸다. '시장'이 본성을 드러낸 것이다. 역사인류학자 윤택림은 1980년대~1990년대 등장한 신세대 엄마들을 가리켜 "한국 역사상 유례없는 고학력 중산층으로 자기 자신도 가꾸고 자녀 교육도 열심인 프로 주부들"이라고 설명한 바 있다. 이 젊은 '프로 엄마들'은 이전에 견줘 가사와 육아에 대한 더 세밀한 정보를 수집하고, 자신들의 일상을 전문적인 '엄마 노릇' 중심으로 조정하는 데 많은 공을 들였다. 1990년대에 이르자, '미시족'이라는 신조어가 생겨났다. 아이를 잘 키우고 자신의 미모까지 멋지게 가꾸는 엄마들을 가리킨다. 엄마들은 뽀글뽀글 촌스러워도 오래가는 파마를 하고 국가가 장려하던 '몸뻬'를 입은 채

---

* 김은실, 「출산 문화와 여성」, 『한국여성학』, 제12권 2호, 1996, 119~153쪽.

엄마도 아프다

억척스럽게 절약하는 '아줌마'가 아니라 서구 미인처럼 날씬하고 아름다우면서도 전문적인 직업을 가진 '프로'가 되었다. 사회는 소비하는 주부들에 대한 지탄을 거두고, 언제 그랬냐는 듯 소비자 엄마들에게 전향적이고 전폭적인 지지를 보냈다.* 남다른 정보력과 자기계발로 육아, 교육, 재테크, 미용과 패션, 인테리어까지 일가견을 보이는 유능하고 리더십 있는 가정 경영자, '신자유주의적 주부 주체'가 본격적으로 탄생한 것이다. 꼼꼼하고 빈틈없는 '프로 엄마' 이미지는 기저귀, 세제, 가전제품, 분유 광고 등에서 지금까지도 변함없이 반복되고 있다.

신자유주의 시대
새로운 엄마들

　　　국가, 시장, 엄마들의 행복한 만남은 그러나 오래가지 않았다. 심각한 인구 부족 문제가 대두되었기 때문이다. 2000년대 이후에는 두 사람이 결혼해 평균 2명 이하의 자녀를 낳는 것으로 나타나 인구가 점점 감소하는 '출산율 쇼크'가 사회문제로 떠올랐다. '출산 파업'이란 유행어를 낳을 정도로 저출산 문제가 심각했지만 젊은 여성들의 생각은 출산율을 높이려

---

* 윤택림, 『한국의 모성』, 미래인력연구원, 2001. 82쪽, 118~124쪽.

는 정부의 구상과는 달랐다. 2002년 여성주의 계간지 『이프』가 '출산 파업'을 다룬 겨울호에서 여대생 634명을 대상으로 설문 조사를 한 결과 '결혼에 따른 출산이 당연하다고 생각하지 않는다'는 응답이 57.3퍼센트에 달했다. 1960년대~1980년대 출산 억제책은 당시 여성들의 욕구와 맞아떨어지는 것이었지만, 출산 장려책은 그렇지 않았다. 아이를 '평생 숙제'로 생각하는 관념과 전세난, 청년 실업 등의 구조적 문제가 맞물려 있었던 탓이다. 태어난 아이를 보호하고 기르는 책임이 엄마들의 몫으로만 남아 있는 것도 문제로 지적됐다.*

국가가 공공 보육을 제도적으로 진지하게 고민하기 시작한 것은 2000년대 초반 이후였다. 저출산 문제가 심화되면서 양육 지원 정책은 취약 계층 위기 아동 보호에서 보편적 형태로 폭넓게 바뀌었다. 그러나 복잡한 문제였다. 국가가 믿을 만한 시설 인프라를 충분히 갖추고 보육에 대한 책임을 지는 것이 아니었기 때문이다. 집에서 아이를 키우는 가정에 양육 수당을 주었지만, 쥐꼬리만 한 돈을 주면서 가족에게 책임 떠넘기기를 하고 있다는 지적도 나왔다. 게다가 이럴 경우, 아이 돌봄은 대부분 여성의 몫이 된다. 여성을 전통적인 돌봄 노동자로 상정하기 때문에 '여성 노동'을 주변화한다는 우려가 제기되었다. 돌봄 노동

---

* 「설문조사. 여자 대학생들의 출산·육아 의식」, 『이프』, 2005년 겨울호.
「저출산 종합 대책 '둘둘 플랜' 뜯어 보니 저소득층서 중간층까지로 보육 지원 확대」, 『한겨레』, 2005년 10월 31일자, 4면.

엄마도 아프다

과 엄마 노릇은 점점 사회적 문제로 변화했다.*

아이를 돌보는 노동이 반복되는 단순 노동에서 고도화된 지적 노동으로 바뀌었다는 것도 중요한 지점이다. 신자유주의의 확산에 따라 세계적으로 상품과 지식 유통의 국경이 사라졌고, 엄마들은 자신의 지력을 총동원해 알차고 안전한 육아 정보와 제품을 선별, 선택해야 하는 어려운 소비 생활 한가운데 놓이게 됐다. 아이를 잘 키우기 위해 "할아버지의 경제력, 엄마의 정보력, 아빠의 무관심이 필요하다"는 농담이 유행한 것도 2000년대 들어서다. 아이를 잘 키우기 위해 엄마들은 공부하는 엄마, 책 읽는 엄마, 인터넷 하는 엄마, 합리적인 소비자 엄마, 과학적 엄마가 되어야만 했다. 아이를 예쁘게, 건강하게, 똑똑하게 키우기 위한 의료 정보, 입시 정보, 학원가 동향 등 모든 변화를 예견하고 대처하는 '슈퍼 우먼'이 되어 갔던 것이다.

엄마들은 글로벌한 그물망 속에서 숨 가쁘게 밀어닥치는 위기에 대응하기 위해 가정뿐 아니라 사회 곳곳에 관심을 가질 수밖에 없게 되었다. 2000년대 들어 발생한 각종 환경문제와 재난의 신호들은 엄마들에게는 위험을 알리는 빨간불이었다. 이는 한국의 엄마들을 더욱 전문화, 과학화하는 결정적인 국면을 제공했다. 재난은 아이들을 안전하고 건강하게 키워 내려는

---

* 「아동 양육 정책의 자유 선택 쟁점에 관한 연구」, 이수경·오미옥, 『한국보육지원학회지』, 제9권 제6호, 2013, 129~150쪽.

모성의 기획을 더욱 정교하게 완성하도록 몰아붙였고, 일부 엄마들은 전문가의 의견을 참조하는 것을 뛰어넘어 그들 못지않은 최신 지식으로 무장하기 시작했다. 인터넷으로 새로운 정보를 얻고, '해외 직구'를 통해 재난과 위험에 대비한 물품을 구매했다. 이전까지와는 확연히 다른 글로벌한 지식 축적과 소비였다. 컴퓨터를 능숙하게 다루면서 〈하이텔〉, 〈천리안〉 등 통신을 사용하던 경험이 축적된 1960년내 중후반, 1970년대 이후 출생한 여성들이 이 같은 흐름을 주도한 것으로 보인다.

환경 재난의 위험과 관련해 엄마들의 집단적인 움직임이 새롭게 나타나기도 했다. 2008년, 광우병이 우려된다며 미국 소고기 수입을 반대하는 촛불 집회가 대대적으로 펼쳐졌을 때 엄마들이 대거 유모차를 끌고 거리로 나온 것이다. 이들은 국가가 합리적인 도매상 역할을 하지 못한다며 공분했다.* 평범한 주부들이었지만, 이들은 '내 아이'의 이익만을 따지는 옛날 소비자 엄마들과는 확실히 달라 보였다. 촛불 시위 기간 동안 엄마들은 '광장'의 주역으로 눈길을 끌었고, 언론은 아이들을 데리고 거리에 나온 엄마들을 '유모차 부대'라고 일컬었다. 인터넷 온라인 커뮤니티를 중심으로 모인 이 여성들 가운데 상당수는 그 뒤로도 오랫동안 사회적 의제가 있을 때마다 성금을 모으고 필

---

* 김영옥, 「여성주의 관점에서 본 촛불 집회와 여성의 정치적 주체성」, 『아시아여성연구』, 48권 2호, 2009.

엄마도 아프다

요한 물건을 구매해 사회적 약자들에 기증하는 등 적극적인 활동을 벌이기도 했다.

여기서 1960년대~1970년대 자기 아이들의 답도 정답으로 해달라며 '무엇'을 만들어 교육 당국에 항의하던 엄마들이나 저출산 시대에 아이를 낳지 않는다며 비판받은 여성들을 떠올릴 필요가 있다. 2000년대, 거리로 뛰쳐나온 엄마들을 향해 보수 논객들은 '그릇된 모성'이라고 손가락질했고, '진보연'하는 사람들 사이에서도 아이들을 위험한 거리로 데리고 나온 엄마들에 대해 은근한 불편함을 드러내는 경우가 종종 있었다. 광장에 나온 '지적인 소비자 엄마들'은 못 배우고 못 가진 데다 시간마저 없는 저소득층 여성들과 다르다는 얘기였다. '엄마'를 승인하고 편 가르는 단순한 담론이지만, 설득력이 있어 보이기도 했다. 사실 '항의하는 여성들' 가운데 다수가 대도시 중산층 고학력자 중심의 프로슈머이자 얼리 어답터들이었기 때문이다. 이들은 신제품에 대한 품평을 인터넷에 자발적으로 올리고 기업의 매출을 좌지우지하던 적극적 소비자 주체들이었다. 2008년 미국산 소고기 수입에 반대하는 엄마들은 '소비자 권리'를 적극 활용했다. 보수적 색채의 언론사 광고주들에게 상품을 불매하겠다며 집단 압력을 행사했고, 이에 놀란 일부 기업들이 인터넷 누리집에 사과하는 내용의 안내문을 게시할 정도로 막대한 영향력을 끼친 것이다. 보수 논객들은 즉각 이 엄마들을 시장 질서를 어지럽히고 언론 자유를 위협하는 '위험한 여성들'로 규정하며 정부의 적극적인 대응을 주문하고 나섰다.

돌아보면, 한국의 엄마들은 20세기 내내 합리적이고 과학적인 사고와 관념으로 무장해 성공적인 합리적 소비와 가계 운용으로 국가 발전에 이바지해야 한다는 계몽에 노출돼 왔다. 2000년대 엄마가 된 여성들은 국가 발전을 위해 필요한 애국적 모성 되기를 촉구하는 사회적 압력을 기꺼이 내면화한 이전 세대 엄마의 딸들이었다. 그러나 이 젊은 엄마들이 오랫동안 이어진 국가/사회와의 협력 관계를 깨면서 위협적인 행동을 대대적으로 벌여 나가자, 상황은 돌변했다. 국가의 미래 인재를 길러 낼 엄마들에 대한 사회적 지지는 단숨에 철회되었으며 엄마들은 삽시간에 통제의 대상이 되고 말았다. 그 옛날 '치맛바람' 엄마들에게 쏟아지던 사회적 비난과는 차원이 달랐다. 경찰 당국이 그해 '유모차 부대'로 나섰던 회원 주부들을 집회 및 시위에 대한 법률 위반, 일반 교통 방해 혐의로 불구속 입건하고 일부를 소환 조사했던 것이 단적인 예다. 엄마들이 규율에서 벗어나 예상치 못한 정치성을 갖출 때, 국가는 법과 제도로서 그들을 배제하고 다스릴 수 있다는 것을 확실히 보여 주었던 것이다.

엄마도 아프다

상술에 휘둘리고,
정부는 못 믿겠고

지금까지 엄마들은 때론 국가와 사회의 요구를 충실하게 따르고, 때로는 회피하고 은근히 저항하면서 살아왔다. 내 아이를 잘 키우고 집안을 제대로 관리하는 육아 경영, 가계 경영을 하면서 시시때때로 다른 전술과 전략을 구사해 온 셈이다. 꼼꼼히 따져 손해를 최소화하려는 합리적 소비자 엄마, 남보다 빨리 좋은 물건을 찾아내는 정보력과 안목을 갖춘 엄마, 내 아이의 안전과 이익을 위해서라면 물불 안 가리며 뛰어드는 극성 엄마, 아이들의 건강을 위협하는 '위험 사회'의 국면을 비판하는 저항적인 엄마 등 모성은 다양하면서 모순되는 경향까지 뒤섞여 나타난다. 이러한 복잡한 모성 실천의 사례가 전면적으로 드러나게 된 대표적인 국면이 바로 2009년 '신종인플루엔자 A형(H1N1)', 이른바 '신종 플루'의 유행이었다. 성공적인 모성 실천의 어려움, 불가능성을 여실히 보여 주는 사건이었다.

신종 플루는 광우병과 완전히 다른 재앙이자 위협이었다. 광우병에 걸려 죽었다는 사람들의 이야기가 나라 밖의 일이었다면, 이 듣도 보도 못 한 전염병의 사망자는 바로 곁의 '내 이웃'이었으며 곧 '내 아이'가 될 수도 있었기 때문이다. 당시 신종 플루에 대한 국제적·국가적 기획은 매우 긴박하게 진행되었고 가족 건강의 최종 책임자이며 관리자인 엄마들에게도 직접적인 영향을 끼쳤다. 그해 4월 미국과 멕시코에서 '돼지 독감'이라 일컫는 질병에 사람이 감염된 첫 사례가 발견되었고, 5월엔 국내 처음으로 신종 플루 확진 판정을 받은 환자가 나왔다. 〈질병관리본부〉는 신종 인플루엔자 모니터링 센터를 가동하기 시작했고 〈세계보건기구(WHO)〉는 6월 신종 플루 경보 단계를 최고 수준인 6단계로 격상시켜 '대유행'을 선언했다. 1968년 홍콩 독감 이후 41년 만의 일이었다. 그로부터 두 달 뒤인 8월, 국내에서 신종 플루로 인한 첫 사망자가 발생했다. 통계청의 자료를 보면, 그해 전체 신종 플루 국내 사망자는 총 140명으로 보고되었다.*

한국 사회 전체가 신경증에 사로잡혔던 그때, '프로슈머' 엄마들은 웅성거리기 시작했다. 인터넷 주부·육아 커뮤니티에 모여든 엄마들은 의료 시장의 적극적인 소비자로서 신속하게 정보를 주고받으며 불안한 국민을 진정시키지 못하는 국가와 적절한 대응 방안을 내놓지 못하는 전문가 집단에 대해 분통을 터트렸다. 신종 플루 확진 환자가 점점 늘어나면서 김치나 인삼 덕에 국내는 안전할 것이라던 언론, 애매한 답변으로 일관하는 의료계, 철저한 대비 태세를 자신하던 국가에 대한 의심을 갖게 된 것이다. "(주사를) 맞으면 부작용, 안 맞아도 감염"이라는 냉소적인 말이 떠돌기도 했다. 그 누구도 믿을 수 없었기 때문에 일부 엄마들은 직접 팔을 걷어붙이고 나서서 정보를 모았고, 독자

---

* '2009년 사망 원인 통계 결과'(2010년 9월 9일) 참고.

엄마도 아프다

적인 분석과 판단을 내리기에 이르렀다. 마치 훈련된 보건 의료 전문가처럼 외국 매체의 기사를 해석해 공유하고, 다른 나라에 사는 지인들과 연락을 주고받으며 각국의 사망자 수나 진료비 같은 의료 정책을 비교하기도 했다.

그러나 대다수 엄마들은 당혹감을 감추지 못했다. 전염병 확산을 우려한 정부가 가장 먼저 호명한 사람들은 엄마들이었고, 국가가 최선의 예방책으로 내놓은 방안은 전 국민적 손 씻기였지만 이것조차 간단치 않았기 때문이다. 학교에서 아이들에게 비누를 가져오라 당부했지만 엄마들은 곤혹스러워했다. 물비누가 좋을지, 고체 비누가 좋을지, 일반 비누를 써야 할지, 항균 비누를 써야 할지, 알코올 손 세정제만 써도 괜찮은 것인지 도무지 알 수가 없었던 것이다. 경제성과 합리성까지 따지려면 문제는 더 복잡해졌다. 품절이 되기 전에 우선 대량 구매하는 것이 좋을지 아니면 더 나은 제품이 출시될 때까지 좀 더 기다려야 할 것인지, 외국 제품을 산다면 '직구'를 하는 것이 나을지, 국내에서 사서 빨리 받는 편이 더 나은지……. 가족의 면역력을 강화하기 위해 장바구니에 식품 하나도 허투루 담을 수 없었지만, 건강 증진 식품에 대한 허위 정보 때문에 모두가 믿을 수 있는 건 아니었다. 정부가 나서서 면역력 증진에 도움이 된다는 네 가지 신종 플루 예방 식품을 발표하기도 했지만 시장의 혼돈은 가라앉지 않았다. 위생과 건강에 대한 지침과 관념을 오랫동안 배우고 익힌 '근대의 2세대 딸들'이었지만 이해할 수 없는 질병

앞에 스스로 과학적인 판단을 내리고 실천하기란 결코 만만치 않았던 셈이다. 수많은 신종 플루 예방 수칙은 질병 발생의 책임을 결국 개인에게 짐 지우는 것이었기 때문에 엄마들은 이와 관련된 모든 결정에 더욱 신중을 기해야만 했다. 요모조모 따져 볼수록 복잡하기 짝이 없는 기획이었다.

나라 전체가 전쟁을 방불케 하는 '비상시국'이었지만, 이런 혼란 속에서도 이윤을 챙기는 이들이 있었다. 2009년 11월 통계청 소매 판매액 통계 집계 결과, 신종 플루로 인해 9월 홈쇼핑 및 온라인 쇼핑은 사상 최대의 매출 기록을 세웠다.* 손 세정제, 일부 마스크는 시중에서 품귀 현상을 빚기도 했다.** 신종 플루 치료제인 '타미플루'를 둘러싼 혼란은 특히 극심했다. 타미플루 가격이 정상가의 두세 배로 뛰어오르고 가짜 타미플루가 유통되고 있다는 소문까지 나돌았다. 인천공항 세관은 비정상적인 반입 사례가 있다는 첩보를 입수하고 단속에 나섰으며 〈식품의약품안전청〉은 〈방송통신위원회〉에 외국 인터넷 쇼핑몰의 국내

---

* 「신종 플루 때문에…… 홈쇼핑-온라인 쇼핑 매출 사상 최대」, 『동아일보』, 2009년 11월 10일자, 기업 B4면.

** 〈세계보건기구(WHO)〉와 미국 〈질병통제예방센터(CDC)〉 인증을 받은 'N95' 마스크를 찾는 사람이 급증했으나 2009년 8월 말 이미 대부분 물량이 소진되었다.(「방역용 N95 마스크도 '품귀'」, 『연합뉴스』, 2009년 8월 27일자.)
의료진이 아니라면 굳이 필요하지 않다는 전문가의 의견이 있었지만 인터넷에서는 이 마스크를 찾는 주부들의 문의가 줄을 이었다. 가장 인기 있다는 특정한 세정제로 손을 씻고 보건 당국이 승인한 'N95' 마스크를 착용하는 것은 내 가족의 건강, 나아가 생명을 유지하기 위해 '과학적 모성'이 세울 수 있는 최선의 기획 같아 보이기도 했다.

접속 차단을 요청했다.* 설상가상 타미플루 처방이 고소득층에게 집중된 것으로 알려져 대중의 비난이 터져 나오기도 했다. 약 가격이 지나치게 오를 수도 있다는 불안감, 돈을 주고도 약을 구하지 못하는 상황이 될 수도 있다는 의심을 부추기는 일이었기 때문이다.**

더욱이 이 시기 어떠한 예방 지식이나 전문가의 인증도 마음 놓고 신뢰할 수 있는 것처럼 보이지 않았다. 이를테면 손 씻기와 비누 논란이 대표적이다. 항균 비누가 아닌 일반 비누로 손을 씻어도 충분히 신종 플루를 예방할 수 있다는 조언이 있었지만, 소비자들은 전문가 집단의 추천 마크가 찍힌 항균 비누의 유혹을 무시할 수 없었다. 하지만 항균 비누의 경우 세균을 죽일 수 있을지는 몰라도 신종 플루, 독감, 감기 등 바이러스성 질환은 예방할 수 없다는 주장이 제기되었다.*** 심지어 손 씻기가 중요하지만 과도하게 청결하면 오히려 역효과를 낼 수 있다는 의견이 나오기도 했다.**** 전문가들의 서로 다른 충고 속에서 '선택'은 각

---

* 「'백신 임상 실험 자원' 전화 빗발」, 『서울신문』, 2009년 8월 29일자, 3면.
** 신종 플루 확산 초기였던 2009년 6월까지 타미플루 처방을 받은 4,131명을 소득 분위별로 구분해 보면, 상위 10퍼센트 계층의 처방 인원이 14.8퍼센트(612명)로 하위 10퍼센트 계층의 처방 인원 4.3퍼센트(178명)보다 3.4배 많았다.(「타미플루 처방, 고소득층, 9세 이하에 집중」, 『연합뉴스』, 2009년 9월 14일자.)
*** 박태균, 『100퍼센트 신종 플루 예방법』, 질병관리본부장 이종구 감수, 시공사, 2009. 75쪽.
**** 「지나치게 청결하면 면역력 떨어질 수도」, 『조선일보』, 2009년 12월 1일자, 과학 B5면. 「위생의 역설」, 『한겨레』, 2009년 10월 5일자, 26면.

자의 책임이었다.*

　치료제에 대한 혼란도 만만치 않았다. 2009년 10월, 국회 보건복지가족위원회 국정감사 자료에서 2008년 6월부터 2009년 9월 말까지 총 149건의 치료제 부작용 사례가 당국에 보고되었다는 것이 드러났다.** 이처럼 과학과 의료 기술을 전적으로 믿을 수도, 그렇다고 모두 불신할 수도 없는 상황이 계속되자 가족 간호의 책임자이자 예방과 치료의 결정권자처럼 보였던 엄마들의 권한은 뿌리째 흔들렸다. 엄마들은 온 가족의 간병인인 동시에 가족 갈등의 중재자가 되는 한편, 타인에게 동원되고 자발적으로 타인의 일상을 감시하는 사람이 되기도 했다. 신종 플루 유행 초기의 인터넷 게시글을 살펴보면, 아이들의 교실 청소에 불려 나간 엄마들의 경험담이나 무신경한 주변 이웃들에 대한 비난이 적잖게 발견된다. 예컨대 전염병 위험에도 아랑곳없이 외국 여행을 다녀온 이웃 가족, 기침을 하며 마스크를

---

* 몇 년 뒤인 2013년에는 신종 플루 유행기에 폭발적인 인기를 누린 특정 기업의 세제 제품이 도마 위에 올랐다. 전문가 집단이 추천한 제품은 주방 세제 등 해당 시리즈 총 세 가지. 제품을 추천한다는 의미로 협회가 마크 사용을 허락하고, 업체는 매출액의 일부를 협회에 지급한다는 내용을 담은 2004년 협약서가 폭로됐다. 〈의협〉은 신종 플루 유행 시기를 포함해 총 9년 동안 모두 21억 7천만 원을 받았다는 보도가 잘못되었다며 실제로 받은 액수는 18억 원이고, 이 돈을 모두 공익사업에만 사용했다고 해명했다.(「의사협회, 돈 받고 '데톨' 제품에 추천 마크」, SBS, 2013년 8월 11일자 8시 뉴스 참고)
　「옥시에서 받은 금액 공익사업에만 사용」, 『의협신문』, 2013년 8월 12일자, 17:18:44. (2015년 3월 8일 오후 3시 45분 최종 확인, http://www.doctorsnews.co.kr/news/articleView. html?idxno=90140) 참고
** 「신종 플루 진료 '국민만 골병 든다'」, 『세계일보』, 2009년 10월 6일자, 9면.

쓰지 않은 채 마트에 돌아다니는 이웃 아이는 동네의 안전을 어지럽히는 인물로 지목되었던 것이다. 이렇게 일상적인 감시 분위기를 조성하고 불안을 증폭하는 데는 언론도 한몫을 했다. 신종 플루 국내 발견 초기, 비행기를 타고 들어온 내·외국인들에 의해 이 전염병이 전파되었다며 공포심과 경각심을 불러일으키는 기사들이 경쟁적으로 양산되었기 때문이다. 나중에 정부 관계자와 언론인들 사이에서 신종 플루 보도에 대한 반성이 터져 나올 정도로 당시 정보를 추적하고 전달하는 과정에서 과장, 갈등 보도는 심각한 양상을 보였다.[*]

각 가정이 알아서 아동이나 노약자를 비롯한 가족 건강에 힘써야 한다는 담론이 확산되자 위생법이나 소독 약품에 대한 과학적 검토, 청소 시기, 오염원 척결 같은 모든 일에서 엄마들의 실천이 뒤따랐다. 그 행위는 '정상' 범위를 넘어서도, 미달해도 곤란했다. 종합하자면, 신종 플루를 예방하거나 치료하려면 넘치지도 모자라지도 않는 적절한 위생 관리, 적절한 휴식과 시간 관리, 면역력 강화를 위한 영양 섭취, 실력 있는 의료진 탐색, 치료제나 예방 백신에 대한 면밀한 정보 수집 같은 일상적이면서도 고도화된 결정이 병행되어야만 했던 것이다. 엄마들은 불확실한 미래에 대해 책임감을 지니고 과학적인 동시

---

[*] 이진로·안병규, 「신종 플루 담론의 형성 구조: 조선일보와 한겨레신문 사설 분석」, 『헬스 커뮤니케이션 연구』, 제2권, 제1호, 2010.

에 합리적으로 판단해야 했으며 한편으로는 남에게 민폐를 끼치지 않는 '개념 있는' 엄마로 가족들을 관리하며 행동해야만 했다. 이런 어머니들의 모성 수행은 질병의 예방과 치료라는 막중한 부담을 안고 부정확한 정보 홍수 속에서 위태롭게 줄타기를 했다.

신종 플루 유행기에 국민의 생명을 보호하고 안전에 책임을 져야 할 국가에 대한 기대치는 그런 만큼 더욱 높았다고도 볼 수 있다. 2010년 정부는 신종 플루 대응과 예방에 대한 공로를 인정해 관련자들에게 표창을 주었고 전염병 관리가 성공적으로 완수되었다고 평가했지만 당시 대중의 불안감과 혼란을 떠올리면 이에 전적으로 동의하기는 어렵다. 대표적인 예로, '백신 주권'에 대한 비판을 들 수 있다. 2009년 10월 국회 국정감사에서 보건 당국과 글로벌 제약 회사가 맺은 신종 플루 백신에 대한 구매 의향서를 두고 논란이 불거졌다. 백신을 확보하기 위해 주고받은 문서를 검토한 결과, 법적 구속력이 없는 데다 제약 회사의 고의성이 확인될 경우가 아니면 기업의 책임을 면해 주는 '면책특권'을 보장해 주었다며 문제가 되었던 것이다. '굴욕적인 의향서'라는 비판에 대해 당국은 다른 나라도 똑같이 적용하는 국제적 관례를 따랐을 뿐이라는 핑계로 상황을 모면하려 했다.*
국민을 대리하는 주권자의 당당함도, 이득을 챙기는 도매상의

---

* 2009년 10월 8일, '2009년도 국정감사 보건복지가족위원회 회의록' 참고.

엄마도 아프다

협상력도 발휘하지 못하는 허약한 국가의 면모를 보인 것이다.

엄마들은 이 상황에서 아이들을 제대로 지켜 내지 못할지도 모른다는 불안감에 국가의 책임을 인식하기 시작했던 듯하다. 엄마들 사이에 국가의 공공성 논란이 벌어지기 시작했고, 의료 비용 문제와 함께 토론이 펼쳐졌다. 정부를 믿을 수 없다며 주부들은 각 병원의 검사비를 서로 비교, 검토하며 공공 병원의 비용이 다른 병원에 견줘 현저히 싸다는 정보를 알아서 조사해 주고받았다. 당시 인터넷 주부 커뮤니티를 살펴보면, 공공 의료가 무너진 미국처럼 되지 않도록 의료보험을 굳건히 지켜 내야 한다는 목소리가 주부들 사이에서 자연스럽게 흘러나오곤 했다. 신종 플루를 둘러싼 정부, 기업, 전문가들의 미덥지 못한 대응과 자기 잇속만 챙기는 이기적 행태들을 지켜볼수록 결론은 한 곳으로 집중되었다. '우리는 우리 스스로 지켜 내야 한다'는 얘기였다. '아무도 믿을 수 없다', 이것이야말로 당시 엄마들이 경험으로 체득한 신자유주의의 원리였다. 신종 플루 유행 사태가 진정이 되고, 모두가 제자리로 돌아간 듯했지만 엄마들은 중요한 체험을 하게 되었다. 국가의 지시를 이행하든 하지 않든 누구나 억울하게 피해를 입을 수 있고, 피해에 대한 책임은 누구도 대신 져 주지 않는다는 것이었다.

위험한 사회의
성난 엄마들

2014년 4월 16일, 세월호 참사 이후 한국 사회는 국가에게 질문을 던지고 사회를 향해 발언하는 엄마들을 다시 만나 볼 수 있게 되었다. 정부나 일부 편향된 미디어는 참사의 책임을 〈청해진해운〉이나 〈세모그룹〉의 경영자 및 선장과 선원들에게 떠넘기려고 했고 이에 분개한 엄마들은 집 안에만 있지 않았다. 세월호 희생자 가족을 지지하는 여성들의 모임인 인터넷 카페 〈엄마의 노란 손수건〉은 그해 5월 5일 안산 합동 분향소에서 단원고까지 '엄마들의 침묵 행진'을 시작했고 세월호 특별법 제정을 위한 서명을 받는 등 적극적으로 움직였다. 이들은 "아이를 낳아 첫 백일은 엄마가 키웠지만, 사고를 참사로 만든 100일은 국가가 책임져야 합니다"라고 주장했다. 국가의 책임성을 강조하는 상징적인 말이었다.*

이 엄마들이 시위를 하는 동안 일부에서는 "할 일 없는 여편네들이 살림이나 하지" 같은 비판이 쏟아지기도 했다. '할 일 없는 여편네', '살림이나'라며 엄마들을 낮잡아 이르는 이런 말들

---

* 「'세월호 때문에' 소리 못 하게…… 시댁 일도 악착같이」, 『오마이뉴스』, 2014년 9월 19일자, 10:49. (http://www.ohmynews.com/NWS_Web/view/at_pg.aspx?CNTN_CD=A0002034032, 2015년 3월 8일 최종 방문) 제목에서 보듯 엄마들은 사회 활동을 하기 위해 '엄마' '며느리'로서 책무도 게을리할 수 없다고 말한다. '책임감 없는 엄마'라는 비난을 피하며 사회적인 목소리를 내기 위한 어쩔 수 없는 선택으로 보인다.

은 집에서 아이 키우고 살림 잘하는 여성을 최고의 여성상으로 삼아 온 근대, 구체적으로는 1960년대 집 밖으로 뛰쳐나와 공개 석상에 등장하며 항의하는 엄마들의 집단행동을 비난할 때마다 변함없이 사용되던 해묵은 레토릭이다.

그러나 동시에 이 시기에는 지금까지 보아 온 현상과 다른 새로운 사건이 벌어졌다. '엄마들' 자체가 다른 엄마들을 비난하고 분열하는 양상을 보인 것이다. 중장년층 여성들을 주축으로 한 〈엄마 부대 봉사단〉은 2014년 5월부터 세월호 유가족들의 농성장에 대거 등장했다. 이들은 '세월호 유가족이 벼슬은 아닙니다', '사고로 희생한 자식이 의사자라니요', '나라를 위해 목숨을 바친 것도 아닌데 이해할 수 없네요', '유모차 부대 OUT' 등의 손 팻말을 들고, 인형을 태운 유모차에는 '엄마 제발 그만! 말 못 하는 우리도 인권이 있답니다'라고 쓰인 종이 팻말을 붙였다. 일부 보수 단체들은 세월호 참사 이후 침묵시위를 벌인 '유모차 부대'를 아동학대죄로 고발하며 '자신들의 이익을 위해 아이들을 학대, 인권 유린 일삼는 유모차 부대의 아동학대 강력 규탄한다!!'는 플래카드를 들고 기자회견을 했다. 2008년 광우병 쇠고기 수입 반대 시위를 벌이던 유모차 부대 엄마들에게 '가짜 엄마' 운운하며 맹비난하던 보수 논객의 목소리와 겹쳐지는 대목이다.*

---

* 「유모차 시위대는 아동학대죄?」, 『한겨레21』, 제1017호, 2014년 6월 25일자.

'엄마들을 비난하는 엄마들'이 대거 공식적으로 모습을 드러
낸 것은 엄마들의 세대 갈등일까? 아니면 엄마들이 보수와 진
보로 나뉜 사회의 진영 논리 안에서 똑같이 분열되는 것일 뿐
일까? 정치학자 임혁백은 독일 역사철학자 에른스트 블로흐가
체계화한 '비동시성의 동시성'이라는 개념을 사용해 20세기 한
국 사회를 분석했다. '비동시성의 동시성'은 서로 다른 시대적
요소가 한 시간대 안에서 공존하는 현상을 가리키는데, 이 개
념은 한국 사회에서 점점 불거지고 있는 갈등과 충돌의 요소
를 설명하는 데 적합하다는 것이다.* 이런 관점을 받아들인다
면, 지금 한국 사회의 '엄마들'은 같은 시간대 속에서 서로 다
른 경험을 갖고 공존, 경합하는 양상을 보이고 있는 것으로 분
석된다. 우선 중장년층에 진입한 엄마들 대다수는 1950년대 전
후 태어난 베이비붐 세대로서 박정희 정권의 산업화, 소비 억제,
출산 억제 정책의 영향을 크게 받았다. 1970년대는 국가의 근
대적 모성 이데올로기가 전면적으로 구축되는 시간대였다. 정
부는 국가 발전이라는 대의 아래 가족계획을 시행했고, 당시 젊
은 엄마들은 행정력의 관리를 받으며 본격적인 '근대화 모성'으
로 탈바꿈하는 인상적인 경험을 하게 되었다. 남편 집안의 며느
리가 아닌 엄마 노릇 중심의 핵가족이 일반화하면서 모권은 상
승했다. 다시 말해, 사회학자 김덕영의 주장처럼 국가의 전략 속

---

* 임혁백, 『비동시성의 동시성-한국 근대정치의 다중적 시간』, 고려대학교출판부, 2014.

엄마도 아프다

에서 자신의 존재 의의를 발견하는 '집단적 자아'의 경험이 그 세대 엄마들에게는 있었던 것이다.[*]

이에 견줘 이후 세대의 엄마들은 1987년 사회 민주화라는 경험의 자장 아래 놓였고, 국민은 주권자로서 국가에게 책임을 물을 수 있다는 믿음을 갖고 있다. 이 고학력 엄마들은 또한 이전 세대와 달리 글로벌한 지식 축적과 소비를 하며 각종 환경 재해·재난 위험에 대한 정보를 모으는 일도 게을리하지 않았다. 국가에 종속적인 관계가 아니라 의구심이 생기면 질문을 던지고 정책적인 변화를 요구하는 것이 국민의 정당한 권리라는 관념, 그래야만 자신의 가족도 안전하게 지킬 수 있다는 생각을 갖게 된 세대들인 셈이다.

이를 통해 다시금 '엄마'라는 호칭이 가진 획일적인 이미지를 돌아보게 된다. '여성'을 하나의 기호로 포괄할 수 없듯, '엄마' 또한 마찬가지다. '엄마'라는 말에서 흔히 자애로운 모성애로 가득 찬 엄마 이미지를 떠올리지만, 실제 엄마들은 언제나 그럴 수 없다. 한 사람 안에 자상한 엄마, 엄격한 엄마, 부드러운 엄마, 화내는 엄마가 교차하는 것이 당연하며 아이에 대한 미안함과 죄책감 때문에 고민하는 '취업모', 아이들의 주변을 맴도는 '헬리콥터 맘', 자연주의적으로 환경과 생태 위기를 돌파해 보려는 엄마, 연대하고 권력에 저항하려고 하는 '사회적 엄마', 보수

---

[*] 김덕영, 『환원근대』, 도서출판길, 2014. 295쪽.

권력을 호위하는 '엄마 부대 엄마' 등 이 시대의 엄마들은 실로 다양한 형태로 살아가고 있는 것이다.

모성 기획은
성공할 수 있을까

　　영화 〈체인질링〉*을 보면, 잃어버린 아들을 찾는 한 미국 엄마의 이야기가 나온다. 전화 교환수로 일하며 혼자 아이를 키우던 이 엄마는 어느 날 집에 돌아와 아들이 실종된 것을 알게 된다. 그러나 경찰이 찾아 준 아들은 실종된 진짜 아들이 아니라 가짜였다. "이 아이는 내 아이가 아니다"라며 엄마가 저항하자, 경찰은 그를 정신병원에 가둬 버린다. "사회의 위협이 될 수 있다"는 이유였다. 엄마는 강제 입원 당한 뒤 진단과 치료를 빙자한 감금과 협박에 시달리며 국가 폭력의 피해자가 된다. 1928년 미국에서 벌어진 실화를 바탕으로 한 이 영화는 지배 체제에 저항하는 모성을 권력이 어떻게 처벌할 수 있는지 그 과정을 현실감 있게 보여 준다.

　한국의 모성 변천사를 돌아보면, 국가와 민족의 발전에 헌신하라는 '대의'에서 벗어난 엄마들에 대한 권력의 응답이 어땠는

---

* Changeling, 클린트 이스트우드 감독, 2008, 미국.

　　　　　　　　　　　　　　　엄마도 아프다

지를 살펴볼 수 있다. 일제강점기에 수입된 '현모양처'라는 뿌리 깊은 고정관념, 성역할 이데올로기에서 벗어난 행위를 하는 엄마들은 사회에서 배제되고 지탄 받으며 낙인찍힐 위험이 높았다. 지난 2008년 촛불 집회에 참여한 엄마들은 경찰의 채증에 따라 1년여 뒤 소환당했고, 수사기관에 불려 가 조사를 받았다. 글로벌한 신자유주의 사회가 도래하면서 환경 재난으로부터 아이들을 지키려는 모성의 과학적 실천은 실패를 거듭했다. 아무리 과학적이고 합리적인 지식과 이론을 동원해도 '내 아이'를 혼자 지키며 '내 가족'의 안녕을 도모할 수 있는 길은 찾을 수 없었기 때문이다. 이런 경험을 통해 사회 전체의 책임을 되새기고, 구조적 문제를 제기하며, 왜 이렇게 살아야만 하는지 뿌리 깊은 원인을 알고자 하는 엄마가 가장 위험하다.

그렇다면 진정 '엄마다운 엄마'가 누구인지 가려 낼 수 있을까? 사실 이는 애초부터 잘못된 질문이다. 어느 쪽이 '진짜 모성애'를 가졌는가, 누가 '진짜 엄마'냐고 물을 때마다 해답은 미궁 속으로 빠진다. 가장 큰 문제는 다양한 '엄마들' 속에 있는 것이 아니라 이들을 낳은 '배경'이기 때문이다. 더욱이 한국 사회에서 특정한 모성 실천에 대한 포함과 배제를 결정해 온 주체로서 일정한 어머니상만을 지지하고 보급하는 데 앞장서 온 국가와 사회의 기획을 빼고 모성을 논할 수 없다. 엄마들은 근대화 초기부터 국가와 민족의 발전을 위해 변화해야 할 사람으로서 가장 먼저 호명되었고, '○○엄마' '△△맘'이라는 평가와 복잡한 수식어가 지금도 명멸하듯이 국가와 사회는 엄마들을 끊임없이 대상화하는 시선으로 바라봐 왔다. 엄마들은 필요에 따라 집단적 담론에 자발적으로 동의하거나 포섭되었고, 시시때때로 탈주해 온 경험이 있다. 엄마들이 왜 이처럼 다양해졌는지가 아니라 국가와 사회가 왜 이토록 엄마들을 각자 믿는 방향으로, 시시각각 다른 기획과 실천으로 어지럽게, 그러나 헌신적으로 투신하게 했으며 그 의도가 무엇이었는지에 먼저 주의를 기울여야 한다는 얘기다. 승자독식의 신자유주의의 원리뿐만 아니라 사회의 공공성이 현저히 낮아 '우리'보다 '나'의 성공을 위해 각자도생하는 한국 사회의 특수성 또한 모성의 기획을 더욱 어렵고 복잡하게 만들면서도 패배로 이끄는 중요한 원인이 되고 있다.*

갈수록 엄격하고 세밀해지는 가족 관리 지침과 자본의 이익을 위해 끝없이 쏟아지는 매혹적인 신제품 홍수, 고도로 전문화된 건강 정보의 그물망을 헤쳐 가며 엄마들은 어디로 흘러가고 있을까. 분명하게 알 수는 없지만, 국가나 사회가 의도하지 않은 결과로 엄마들이 향할 가능성은 언제든지 존재하며, 권력에 저항하거나 빠져 나가려는 '엄마'에 대한 사회의 승인을 철회하려

---

* OECD 회원국 가운데 한국의 공공성은 가장 낮은 수준이며, '세계 가치관 조사'에서 한국인은 연대보다는 각자도생의 길을 가고 있는 것으로 분석되었다. 서울대학교 사회발전연구소 기획, 장덕진 외 지음, 『세월호가 우리에게 묻다-재난과 공공성의 사회학』, 한울아카데미, 2015.

엄마도 아프다

는 움직임 또한 끊임없이 거듭될 것이라는 것만은 확실하다.

　지금껏 살펴봤듯 '모성'은 시대에 따라 변모하며 오랜 시간에 걸쳐 구조적으로 만들어져 왔고, 엄마가 된 모든 여성들이 평생 일관되게 과학적이며 합리적인 모성을 발휘하며 살아가야 한다는 것은 판타지다. 이와 함께 덧붙이고 싶은 바는, 아이들을 사랑하는 마음이 있을지라도 평생 하루 24시간 누군가의 어머니로서만 살아갈 수도 없다는 점이다. 그는 엄마인 동시에 딸이고, 친구이고, 생활인이고, 직업인이고, 지구상의 유일한 개인이다. 그런 까닭에, '사회적 모성'이라며 사회 전체를 돌보는 엄마들의 집단적 행동에 보내는 찬사 역시 온전히 긍정하며 바라볼 수만은 없다. 엄마들의 헌신성을 강조하거나 모성이라는 굴레에 가두게 될 때 억압이 될 가능성도 충분히 존재하기 때문이다. '사회적 모성'이란 호명으로, 단지 이들을 '엄마'로만 환원한다면 특정 범주에서 벗어난 행동을 보일 때 지탄 받을 가능성도 그만큼 커진다. 이제는 모성보다 돌봄의 사회적 책임에 대해 고민해야 할 때다.

자녀와 거래하는 엄마들

·

태희원

·

·

·

거대 공룡이 된 뷰티 산업과 외모 관리, 젠더를 화두로 한 연구자이자, 십 대 자녀를 둔 엄마다. 한국 사회에서 외모 관리가 성별과 세대를 가로지르는 강박적 실천이 되고 있는 상황에서 십 대 아이들의 경험을 어떻게 듣고 말을 건네야 하는지 '동료' 엄마들과 함께 성찰해 보고자 이 글을 썼다.

외모를 매개로
한 거래

우연찮게 중학교 3학년 자녀를 둔 엄마들의 모임에 합석하게 되었을 때다. 엄마들 모임은 으레 자녀 교육에 관한 정보를 교환하는 장이 되곤 하는데 이날 이야기는 자연스럽게 선배 엄마들이 중 3 엄마 되기에 관한 조언 비슷한 것을 들려주는 식이 되었다.

"중학교 3학년 되면서 (스마트폰을) 폴더 폰으로 바꿔 줬어요."

승철 엄마가 먼저 이야기를 꺼냈다. 지금은 고등학생이 된 승철이가 중학교 3학년일 때 승철 엄마는 단호하게 결단을 내렸다고 말했다. 아이가 수긍을 하더냐고 물으니 승철 엄마는 그 대신 옷과 머리 모양은 완전한 자유를 보장해 줬고, 방학 때 염색도 마음대로 하게 하고, 옷도 입고 싶은 브랜드를 다 사 줬다고 말했다. 옆자리에 있던 혜미 엄마는 올해 큰딸이 수능 시험을 보았는데, 고등학교 3학년 올라가기 전 겨울방학 때 쌍꺼풀 수술을 해 줬다고 했다.

"매일 거울만 보고 있어서……. 고 3 때 공부하라고 수술해 줬어. (웃음) 병원에 가서 의사 선생님한테 신신당부했지. 선생님, 수술이 진짜 잘돼야 얘가 대학 갈 수 있어요, 이렇게."

내가 만난 엄마들은 자기 아이들이 학교와 학원, 집을 오가며 많은 학업 양을 소화해야 하는 것을 안쓰러워했지만, 동시에 자기 아이가 최선의 결과를 얻어 좋은 대학에 들어가기를 기대했다. 사실 경쟁 사회에서 살아가는 아이를 키우는 엄마로서 일견 이해하지 못할 바는 아니었다. 한국 사회에서 자녀의 대학 진학은 모성 수행의 성공 여부를 증명하는 바로미터처럼 여겨지기 때문이다. 공부를 대신 해 줄 수 없는 엄마는 아이가 공부에 전념할 수 있는 '최적화된 환경'을 조성하는 것을 자신의 책무로 생각한다. 자녀의 외모 관리가 모성 수행의 대상이 되는 것은 이러한 맥락에서다.

아이들의 외모 가꾸기 욕망은 엄마들이 관리하고 통제할 수 있는 것일까? 원하는 브랜드의 옷을 사고 쌍꺼풀 수술을 하게 된 그 아이는 엄마의 바람대로 공부에 전념하게 되는 것일까? 무엇보다 "엄마가 무엇이든 해 줄 테니 너는 공부에만 신경 쓰렴" 같은 단정은 어떻게 가능해지는 것일까? 그날 모임에서 돌아오는 내내 이런 생각들이 머릿속을 떠나지 않았다.

자녀의 외모를 적절하게 관리해 준다면 아이가 학업에 열중하게 될 것이라는 기대, 혹은 '기원'이 엄마들 사이에 부유하고 있었고 이 정서가 엄마와 자녀 사이를 일종의 '거래' 관계로

엄마도 아프다

만든다는 생각이 들었다. 이는 대입 위주의 경쟁 사회에서 아이가 뒤처질 수 있다는 불안감, 그리고 자녀의 외모 가꾸기 열망을 엄마의 기준으로 판단하고 관리할 수 있다는 믿음에서 기인한다. 거래에는 구매 상황이나 환경보다 물품이 적정한 가격에 교환되는 것 자체가 중요하듯이 엄마와 자녀 사이의 '거래'에는 상대방에 대한 이해가 결여되어 있다. 엄마들이 나서서 자녀의 외모를 관리해 주는 것이 공감이나 지지이기보다 '거래'라고 생각되는 이유다.

엄마가 자신의 십 대 때와는 매우 다른 상황과 조건에서 청소년기를 보내고 있는 아이들을 온전히 이해하고 아이들과 친밀한 관계를 형성하기란 쉽지 않은 일이다. '친밀함'으로 포장된 지금의 엄마와 자녀 사이의 차가운 거래 관계를 개선하기 위해서는 엄마들이 자신의 성장 경험과 현재 아이들의 성장 경험 사이에 놓인 차이를 이해하고 성찰해 가는 작업이 필요하다. 외모 가꾸기라는 아이들 일상의 한 결을 깊이 들여다보려 한 이유가 여기에 있다. 중학생 아이들, 엄마들을 만나 직접 이야기를 나누면서 외모 가꾸기를 둘러싼 각기 다른 입장 차이들과 그 의미에 대해 생각해 보면서 나는 무엇이 아이들을 위한, 그리고 엄마들을 위한 모성 실천인지 생각해 보지 않을 수 없었다.

내가 만난 아이들에게 외모 가꾸기는 공부 이외의 자유가 허락되지 않는 환경에서 그나마 가능한 '놀이'에 가까웠다. 반면 외모 관리에 관한 사회적 규범들에 익숙해져 있는 엄마들은 자녀의 외모 가꾸기 놀이를 모성 수행에 있어 또 하나의 과제로 여기며 이를 '관리'하고자 했다. 외모 가꾸기에 대한 엄마와 아이의 인식 차이를 독해하고 성찰해 보는 것, 자녀의 성장에 무한 책임을 느끼는 엄마들에게 조금 다른 사고의 틀을, 혹은 여유를 가질 수 있게 하는 것이 이 글을 쓴 목적이다.

십 대들의
외모 가꾸기 놀이

　　엄마들은 사춘기에 진입한 자녀가 외모에 관심을 가지는 것을 종종 흥미롭고 또 불안하게 지켜본다. 사춘기에 진입한 아이들은 그동안 '귀여움'을 강요받기라도 했다는 듯이, 이제는 '쿨'한 감각을 뽐내며 성인이 된 것처럼 행동한다. 교복 바지나 치마 길이를 수선해 입고 헤어스타일에 과도하게 신경을 쓰며 화장을 하는 아이들의 모습에서 엄마들은 때로 즐거움을 느낀다. 본인들 역시 아이들과 다르지 않은 어린 시절을 보냈기 때문일 것이다. 내가 만난 엄마들은 "우리들도 어렸을 때 〈나이키〉 같은 거 동경하고 화장도 해 보고 그랬잖아." 하는 말을 종종 했다.

　　그러나 어느 일요일 오후, 중학교 2학년인 세율과 승미, 혜수가 보여 준 화장품 파우치는 나의 이런 안일한 생각을 깨트리기에 충분했다. 아이들은 내가 아는 일반적인 여성 어른들보다도 더 많은 화장품을 갖고 있었다. 내게는 충격이었다.

"오늘은 간단한 것만 가져온 거예요. 가방을 못 바꿔서. 원래 더 많아요. 립밤, 립케어, 펄 들어간 아이섀도, 아이브로우 컬러. 어른보다 많죠."

가방에서 화장품 파우치와 서클 렌즈, 거울, 고데기를 꺼내면서 승미가 말했다. 평상시 가지고 다니던 파우치에 비하면 너무 간소하다며 내게 다 보여 주지 못하는 것을 안타까워했다.

어른들보다 더 많은 화장품들을 파우치 안에 담고 다닌다는 이야기는 그만큼 십 대를 겨냥한 화장품 시장 규모가 크다는 말이다. 동시에 지금 아이들이 화장품과 관계 맺는 방식이 변화했다는 것을 의미한다. 1997년 이후 한국 사회에 자리를 잡기 시작한 십 대 전용 화장품 시장은 '클린 앤드 클리어', '에이 솔루션' 등 여드름 예방을 목적으로 한 기초 화장품이 주를 이루었다. 하지만 이후 대부분의 메이크업이 가능한 제품들이 등장했고 최근에는 '브랜드 숍', 혹은 '헬스&뷰티 숍' 등이 유행하면서 시장을 크게 확대하고 있다.* 〈더 페이스 샵〉, 〈네이처 리퍼블릭〉, 〈이니스프리〉 등 아이들이 가지고 있는 제품 브랜드들의 텔레비전 광고는 주로 '투명 화장'과 '맑은 피부'를 강조하지만 실

---

* 장선미·김주덕, 「청소년들의 화장품 사용 실태 및 구매 행동에 관한 연구」, 『대한화장품학회지』, 40(1):55~88, 대한화장품학회, 2014.

제 매장에 가 보면 입술 틴트, 마스카라, 아이라이너, 아이브로우 컬러 등 메이크업 제품들이 즐비하다.

오늘날 십 대 여성들의 화장은 성인 여성들의 화장을 흉내 내는 차원으로 보기만은 어렵다. 아이들은 비비크림이 없이는 청순 소녀의 '쌩얼'은 가능하지 않다고 잘라 말한다. 학교 안과 밖, 상황에 따라 다양한 화장 기술들이 활용된다. 인터넷 상에는 중학생을 위한 화장품들이나 사용 방법이 생활 정보로 공유되는데 "학교 단속에 걸려 벌점을 받지 않도록 주의하라", "렌즈, 아라(아이라이너), 아이섀도, 쌍액(쌍꺼풀 액), 비비는 사진 찍을 때만 합시다." 등을 서로 당부하기도 한다.

엄마들은 거리에서 마주치는 아이들의 과도한 아이라이너 화장을 보고 우려 섞인 눈길을 보내기도 한다. 그러나 여자아이들에게 화장품 파우치는 학교와 학원, 집을 오가는 따분한 일상에 재미와 활력을 선사해 주는 놀이 문화가 집약되어 있는 물건이다. 아이들은 학교에서 쉬는 시간이 되면 거울 앞으로 몰려가 고데기로 서로의 머리를 만져 주고 화장품을 이것저것 발라 보며 변화된 모습들에 탄성을 지르기도 한다. 친구끼리 효과가 좋은 화장품이 무엇인지 평가해 보고 권유하는 데도 적극적이다. 물론 학교에서 정기적으로 실시하는 용모 검사나 선생님들의 눈은 잘 피해야 한다. 학교는 아이들의 외모 가꾸기를 곱지 않은 시선으로 바라볼 뿐만 아니라 계도와 처벌의 대상으로 여긴다. 화장이나 염색, 파마를 금지하고 정기적인 용모 검사를 통

　　　　　　　　　　　　　　　　　　　　엄마도 아프다

해 아이들을 감시하는 걸 소홀히 하지 않는다. 워낙 화장을 하고 다니는 아이들이 많다 보니 최근 용모 검사는 화장 검사와 다르지 않다. 티슈를 든 교사가 얼굴을 만져 보고 화장품이 묻어나기라도 하면 벌점을 받는다. 고데기와 화장품 파우치는 통째로 뺏길 수도 있다.

학교가 왜 규제를 하는 것 같으냐고 물으니 아이들은 "교복을 입고 다니잖아요. 그러면 어느 학교 학생들인지 다 알잖아요. 근데 화장하고 다니고 이러면 학교 이미지에 안 좋으니까요." 하는 대답이 돌아왔다. 아이들은 학교의 명예를 강조하며 화장을 못 하게 하는 학교 방침에는 별 이의 없이 수긍하면서 많은 돈을 들여 마련한 고데기와 파우치를 압수해 다시 돌려주지 않는 경우가 많다는 사실에는 불만을 표했다. 벌점도 싫지만 파우치를 빼앗겨 그 많은 화장품을 다시 구입해야 하는 불상사를 막기 위해 아이들은 단속 날짜를 피해 화장을 한다. 그렇게 어른들의 방식대로 학생다움을 규정하는 학교 방침에 문제 제기하는 '번거로움'보다는 단속 날짜를 피해 화장을 하는 것으로 나름의 자율성을 발휘하는 것을 선택한 셈이다. 그래서 중학생들 사이에는 용모 검사가 있는 날이면 "애들 얼굴을 못 알아보겠다"는 이야기가 농담처럼 오고 간다.

2013년 서울시가 초, 중, 고, 대학생을 대상으로 실시한 설문 조사에 따르면 청소년들의 가장 큰 고민은 '외모'로 나타났다. 응답자의 52.7퍼센트가 외모나 키, 몸무게가 고민이라고 답한 것이다. 성별로 보면 남학생은 공부에 대한 고민이 외모보다 높게 나타났고, 여학생은 외모가 더 높았다.[*] 해당 조사를 떠올리며 나는 외모에 대한 아이들의 구체적인 고민이 무엇인지 알고 싶어 아이들에게 설명을 부탁했다.

"외모가 고민이기보다는 흥미죠. 취미 같은 거요. 재미있어요. 제 얼굴에 실험을 해 봐요. 체인징을 해 봐요. 제가 한번 해 본 적이 있어요. 쌩얼인 상태, 그냥 기초 화장, 아니 비비크림만 바른 상태, 아라, 그리고 고데기 한 상태 쭈르륵 한 거 있는데요. 진짜 충격 먹었어요. 애들이 다 성형 후라고. (눈을 게슴츠레 뜨고) 처음에는 제가 눈이 이래요. 쌍꺼풀 하면 찐해져요. 액보다는 쌍테(쌍꺼풀 테이프)를 했어요. 눈을 크게 하거나 쌍꺼풀 수술 대신 하는 게 쌍테나 쌍액이에요. 결론적인 게 쌍꺼풀. 쌍꺼풀 하면 달라져요."

중학교 2학년인 세율이는 친구들과의 SNS 단체 채팅 방에 자신의 3단계 얼굴 변신 모습을 올렸던 이야기를 해 줬다. 친구들 사이에 화제가 되었던 그 게시글에 친구들은 역시 화장과 쌍꺼풀이 필수라고 답글을 달았다. 세율이가 "화장을 안 하면 이래요."라며 게슴츠레 눈을 뜨고 장난스럽게 말하자, 혜수와 승미는 세율이 눈을 손으로 가리고 "얘가 눈만 빼면 진짜 예뻐요."라며 나를 보고 웃었다.

---

[*] 「서울시 아동청소년 男 '공부', 女 '외모' 가장 큰 고민」, 『연합뉴스』, 2013년 8월 26일자.

엄마도 아프다

외모에 대해 불만을 토로하는 세율이는 나름 심각해 보였지만, 아이들 사이에서 외모 고민을 나누는 행위는 또 다른 의미가 있는 듯했다. 화장품 파우치를 공유하듯, 외모 체인징 놀이를 통해 외모에 대한 불만을 공유하는 것은 아이들 사이에서 친구를 만들고 유지하는 수단이 되는 것이다.[*] 아이들은 여자라면 누구나 외모에 관심을 가지고 있고 더 예뻐지기를 희망한다고 생각하기에 외모에 대한 수다를 통해 친구가 되고 동시에 지배적인 여성성을 습득해 간다.

세율이는 다른 건 안 해도 쌍꺼풀 수술은 할 것이라고 했고, 승미는 대학에 가면 엄마가 라식과 쌍꺼풀 수술을 해 준다고 약속했다고 한다. 아이들의 이야기에서 엄마들은 딸의 화장과 성형을 지지하는 경향을 보인다. 사실상 성형외과에서 잠재적인 고객층으로 중고등학교 소녀들을 타겟팅하는 것도 이들의 엄마들이 딸의 외모 관리에 적극적으로 신경 쓰고 있기 때문이다. 세율이와 승미는 딸의 화장을 감시하며 화장품을 모두 내다 버리는 한 친구의 사례를 들어 그 엄마는 "무섭고 이해하지 못할 사람"이라고 했고 그 친구가 "불쌍"하다고 했다. 외모 관심을 공유하는 것이 친구들 사이에 우정을 형성하는 수단이 되듯이, 딸의 외모 관리에 대한 엄마의 공감과 지지는 엄마와 딸의 관계

---

[*] 파니 앰보손의 「살에 관한 담화」(돈 쿨릭·앤 메넬리 엮음, 『Fat 팻, 비만과 집착의 문화인류학』, 김명희 옮김, 소동, 2011.)를 참고하라.

를 친밀하게 만드는 매개물이 된다는 것을 알 수 있었다.

이미 여성의 외모를 품평하는 것이 만연한 사회 분위기는 소녀들에게 외모 관리를 공개적인 놀이 문화로 주장하게 만든다. 엄마들이 그러한 딸들의 요구를 수용할 수 있는 것도 바로 그런 사회 분위기 때문이다. 여자에게 외모가 중요하다는 감각에 동의하고 있기 때문에 엄마와 딸의 관계는 비교적 평화롭게 유지되는 것이다.

앞서 언급한 설문 조사에서 확인되는 것처럼 외모 관리에 대한 관심은 남자아이들도 마찬가지다. 여학생들처럼 외모 관리가 또래 놀이 문화가 될 정도로 공공연하고 적극적인 관심을 표현하지는 않지만, 교복 바지를 줄여 입고 패딩이나 운동화 브랜드를 신경 쓰며 연예인 헤어스타일을 따라 하기도 한다.

내겐 중학교 3학년짜리 아들이 하나 있다. 우리 집에 종종 놀러 오곤 하는 아들의 친구들은 외모에 대해서는 좀처럼 할 얘기가 없는 것 같았다. 인터뷰 주제가 외모라고 하니 재미있겠다며 좋아하던 여자아이들과는 달랐다. 집에 모인 네 명의 아이들 중 유일하게 교복 바지통을 줄여 입은 진표가 조금은 멋쩍은 목소리로 말을 꺼냈다.

"저는 (이발) 하면서 계속 주문을 해요. 여기 자르지 말라고. 계속 보고 있다가 자를 것 같으면 어느 정도만 잘라 달라고 하고. 비대칭으로 했는데 이번에 옆머리가 좀 짧게 됐어요."

아이들은 모두 헤어스타일에 관심이 많았는데 특히 엄마, 아빠가 요구하는 단정한 헤어스타일에는 불만이 컸다. 아이들은 재경이를 안쓰럽다는 듯이 바라보았고, 재경이는 한숨을 쉬며 말했다.

"아, 이 머리만 아니면 돼요. 저희 엄마랑 아빠는 무조건 '귀두컷'*. 저번에 처음으로 '귀두컷'을 안 해 봤어요. 초등학교 6학년 때까지 계속. (짧게 민 옆머리를 만지며) 여기가 진짜 싫어요."

말하자면 '귀두컷'은 '엄마를 따라 미용실에 가는 초등학생'을 상징하는 헤어스타일인 셈이었다. 그렇다고 연예인을 따라 하는 세련된 헤어스타일이 무조건 추앙받는 분위기는 아니었다. 상훈이가 "미용실에 있는 사진들 보다가 이종석처럼 잘라 주세요." 말했다고 하자 "진짜 그렇게 한 거냐"며 아이들이 웃어 댔기 때문이다. 오히려 두발 단속에 걸릴 위험을 무릅쓰고 과도하게 한쪽 머리를 밀고 스크래치를 내 보거나 내기를 통해 삭발을 하는 게 남자아이들 사이에 과시할 만한 것이 되는 모양이었다.

"삭발이 유행하고 있어요."

진표가 말했다.

"공부하려고?"

"그냥 멋있으라고. 내기해서 한 애도 있고, 진환이가 '투블럭'

---

* 귀밑머리를 짧게 자른 모양을 가리키는 속어로, 남자아이들 사이에서 조롱거리가 되는 헤어스타일이다. '귀두컷'을 당했다는 표현이 사용되는 이유이기도 하다.

하면 영표가 삭발한다고 했거든요. 밀고서 덮고."

"그 머리는 해도 되는 거야?"

"자국 내고 와요, 스크래치. 혼나죠. 안 보이게 덮은 거라서."

'투블럭'과 스크래치, 삭발 이야기를 할 때야 비로소 인터뷰 내내 멋쩍었던 공기가 다소 사라졌던 것 같다. 연예인의 헤어스타일을 따라 한다는 것이 '웃음거리'였다면 학교의 단속 규범을 피해 헤어스타일을 자기 마음대로 바꾸고 삭발 내기까지 하는 것은 '남자다운 놀이'로 이야기할 만한 모양이었다. 적어도 외모 불만을 공유하는 건 남자아이들 사이에서 통용되는 정서는 아닌 듯했다. 여자아이들 사이에는 자기 몸을 불평하면서 외모 불만을 공유하는 것이 친구의 자리를 지킬 수 있는 방법이지만, 남자아이들은 그럴 필요가 없는 모양이었다.

외모에 대해서 도무지 할 말이 없었던 남자아이들을 대신해 이들의 외모 관심을 어림짐작할 수 있게 해 준 건 엄마들이었다. 승철 엄마는 아들이 중학교 3학년이 되었을 때부터 부쩍 외모에 신경을 쓰더라는 이야기를 해 주었다.

"바지가 진짜 작아졌는데 그 바지를 제일 많이 입고 다녀. 스키니 유행에 맞는 거지. 너무 꽉 껴서 몸에 좋은지 모르겠어. 미용실도 어느 날부턴가는 혼자 다녀. 미용사에게 말하기 쑥스럽다고 한 게 1년도 안 된 거 같은데 이제는 혼자 다녀와. 따라간다고 하면 싫어하고. 원하던 모양이 있었나 봐. 앞머리가 완전히 비스듬하고 덥수룩했는데 만족스러워하더라고.

아빠가 머리 손대는 거 엄청 싫어하고."

옆에 있던 현우 엄마도 한마디 거들었다.

"내 여동생은 아들이 중학교 2학년인데 올 겨울에 쌍꺼풀 수술을 시켜 주겠대. 본인이 외모에 신경을 쓰고 하는 사람인데 우리 애들도, 조카인 애들도 보면서 혼자 견적을 뽑아 봐 준다거나 그래. 너는 코를 조금만 하면 예쁘겠다, 이런 얘기를 해 주면 남자아이들이 굉장히 쑥스러워하기도 하지만 얼굴을 들이대고 있다니까. 이모 말에 귀 기울이고."

'쑥스러워' 하면서도 얼굴을 들이대며 이모의 말에 귀를 기울이더라는 이야기를 통해 남자아이들 역시 외모에 대한 관심이 적지 않음을 알 수 있었다. 물론 아직까지 외모에 신경 쓴다는 것을 공개적으로 드러내는 문화는 남자아이들 사이에서 형성되지 않은 것으로 보인다. 결과적으로 인터뷰를 통해 나는 여자아이들이 자신의 외모에 관심을 보이고 투자하는 지점과 남자아이들의 그것이 다르다는 점을 알 수 있었다. 그렇다면 이러한 십 대들의 외모 관리에 대해 모성 실천이 개입하고 작용하는 지점은 어디일까? 그러한 모성 실천은 아이의 성별에 따라 어떤 차이를 보일까? 또 그로 인해 엄마와 아이들 사이의 관계는 어떻게 변화하게 되는 걸까?

엄마들의
딜레마

엄마들은 아이들의 외모 가꾸기에 적극적으로 개입한다. 때로는 조력자가 되지만 때로는 훼방꾼이 되기도 한다. 그리고 어떠한 편에 설 것인지를 결정하는 것은 어쨌든 엄마다. 엄마는 자신의 판단과 기준에 따라 아이들을 관리하려고 한다.

현우 엄마는 여자건 남자건 외모에 대한 관심은 보편적이라고 생각한다. 그래서 중학교 3학년 아들의 외모 관리를 적극 장려하는 편이다.

"작은애는 형과 달리 외모에 신경 쓰는 편이 아니야. 근데 작은애가 좀 그랬으면 좋겠다, 이런 생각이 들지. 형은 굉장히 자기를 잘 꾸미고 가꾸는 스타일이고, 작은애는 형에 비해서 얼굴도 작고 키도 더 크고 비율도 굉장히 좋거든. 그런데 걔는 어떻게 어딜 가나 보면 쌈박하지 않다는 느낌? 걔가 그런 감각이 형보다 못하다는 생각이 들어서 엄마로서 자꾸 계발을 해 줘야 되겠다는 생각이 들어. 최근에 얘가 '교정을 해야겠지? 그때 (대학에 가서) 해도 될까?' 이런 얘기를 하더라고. 말이 많은 애가 아니니까 그렇게 표현할 때는 큰 거야. 이번 겨울에 쟤 교정을 어떻게 시켜 줘야 하나, 이런 고민이 되고 있지 또. 그러면 마음이 짠하고. 대학 가서 교정기를 끼고 있으면 대학생이 술 먹고 담배 피는데 그렇게 하고 있으면 좀 웃기

엄마도 아프다

겠다는 생각이 들어서 지금 해 줘야 되나? 이런. 그리고 내가 작은애한테 늘 그러거든. 안경을 쓰고 눈이 심하게 나쁘니까 엊그제도 '3년만 참아, 엄마가 안경 얼른 벗겨 주마.'(그랬어.) 대한민국 최고의 의사에게 가서 라식을 시켜 주겠다고.”

현우 엄마는 아들이 외모 관리에 관심을 쏟는다는 사실을 알 았을 때의 감정을 '기특함'으로 표현했다. 또한 외모 관리를 돕 는 차원을 넘어 아이에게 스타일링 능력을 계발해 주는 것도 엄마의 책임이 아닐까 생각한다고 말한다. 이미 외모지상주의가 만연해 있고 매력도 자본이 된다고 이야기되는 세상에서 학업 능력만큼이나 자신의 외모를 적절히 가꿀 수 있는 '감'을 키워 주는 것 역시 엄마의 역할이자 의무라는 생각은 어찌 보면 당 연한 귀결 같다.

현우 엄마는 단순히 현재 아들의 외모만을 고려하는 게 아니 라 대학에 진학한 이후 '담배를 피우고 술을 마시는' 성인이 된 아들에게 어울릴 만한 외모에 대해서도 고민한다. 그러면서 이 성애 중심적인 이 사회에서 매력적인 남성성으로 보이는 이미지 에 아들이 부합하기를 바란다. 이렇게 아들의 외모 가꾸기에 동 조하고 적극적으로 개입하는 것은 이성애자인 엄마의 눈으로 봤을 때 호감 가는 남성의 이미지를 완성해 가는 작업이나 마 찬가지다.

엄마로서 자녀의 외모 관리를 용인하고 지원해 주는 한계선 은 자녀의 성별에 따라 매우 다르다. 현우 엄마는 남자아이에 대해서는 한계선이 별로 없다고 말하며 여자아이에게보다 염려스러운 점이 많을 것이라고 말한다. 남자아이들의 성적인 일탈에 대해 관대한 사회 분위기 탓도 있고, 십 대 남성이 외모 관리 때문에 성적으로 대상화될 것이라고 우려하지는 않기 때문이다. '훈남 만들기'에 열중하는 엄마들은 학교에서 지적을 받을 정도로 과도한 헤어스타일을 하거나 지배적인 패션 경향에서 벗어나는 피어싱, 문신을 하는 등 '비호감' 외모만 아니면 된다고 생각한다. 찬영 엄마는 여기서 한숨을 크게 쉰다.

"고등학교 졸업식 하자마자 문신을 한 거야. 그것도 다 보이는 팔뚝에다 한글로 이름을 쓴 거야. 얼마나 어이가 없던지. 왜 요즘 문신을 해도 세련되게 하는 거 있잖아. 연예인들 보면 많잖아. 정 하고 싶으면 그렇게 하든지. 진짜 창피해 죽겠어. 옷만 잘 입으면 뭐하냐고. 애가 정신이 나갔는데. 추석 때 어떻게 해. 시댁 사람들이 뭐라고 하겠어."

문제가 되는 것은 아들의 자발적인 외모 관리가 엄마의 '훈남 만들기' 프로젝트를 망쳤을 때다. 찬영 엄마는 본인 스스로도 외모 관리에 관심이 많고 남편과 아들의 패션에 신경을 쓰는 편이다. 많은 돈을 들이는 것은 아니지만 유행에 뒤떨어지지 않게 가족을 스타일링 하는 것은 그녀의 즐거움이자 자부심이었다. 남편에 비해 아들은 신체적 조건도 좋고 감각도 세련되어 그녀를 흡족하게 하곤 했다. 그런 아들이 문신을 했다는 것은 큰 충격이었다. 일탈 상태를 암시하는 표식 때문에 아들을 제대로 관

엄마도 아프다

리하지 못했다는 시댁의 타박이 우려되는 것도 사실이었다. 문신의 크기를 좀 작게 했거나 세련된 문양으로 했다면 그녀가 이토록 절망스러운 느낌을 가지지는 않을 것 같았다.

아들에 비해 딸의 외모 관리를 점검할 때 설정하는 한계선은 그 자체로 양가적이다. 젊은 세대다운 '쿨'함은 특히 여자아이에게는 '섹시함'으로 표현되기 쉬운데, 엄마들은 딸이 예쁘고 주목받기를 바라면서도 성적으로 대상화되지는 않기를(혹은 지나치게 성적 주체인 '티'를 내지 않기를) 바라며 우려하는 마음을 동시에 가지기 때문이다. 딸이 외모 관리를 한다는 사실을 그저 기특하게만 볼 수 없는 이유가 바로 여기에 있다.

남자아이들의 엄마가 '훈남 만들기' 프로젝트에 적극적으로 개입하는 반면, 여자아이들의 엄마는 자녀의 외모 관리에 동조하지만 언제나 과도하지 않은 적정선을 고민하게 된다. 소희 엄마가 딸의 외모에 대해 가지고 있는 모순된 감정도 바로 여기서 기인한다.

"우리 딸이 신체적으로 여리여리하다가 살이 쪘잖아. 근골격이 크단 말이야. 엄마 입장에서 쳐다봤을 때 정말 야리야리하고 성적으로도 밖에 혼자 내보내면 불안하고 이런 게 있을 수 있는데 튼튼하니까 나름 안심은 돼. 한편으로는 어떤 생각이 드느냐면 뭘 먹을 때 짜증이 나. 아이스크림 사 가지고 들어오는 걸 보면, 엄마 이거 살게요, 애교 떠는 거 보면 그래도 사라고 하는데 수저 드는 순간에 보면 눈이 곱게 안 떠

져. 내가 현미밥을 먹고 그러잖아. 애 다이어트에도 의도하지
는 않아도 그런 효과도 있겠구나, 이런 생각이 한편으로 드는
거야. 그리고 옷을 딱 입는데 예쁜 옷을 못 사 주면 짜증이
확 올라오는 거야. 허리 같은 데는 크면서 이런 데는 끼고 그
러면 예쁜 옷도 좀 사 주고 싶고 한데 안 되니까. 그러면서 한
편으로는 그런 거 상관없이 성격이 활발하고 보이시하고 이런
부분들이 또 나름 믿음직한 것도 있지. 외모에 관해서는 그런
이중성이 있더라고."

남자아이처럼 듬직한 딸의 외모는 한편으로 안심이 되지만
그렇다고 해서 여성스럽지 않은 외모에 대해 불만이 없는 것은
아니다. 딸의 외모가 여자답지 않다는 생각이 강하게 들기 때문
에 몸 관리를 안 하고 살이 찔 만한 음식을 챙겨 먹는 아이가
못마땅하다.

이처럼 십 대 여성의 외모를 바라보는 시선은 언제나 모순적
인 가치 판단이 내재해 있다. 자칫 잘못하면 성적으로 대상화되
고 원치 않는 피해를 당할 수 있다는 생각에 엄마들은 끊임없
이 딸의 외모 관리를 얼마나 허용할 것인지 그 한계선을 점검
하지 않을 수 없다. 사실상 딸을 키우는 엄마들이 걱정하는 것
은 딸이 외모에 들이는 관심과 투자라기보다 어떤 과도함이다.
노출이 심한 옷차림을 단속하고 너무 화장한 티가 나지 않도록
주의를 주는 것은 딸이 성적 주체가 될 수 있다는 사실을 모른
체하고 싶은, 어디까지나 무성적인 존재로 간주하고 싶은 엄마

엄마도 아프다

들의 바람이 표현된 것이다.

세율이와 승미의 엄마들 역시 교복 치마를 줄여 입거나 화장을 하는 것에 대해 크게 문제 삼지는 않았지만 화장을 진하게 하면 안 된다거나 밤에는 화장을 하지 말라는 당부는 잊지 않는다고 한다.

"다른 사람 눈에 안 좋게 보일까 봐, 나쁜 사람들이랑 어울려 놀까 봐 걱정하시는 거죠. 노는 애들 있잖아요. 어울려 놀까 봐. 담배 피거나. 한 번쯤은 그렇게 놀고 싶을 때 있긴 해요. 호기심 이런……."

승미가 말했다. 아이들은 부모들이 가지는 불안과 염려를 이해하는 한편, 외모가 매력의 자원이 된다는 점도 알고 있다. 그렇기 때문에 부모의 단속을 피하고 잔소리를 듣지 않을 수준에서 적당히 타협하며 외모 가꾸기를 이어 간다.

"진짜 엄마 몰래 다녀요. 맞벌이잖아요. 치마 벗고 입고, 집에서 교복 안 입고 있어요. 엄마 몰래 확 나갔다 확 들어오고 그래요. 치마 짧은 건 되게 싫어해요. 바지는 괜찮은데. 좀 보이니까……."

교복을 짧게 줄여 입고 친구들로부터 찬사를 받았던 혜수는 엄마 몰래 교복을 입고 다녔다고 말했다. 화장을 즐겨 하던 승미는 학원에서 집에 돌아오는 길이면 엘리베이터 안에서 아이라이너를 지우고 엄마, 아빠를 안심시키고자 했다.

자녀의 외모 가꾸기에 대한 엄마들의 개입은 성별화된 외모

주의를 따라서 이루어진다는 점에서 차이는 있지만 아들, 딸들의 성장을 최대한 '유예'시키는 범위 안에서 이루어진다는 공통점을 갖는다.

사춘기에 접어든 남자아이들은 어엿한 성인 남성이 되었다고 생각하기에 자신만의 스타일을 주장하며 부모의 기대에 반하는 행동을 하기도 하지만 외모 가꾸기에 대한 엄마의 관리 조언이나 경제적 지원은 무시할 수 없는 것이기도 하다.

딸들의 경우는 특히 엄마와 '친구 같은' 관계를 유지하지만 이는 무성적인 존재로서 자신을 연기함으로써 가능해지는 경우가 많다. 그래야 엄마와 자녀가 평화롭게 외모 관리에 동참하면서 우호적인 관계를 유지할 수 있다. 이것이 엄마에 의한 자녀의 외모 관리와 통제가 너그러워 보이는 이유다.

자녀와 거래하는
엄마들

흥미롭게도 이 '너그러움'은 최대한 공부에 방해되지 않도록 자녀의 정서를 세심하게 관리하려는 의도를 갖기도 한다. 외모 관리가 학업 관리와 다른 점은 아이의 의사를 비교적 (더) 존중한다는 점에 있다. 생각해 볼 점은 엄마들이 외모 관리에 소요되는 비용을 아이와 거래할 수 있는 것으로 이해하는 경향이 크다는 점이다. 자신이 용인할 수 있는 한계 내에서, 학업을 소홀히 하지 않는다는 조건을 충족시킨다면 아이들의 외모 관리에 대한 엄마들의 지원은 평화롭게 이루어진다. 승철이 엄마와 혜미 엄마의 경우처럼 오히려 엄마들이 먼저 나서서 핸드폰을 사 주겠다거나 머리 염색, 쌍꺼풀 수술을 조건으로 내걸며 학업 성취를 유도하기도 한다. 아이들은 이러한 관계에 대해 어떻게 생각할까?

세율이와 혜수, 승미에게 승철이 엄마와 혜미 엄마 이야기를 해 주었다. 아이들은 "그러면 애들 버려요. 망치는 지름길이에요. 자기 생각만 하고요."라며 손사래를 쳤다. 혜수는 "우리 학교 다른 엄마들은 정말 그 애 인생의 반이에요. 거의 다 먼저 해 주고. 공부만 가지고 뭐 해 주고……"라며 쓴 표정을 지었다.

(이) 아이들에게 좋은 사람이란 자기만 아는 사람이 아니라 다른 사람과 더불어 살아갈 줄 아는 공동체 속 구성원이었다. 학교에서 남들보다 우월한 외모가 인기의 비결이 되느냐는 나의 질문에 고개를 저었던 이유가 이해되었다. "캐릭터를 잘 잡은 애들", "친구 잘 만난 애들", "자기 개성이 있거나 정말 쾌활한 애들"이 인기가 많다고 했다. 아이들의 이야기를 듣고 있자니 외모 가꾸기에 대한 지원이 공부와 교환되는 것이 매우 어색하고 부당해 보였다.

하지만 엄마들의 반응은 사뭇 달랐다. 고등학교 3학년 딸에게 쌍꺼풀 수술을 해 주었다는 혜미 엄마 얘기를 들려주자 엄마들은 이렇게 말했다.

"나쁠 건 없지. 괜찮다고 생각해. 애를 믿는 거지. 고 3 정도 되면 스스로 그 정도 생각은 하고 있을 거야. 무턱대고 반항하고 그러는 것보다 해결이 되면 좋지."

"중학생 애들은 애 버린다고 하던데?"

"에이, 중학생 생각인 거지. 난 괜찮다고 봐. 그게 통한다면. 목표 자체가 없잖아. 나중에 공부를 잘해야 네 인생이 좋아지고…….. 이런 말 해도 애들은 느낌이 안 와. 눈에 보이는 목표를 하나씩 주고 하는 것도 교육 방법이거든. 우리가 인센티브로 직장 생활하는 거랑 똑같은 거야. 앞에 보이는 성과들이 조금씩 모여서 실력이 되는 거고. 좋은 책 있는데 몇 권 읽어 봐라, 다 읽고 독후감을 제출하면 내가 뭘 주겠다, 나쁠 건 없지. 그냥 수학 몇 문제 풀어, 이건 아니고 당근을 주는 거니까. 솔직히 공부 잘하는 애들은 그런 것 때문에 공부를 하는 건 아니야. 공부 자체가 재밌고 아는 게 재밌고 성적이 잘 나오니까 우월감도 생기고. 그리고 아는 거지. 이걸 해야 내가 나중에 돈을 벌 수 있구나, 기회가 많아지겠구나."

엄마들은 자녀에게 대학 입시를 목적으로 공부하라는 것이 맞지 않고, 또 공부를 해서 대단하게 새로운 세상이 펼쳐질 것이라는 약속을 제시할 수도 없는 상황이라는 점을 잘 알고 있었다. 스스로 공부에 흥미를 느끼면 좋겠지만 쉽지 않기에, 아이들의 외모 관리 욕망을 '가까운 목표'나 '미션'으로 제시하는

엄마도 아프다

것이 적절한 교육 방법이 된다고 생각한다. 고등학교 3학년인 딸에게 성형수술을 해 준 건 직장인에게 제시되는 성과급과 같은 역할을 하는 것이다. 외모 때문에 '잡생각'에 빠지지 않도록 하기 위해 자녀의 외모 가꾸기를 돕거나 지지하는 모성은 엄마와 자녀가 서로의 목적을 성취하기 위해 협상하는 관계와 다르지 않게 된다.

중학교 3학년 아이들의 손사래와 승철이 엄마가 운운하는 인센티브 사이의 간극은 무엇일까? 세율이가 '체인징'이라고 해서 화장하기 전과 후의 얼굴 사진들을 채팅방에 올리면 친구들이 박장대소하며 평판을 늘어놓더라는 이야기를 떠올려 보면 십 대 아이들에게 외모 가꾸기는 관심이 많이 가는 놀이에 가깝다.

아이들의 일상을 들여다보면 그건 너무나도 당연했다. 재미있게 놀 만한 거리도, 시간도, 권리도 박탈당한 아이들에게 외모는 그들에게 허용된 작은 자유를 실험해 볼 수 있는 대상이기 때문이다. 학교의 단속을 피할 수 있는 수준으로, 부모로부터 잔소리를 듣지 않는 수준에서 이들에게 외모 가꾸기는 놀이가 된다.

또한 어른들에게는 무의미하게 보일 수 있지만 외모 가꾸기는 십 대 그들만의 문화이기도 하다. 외모를 가꾸면서 친구들과 우정을 형성하고 자기 정체성을 다르게 구성해 보고 연기도 해 보는 과정, 그 안에 즐거움과 창의성이 공존한다. 어찌 보면 어른들은 청소년들의 일차적인 임무를 학업으로 규정하고 있고 외모 가꾸기에 대한 관심을 단순히 외모 고민으로 틀 지우거나 외모 자체에 관심이 많은 청소년의 특성 정도로 치부하는 경향이 있다. 그렇기에 엄마들은 청소년의 외모 가꾸기를 문제나 과제로 보고 이를 다시 모성의 관리 영역으로 들여오는 것이다.

자녀의 외모 관리에 대한 엄마들의 관대함은 이 사회에서 통용되는 외모 규범을 준수하는 섬세한 관리, 그리고 학업이라는 목적을 효율적으로 달성하기 위한 계산의 산물이기 쉽다. 특히 이 부분은 소비가 매개될 때 더욱 뚜렷하게 드러난다. 엄마는 경제적인 자원을 갖고 있거나 동원할 수 있는 능력을 지녔기 때문이다.

마치 물물교환처럼 학업 성적과 물적 자원을 교환하면서 자녀와 엄마 사이에 '계산적인 관계'가 형성된다. 아이들은 엄마가 원하는 수준으로 학생의 본분을 유지하고 외모 관리를 하는 대신, 그 비용을 엄마로부터 '지불'받는다. 때문에 자녀의 외모 가꾸기에 공감하며 유지되는 엄마와 자녀 간 친밀성은 엄마의 룰 안에서 작동한다. 그리고 이는 엄마와 자녀 모두에게 해로운 영향을 줄 수 있다. 엄마들이 계산이 통한다고 생각할 때, 자녀들역시 공부나 성적을 핑계로 엄마와 거래한다고 생각하기 때문이다.

협상이나 거래, 인센티브 같은 것은 차가운 고용 관계에서 적용되는 개념들이다. 아이와 엄마의 관계조차 시장질서와 비슷해지고 있는 지금의 상황은 십 대 아이들의 외모 가꾸기 문화를 엄마들의 기준으로 판단하고 관리하는 모성 수행이 성과 중심적인 이 사회의 이데올로기와 결합한 결과다. 엄마와 자녀의 관계를 왜곡시키는 이 사회적 영향력을 거슬러서 사유할 수 있는 힘이 필요한 때다.

자녀의 외모 가꾸기조차 엄마의 관리 대상인 건 아이와 엄마의 관계를 왜곡시키는 것은 아닌지, 십 대의 외모 관리 문화를 공감과 대화의 대상이 아니라 지배 질서에 순응시키기 위한 도구로 활용하는 것은 아닌지 엄마들의 성찰이 필요하다.

외모 가꾸기와 관련된 소비 욕망을 가까운 목표로 제시하며 자녀와 '거래'하는 것에 대한 아이들의 우려를 어른들은 정작 알지 못하거나 외면하고 있는 건 아닌지 생각해 볼 필요가 있다.

아이들의 외모 가꾸기 놀이를 조금은 거리를 두고 지켜보는 여유를 갖는 것이 그 실천 방법의 하나일 수도 있겠다는 생각이 든다.

4

성춘향과 이몽룡도
십 대였는데*
: 깜찍한 아이들에게 말 걸기

●

김고연주

●

●

●

김고연주는 상대적으로 안전하다고 간주되는 대학에서조차 심각한 성
차별을 경험하면서 대학 졸업 후 취업을 포기하고 여성학 공부를 시작
했다. 여성학자로 정체화하면서도 '나는 페미니스트는 아니지만 증후
군'이 만연하고, 자신이 페미니스트임을 밝히는 것은 '커밍아웃'으로 간
주되는 여성 혐오 사회에 번번이 압도되곤 한다. 그래도 한국 사회의
가부장성과 여성 혐오에 개입하는 다양한 언설과 문화 운동을 접하면
서 꼼지락거릴 힘을 얻는다.

---

* 이 글은 「사회학적으로 바라본 성과 사랑」(『성과 사랑 365』, 학교도서관저널, 2014)을 전면
수정 및 보완한 것이다.

평범한 아이들이
경험하는 성

　　나는 2000년 초에 청소년 성매매를 연구 주제로 삼으면서 지금까지 십 대를 연구하고 있다. 연구를 위해 관련 시설에서 일을 하며 성매매에 유입된 십 대 여성들을 만났고, 거리 상담을 통해 집과 학교를 오가는 평범한 아이들도 만날 수 있었다. 많은 사람들의 편견과 달리 성매매는 유별난 아이들의 유별난 일탈이 아니었다. 내가 만난 평범해 보이는 아이들 중에도 임신, 낙태, 성매매 등의 경험이 있는 경우가 적지 않았다.

　　처음 십 대 여성들을 만나면서, 나는 초면에 성에 대한 이야기를 어떻게 꺼내야 하나 무척 고민하고 긴장했다. 성에 대해서는 평범한 경험을 나누는 것도 엄두가 안 나는데, 성매매 이야기까지 해야 하는 상황이 굉장히 부담스러웠다. 그런데 의외로 아이들은 자신의 성에 대해 거리낌 없이 이야기하곤 했다. 그들에게 성은 가족, 친구, 학교, 학원, 공부, 여가 등 여러 가지 대화 주제 중의 하나였고, 우리는 일상적인 대화를 하면서 자연스럽게 성에 대한 이야기를 나눌 수 있었다. 아이들은 연애에 대해 관심이 컸고 고민도 많았다. 아이들은 언니에게, 또는 선생님에게 상담하듯이 속 깊은 이야기를 했다. 외모, 데이트뿐 아니라 성관계, 피임, 낙태, 성매매 경험에 이르기까지 때론 담담하게 때론 눈물을 흘리며 자기의 이야기를 들려주었다. 나는 아이들을 만나면서 이들이 자신에게 관심을 기울이고 자신을 지지해 주는 존재에게 목말라 있다는 느낌을 굉장히 많이 받았다. 상대방이 판단하고, 비난하고, 가르치려는 태도가 아니라 들어 주고, 공감하고, 이해하는 모습을 보이면 아이들은 성에 관한 내밀한 이야기를 얼마든지 나눌 정도로 열려 있었다.

솔직히 예상과 매우 달랐던 아이들의 태도에 적잖이 놀랐다. 아이들이 이런 모습을 보인 건 어쩌면 내가 한 번 보면 그만인 사람이기 때문일 수도 있고(내가 이들의 엄마 또는 학교 선생님이었다면 어땠을까? 연애라면 몰라도 내밀한 성적 경험까지 이야기할 수 있었을까?), 세대가 변했기 때문일 수도 있다. 요즘 아이들에게 성은 자기 정체성의 큰 부분을 차지한다. 이성애적 외모지상주의와 십 대 성애화가 결합된 사회에서 예쁘고 날씬하고 섹시한 것은 매우 중요한 덕목이다. 공부를 잘하는 아이들은 왕따를 당할지 몰라도, 외모가 예쁘고 잘생긴 아이들은 선망의 대상이 된다. 이러다 보니 아이들에게 이성애 연애는 자신의 매력을 확인하고 나아가 자랑하는 수단이다. 남자아이들뿐 아니라 여자아이들 사이에서도 성적 경험이 없는 것은 이성으로서의 매력이 없다는 의미로 간주되기도 한다. 남자아이들은 다리가 길어 보이는 스키니 바지에 남성성을 과장해 주는 우락부락한 패딩 점퍼를 입고, 여자아이들은 화장을 하고 몸매를 드러내기 위해 교복을 줄여 입는다. 학교 축제가 열리면 여자아이들 사이에서는 얼마나 많은 남자들에게 '번호를 따이는지'가 초미의 관심사다. 물론 여전히 대부분의 여자아이들에게 순결을 지키는 것이 중요하지만, 일부에서는 성 경험이 없으면 놀림거리가 되기 때문에 남자 친구를 사귀어 '처녀 딱지'를 떼어 버리고 바로 헤어지기도 한다. 이런 아이들에게 이전 세대의 성적 엄숙주의는 더 이상 통하지 않는다.

내가 십 대 여성들을 만나면서 또 한 번 놀랐던 것은 그들이 이렇게 성에 대해 열린 태도를 지니고 실제로 왕성한 성적 실천을 하고 있는 반면에 성에 대한 지식은 굉장히 형편없다는 점이었다. 지난 2007년부터 1년 2개월 동안 〈서울위기청소년교육센터〉에서 근무할 때의 일이다. 그곳은 성매매에 유입된, 또는 유입될 위험이 높은 십 대 여성들의 성매매 재/유입을 방지하기 위한 기관이었다. 당시 〈서울위기청소년교육센터〉의 주요 업무는 두 달에 한 번씩 십 대 여성들 여덟 명과 5박 6일 캠프를 진행하는 것이었다. 캠프 첫날 오리엔테이션을 하면서 성교육도 진행될 예정이라고 하니 아이들의 반응은 시큰둥했다. 한마디로 '다 안다'는 것이었다. "저한테 물어보세요, 제가 다 가르쳐 드릴게요!"라며 큰소리치는 아이도 있었다.

하지만 막상 프로그램이 시작되자 아이들은 어느 시간보다 집중했으며, 교육 내내 "몰랐어요"를 연발하곤 했다. 그들이 알고 있던, 또는 실천하고 있던 성은 매우 지엽적이거나 심지어 잘못된 경우가 대부분이었다. 학교에서 성교육을 받은 적도 별로 없을 뿐더러 그 내용도 단편적이었기 때문이다. 아이들은 여러 가지 질문을 하며 적극적으로 참여했고, 누구보다 '남자'들이 이런 성교육을 받아야 한다고 주장하곤 했다. 특히나 순결과 정절을 강조하면서 여성들의 성욕은 부정하는 반면 남성들의 성욕은 과장하고 성적 실천을 고무하는 등 만연한 남성 중심적 성 관념에 대해 지적할 때 아이들은 가장 크게 환호했다. 이들은 다양한 성적 실천을 하면서 이러한 남성 중심적 성 문화를 반복적으로 경험해 왔던 것이다.

실제로 십 대 여성들의 첫 성 경험은 성폭력인 경우가 많았고, 성폭력을 당했을 때 자신의 잘못이라고 자책하곤 했다. 심지어 초등학생 때 순결을 잃은 자신을 '더럽다'고 생각해 성매매로 유입된 경우도 있었다. 또한 연애를 하다가 무슨 일이 벌어지는지도 모른 채 데이트 성폭력을 당한 경우가 많았다. 남자가 사귀자고 하면 '거절하지 못해' 만났고, 성관계를 요구하면 '남자의 성욕은 강하니까' 또는 '자신을 떠날까 봐' 응했던 것이다. 이에 대한 부당함과 반감을 느끼면서도 우리 사회의 '일반적인' 성 문화이거니 하면서 무기력하게 수용할 수밖에 없는 처지였다. 캠프에 참여한 십 대 여성들은 성교육 프로그램을 통해 통념과는 다른 의학적 사실들에 대해 알게 되었고, 성 평등적인 시각에서 기존 성 문화를 조목조목 반박하는 기회를 갖게 되면서 해방감을 느꼈다.

혹자는 성매매에 유입되는 아이들이 극히 소수인 데다가 특수한 집단이기 때문에(흔히들 '결손가정'의 아이들이거나 '비행 청소년'일 거라 예상한다.) 이들의 성 경험을 일반화시켜서는 안 된다고 생각한다. 그러나 내가 만난 아이들 대부분은 성매매에 유입되기 전까지 아주 평범한 삶을 살고 있었다는 것을 기억해야 한다. 다만 일상에서 남성 중심적이고 폭력적인 성적 실천을 경험하고 거기에 익숙해졌을 따름이다.

우리 사회 십 대들은 앞서 이야기했듯 이성 교제를 통해 일상적으로 성을 실천하고 사회의 지배적인 성 관념을 체득하고 있다. 나는 성교육을 하면서 아이들이 이성애 연애 각본과 고정된 성 역할을 실천하면서 부당함과 답답함을 많이 느끼고 있다는 사실을 깨달았다. 연애와 성을 통해 행복과 즐거움을 누리고 싶었던 아이들은 어디서부터 잘못됐는지 가늠조차 할 수 없는 현실 앞에서 혼란스러워했다. 문제는 이러한 현실이 한국 사회의 고질적인 병폐로 앞으로도 변화의 조짐을 찾기가 매우 어려울 거라는 데 있다.

십 대는 가정에서도, 학교에서도, 궁금증을 해결해 주고 실질적으로 필요한 안내를 해 주는 성교육을 접하지 못하고 있다. 나는 이러한 문제의식에서 출발해 모성이 어떠한 역할을 해야 하고 또 할 수 있는지를 탐구해 보려고 한다.

십 대의 성은
설 자리가 없다

　과거의 십 대 섹슈얼리티 남론은 십 대를 무성적인 존재로 규정했다. 물론 이는 십 대 여성에게 국한되었다. 십 대 여성의 성적 실천은 상상하기 어려울 뿐 아니라 이들이 성적 욕망을 지닌다는 사실도 부정되곤 했다. 반면에 십 대 남성은 성적 욕망의 발현과 실천이 남성으로서의 성장으로 이해되고 고무되었다. 그러나 어른들은 십 대 남성의 경우에도 또래들과 음담패설을 하거나 포르노를 시청하는 식으로 성적 욕망을 해소할 것이라고 생각했지, 직접적인 성적 실천이 이뤄지리라고는 상상하지 못했다. 십 대 여성이 무성적이고, 십 대 남성의 성적 실천이 비대면적인 행위에 국한된다는 믿음은 오늘날 한국 사회에 만연한 십 대 성애화와 십 대들의 다양한 성적 실천을 생각할 때 무색한 일이다. 그럼에도 불구하고 십 대의 성적 욕망과 실천은 여전히 인정받지 못하고 있을 뿐 아니라 십 대들에게 필요한 성교육도 제대로 시행되지 않고 있다.

　그렇다면 구체적으로 학교에서는 어떻게 성교육을 하고, 십 대는 어떤 성적 경험을 하고 있을까? 과거 십 대 성교육의 주된 이념은 '순결'이었다. 순결 교육은 2001년부터 십 대 성교육에서 제외되었지만,* 가시적인 변화는 크지 않았다. '모르는 게 약'이라는 태도는 '최고의 피임은 금욕'이라는 우스갯소리를 진담으로 만들어 냈다. 어렵게 의무화된 성교육조차 입시 교육에 밀려 제대로 시행되지 않고** 그 내용도 부실하다. 일선 보건 교사들에 따르면 오늘날에도 성교육에 수업 시간을 할애해 주는 학교가 많지 않아 체육 등의 수업 시간을 빌려서 진행하는 형편이라고 한다. 그마저 여의치 않으면 가정통신문으로 성교육을 하거나 학교 홈페이지에 올려서 진행하는 경우도 있다. 게다가 학생 수가 천 명이 넘어도 보건 교사는 한 명에 불과하고, 대부분의 보건 교사가 인구, 자살, 약물 등의 다른 교육도 해야 하기 때문에 전문성과 시간이 부족하다. 일부 규모가 큰 학교에서는 외부 강사를 초청하기도 하지만 학생들을 모르는 상태에서 수백 명을 대상으로 교육을 진행해 전달력이 떨어진다.***

학교는 이처럼 성교육에 소홀하면서도 학생들의 연애는 적극

---

* 조은경·강석영·이대형·유춘자·김경민·전소연, 『손에 잡히는 성: 부모도 모르는 자녀의 성』, 한국청소년상담원, 2011.
** 2000년 7차 교육 과정 개편으로 성교육 10시간이 의무화됐지만, 현실에서는 지켜지지 않고 있다. 〈교육과학기술부〉가 실시한 2012년 일선 보건 교사의 연간 성교육 현황 설문 조사 결과에 따르면 초등학교 5.17시간, 중학교 3.5시간, 고등학교 5.5시간으로 일본 70시간, 프랑스는 40시간에 비해 턱없이 적었다. 정하경주, 「현장에서 본 학교 성교육의 현재와 미래」, 『성과 사랑 365』, 학교도서관저널, 2014.
*** 정연희·최규영, 「청소년을 위한 성과 사랑의 교육은?」, 『성과 사랑 365』, 학교도서관저널, 2014.

적으로 감시하고, 심지어 처벌하고 있다. 청소년인권행동 〈아수나로〉가 2010년에 전국 주요 지역의 중·고등학교 354곳의 교칙 등을 조사한 결과에 따르면, 전체의 81퍼센트인 286개 학교가 학생들의 이성 교제나 신체 접촉을 금지하는 교칙을 두고 있는 것으로 나타났다. 경기도의 한 고등학교는 '남녀 50센티미터 이상 거리 유지'라는 교칙이 있어 이를 위반한 학생들은 '3일 교내 봉사'의 징계가 내려지기도 했다. 인천의 한 고등학교에서는 '이성 교제 3번 적발 시 퇴학'이라는 규정이 있어 실제로 남학생이 전학을 가고 여학생은 자퇴하는 일도 있었다. 이런 교칙은 학생들의 신체 접촉에 특히 엄격해, 부산의 한 고등학교는 신체 접촉 수위별로 벌점을 차등해 매기기까지 했다. 어깨동무나 팔짱은 15점, 포옹은 30점, 키스는 50점, 이런 식이다.* 이러한 처벌은 학교가 십 대의 이성 교제를 '비행'으로 간주하고 있다는 사실을 드러낸다. 특히 위의 규칙들은 이성 교제를 곧 성적 실천과 동일시하고 있으며, 성적 실천을 매우 부정적으로 간주하고 있다. 이성 교제가 여러 인간관계 중의 하나이고 성적 실천은 이성 교제의 일부인 것이 아니라, 마치 이성 교제가 성적 실천을 목적으로 하는 불온한 행위인 것처럼 말이다. 이렇게 학교가 인식하는 이성 교제는 인간관계가 삭제되고 성적 실천만 남아 있기 때문에 십 대의 이성 교제에 부정적일 수밖에 없고, 성교

---

* 「청소년 '연애 탄압'… '지금이 조선시대?'」, 『이데일리』, 2010년 11월 17일.

　　　　　　　　　　　　　　　엄마도 아프다

육의 내용도 관계가 결핍된 성 지식에만 초점을 맞출 가능성이 높다. 이성 교제에 대한 학교의 감시와 처벌이 무엇보다 문제인 것은 십 대에게 연애와 성적 실천을 동일시하는 인식을 심어 주고 더불어 성적 실천을 숨겨야 할 비밀스러운 행위로 만든다는 데 있다. 학교 규칙 때문에 십 대는 웬만해서는 학교에서 성적 실천을 하지 않을 것이다. 학교는 처벌의 효과를 확인하며 안심하겠지만, 이건 조삼모사에 불과하다. 십 대는 학교의 눈을 피해 더 비밀스럽게 성적 실천을 할 따름이다.

실제로 십 대들의 활발한 섹슈얼리티 실천을 보여 주는 다양한 조사들이 발표되고 있다. 2010년 충남과 대전의 고등학생들 중 이성 교제 경험이 있는 341명(남자 166명, 여자 175명, 인문계 262명, 전문계 79명)을 조사한 결과 이성 교제를 처음 시작한 시기가 초등학교 39.5퍼센트, 중학교 46.9퍼센트로 나타났다.[*] 또 〈질병관리본부〉가 발표한 「2013년 청소년 건강 행태 조사」에 따르면 십 대 청소년 중 성 경험이 있는 학생들의 평균 연령이 12.8세로, 전년 13.6세보다 낮아진 것으로 나타났다. 조윤희 을지대 간호학과 교수가 2014년에 국제간호학술대회에서 발표한 「성 경험 청소년 대상 피임 실천에 미치는 요인 분석」에서도 성관계를 해 본 청소년의 절반 이상이 "중학교 입학 전(남중생의

---

[*] 백욱현, 「이성 교제에 대한 청소년 자녀와 부모 간의 지각의 차이와 갈등」, 한국청소년학회, 『청소년학연구』, 18(12): 29~54, 2011.

63.7퍼센트, 여중생의 56.2퍼센트)"에 첫 경험을 한 것으로 조사됐다.*

일반적으로 한국 사회에서 성은 프라이버시 영역으로 간주되고 존중되지만 십 대만큼은 예외가 된다. 프라이버시는 성인만이 누릴 수 있는 권리란 말일까? 십 대의 성은 관심과 보호라는 미명하에 감시와 처벌의 대상이 된다. 그래서인지 십 대의 성적 실천에 대한 조사는 왕왕 이루어지고 있다. 그러나 조사 결과를 완전히 신뢰하기는 힘들다. 조사가 익명으로 진행되더라도 솔직하게 답하지 않을 수 있기 때문이다. 무엇보다 아이들은 자신의 성적 실천에 개입하려는 어른들이 불편하다. 그래서 조사 결과는 현실보다 축소되어 나타날 수 있다. 물론 축소된 조사 결과를 보면서도 어른들은 자신의 눈을 의심하며 혀를 끌끌 차겠지만 말이다.

쿨한 엄마 되기의
어려움

십 대는 성적 욕망을 가지고 있으며 실제로 활발한 성적 실천을 꾀한다. 그러나 학교로 대표되는 사회는 이를

---

* 「착한 내 딸 믿었는데… 담임 목격담에 엄마 '털썩'」, 『MK 뉴스』, 2014년 12월 3일.

부정하고 감시하며 처벌할 따름이다. 십 대는 학교에서 자신의 성에 대한 고민과 호기심, 욕구, 경험을 나누고 이야기할 대상을 찾기 힘들다. 가정이라고 사정이 크게 다르지는 않다. 아이들은 성에 대해 이야기할 상대로 엄마를 찾지 않는다. 왜일까? 엄마들은 자녀의 거의 모든 것을 책임지고 알고 싶어하지만 성에 대해서만은 예외이기 때문이다. 엄마들은 걱정과 불안에 휩싸인 채 그저 발만 동동 구르며 십 대 자녀의 성적 욕망과 실천을 모른 척하고 싶어한다. 하지만 마냥 외면하기도 힘들다. 사고라도 치면, 성적이 떨어지면, 나중에 엄마를 원망하면 어떡하나 등등 여러 생각이 꼬리에 꼬리를 문다. 그렇다고 아이와 대화를 하자니 너무나 어색하고 막막하다. 어디서부터 어떻게 이야기를 꺼내야 할지 감조차 잡을 수 없다. 괜히 얘기를 꺼냈다가 순진한 아이에게 호기심만 불러일으키는 건 아닌지, 안 그래도 대화가 적은데 사이가 더 멀어지는 건 아닌지 등등 머리가 혼란스럽다.

아이가 어렸을 때부터 성에 관한 대화를 나눠 왔다면 십 대 자녀와 성에 대해 이야기하기가 상대적으로 자연스러울 것이다. 하지만 성에 대해 모순적이고 가부장적인 한국 사회에서 살고 있는 엄마들이 어린 자녀와 성에 관해 이야기하기란 쉽지 않다. 더욱이 십 대 자녀들보다도 엄마의 성적 경험과 지식이 훨씬 부족한 경우가 다반사다. 오늘날의 십 대는, 십 대 시절의 엄마보다 성에 직접적으로 노출돼 있다. 이들은 특히 미디어를 장악하고 있는 또래 아이돌을 자신과 동일시한다. 아이돌의 성애화에 의해 십 대는 '십 대 성의 포르노적 재현'에 둘러싸여 있다고 해도 과언이 아니다. 많은 십 대가 아이돌의 성애화에 쿨한 태도를 취하거나 매력적이라고 느낀다. 성애화된 십 대 아이돌에 대한 한국 사회의 환호가 성애화를 바라보는 십 대들의 태도에 많은 영향을 미치고 있는 것이다. 게다가 십 대는 인터넷과 스마트폰이라는 사적 미디어를 통해 시공간을 초월해 다양한 성적 콘텐츠를 접하고, 여기에는 포르노가 상당 부분 포함된다.

반면 엄마는, 특히 여성의 성을 백안시하는 문화에서 순결을 지키는 것이 당연하고, 성적인 것은 결혼을 하면 자연스럽게 알게 된다는 이야기를 들으며 자랐다. 제대로 된 성교육을 받아 본 적이 없을 뿐더러 성에 대해 아는 것은 여염집 여성답지 못한 부끄러운 일이었다. 미혼 여성의 성적 지식과 경험은 개인을 넘어 집안의 수치로 간주되었고, 나아가 아내와 어머니라는 '정상'적인 여성으로서의 삶을 위협하는 원인이었다. 따라서 대부분의 여성들이 성에 대해 알 수 있는 방법도 없고, 알고 싶은 욕구도 억압당한 채 무지한 상태로 엄마가 되었다. 결혼을 하고 엄마가 되어서 성적으로 보다 자유로워진 여성들도 있지만, 가부장적인 한국 사회에서는 자신이 교육받은 내용과 살아온 삶이 여전히 옳다고 생각하며 이를 고수하는 엄마들도 적지 않다.

이러한 배경 때문에 상대적으로 엄마와 많이 소통하는 십 대들도 성에 있어서는 혼자서 인터넷을 통해 정보를 수집하거나 친구들에게 고민을 털어놓을 뿐 엄마와 대화하지 않는다. 어렸을 때부터 노골적으로, 또는 시나브로 성에 대한 엄마의 생각을 알게 된 경우가 많기 때문이다. 엄마가 성에 대해 부정적이고, 특히 성적 실천을 하는 십 대를 문제아로 본다는 사실을 알아챈 자녀는 사랑하는 엄마를 '실망'시키고 싶지 않기에 성에 관한 대화를 꺼리게 된다. 결국 십 대는 선생님에게도 엄마에게도, 학교에서도 가정에서도 성에 관해 이야기하지 못하고 혼자서 끙끙댈 수밖에 없다. 또래 집단이나 인터넷에 의지해 비밀스럽고 위험한, 젠더화된 성적 실천을 하게 되는 이유다.

이러한 현실은 성에 대한 한국 사회의 모순적인 태도와 밀접하게 관련된다. 사실 한국 사회는 '연애 시대'라 불릴 정도로 이성애 연애를 권유한다. 연인을 위한 갖가지 기념일, 상품, 이벤트가 넘쳐나고 카페, 식당, 극장 등에 연인과 함께 가지 않는 것이 어색할 정도로 연인 중심의 여가 문화가 조성되어 있다. 이런 문화에서 연애를 하지 않으면 성적 매력이 없거나 인성에 큰 하자가 있다고 의심받을 만큼 연애는 한국 사회에서 대표적인 '정상' 상태로 간주된다. 연애라는 정상 상태는 비단 성인에게만 국한되지 않는다. 유아들도 '남친', '여친'이 있는 것이 귀엽고 당연한 일로 여겨져 고무된다. 엄마들이 어린이집 또는 유치원에 다니는 자녀에게 좋아하는 이성이 있는지를 묻고, 집으로 상대 아이를 초대해 음식을 대접하고 선물을 주면서 연애를 응원하는 것도 흔한 일이 되었다. 한국 사회에서 이성애 연애는 자연스러운 본능이자, 중성이었던 개인에게 여성 또는 남성이라는 성별 정체성을 찾아 주는 계기일 뿐 아니라, 연애 시대에서 살아남을 수 있는 경쟁력을 지녔다는 확인으로 여겨진다.

하지만 유아의 연애를 귀엽고 기특하게 느끼던 엄마라도 아이가 성장하면 태도가 확연히 달라진다. 아이들의 연애가 귀엽다고 간주되는 것은 섹슈얼리티를 실천할 가능성이 적기 때문이다. 아이들이 성장하면서 그 가능성이 높아지면 어른들은 이를 위험하다고 여기며 두려워한다. 한국 사회는 십 대의 몸은 어른에 가깝지만 정신은 미성숙하다고 인식한다. 그래서 십 대의 연애는 임신, 낙태, 나아가 성폭력까지 이르는 부정적이고 위험한 성적 경험과 쉽게 동일시된다. 게다가 미디어는 십 대의 성에 대해 여러 가지 자극적이고 과장된 사건 사고들을 반복적으로 보여 줌으로써 엄마들에게 공포를 조장한다. 엄마는 연애를 하는 딸이 피해자가 될까 봐, 아들은 가해자가 될까 봐 걱정한다. 이러한 극단적인 상황에 대한 걱정을 떨쳐 내더라도, 연애가 학교생활에 지장을 초래해 성적이 떨어질 것이라는 우려는 계속된다. 그리고 언제나처럼 십 대의 성적 행위는 그것이 문제적이든 아니든 상관없이 모두 엄마의 책임이 된다.

그래서 많은 엄마들이 십 대 자녀가 '연애를 안 했으면', '성에 대해 몰랐으면', '십 대 때는 공부만 하다가 대학에 가서 연애했으면' 하고 바란다. 이렇게 어렸을 때는 연애하는 꼬마들을 귀엽게 보고 심지어 연애를 부추기던 엄마의 태도가 변하면 십 대

엄마도 아프다

자녀는 당황스럽게 마련이다. 결국 십 대 자녀는 엄마의 태도 변화로부터 연애와 성이 분리되어야 한다는 사실을 깨닫는다. 성이 연애의 자연스러운 일부분이 아니라 감추고 배제해야 할 부정적인 것이라는 인식은 아이가 엄마와 성에 대해 이야기하는 것을 더욱 어렵게 만들고 있다.

한편으로 엄마들은 십 대의 활발한 성적 실천에 관한 증언들을 접하고 그것이 시대의 변화에 따른 당연한 현상이라는 쿨한 태도를 보이면서도, 정작 자신의 자녀들과는 무관한 가십으로 여기는 경우도 많다. 여전히 어리게만 보이는 내 아이가 어떤 식으로든 성적 실천을 하고 있다는 것을 알게 된다면 대부분의 엄마들이 큰 충격을 받을 것이다. 하지만 그 반응은 자녀의 성별에 따라 사뭇 다를 수 있다. 딸에게는 혼전 순결이라는 가부장적 성 의식에 기반한 '금욕이 곧 유일한 해법'이라는 믿음으로 인해 절망과 근심을 느끼는 반면, 아들에게는 남성이 되는 자연스러운 성장 과정으로 인정하면서 '임신만 시키지 않으면 된다'고 스스로를 위로하지는 않을까? 심지어 딸은 성적 실천으로 성적이 떨어질 거라고 전전긍긍하면서 반대로 아들은 혹시나 성적 욕구를 해소하지 못해 공부에 집중하지 못하는 것은 아닐까 걱정하는 엄마들도 있다. 십 대 자녀에게 콘돔을 건네는 쿨한 엄마에 대한 이야기가 회자되곤 하지만 그 자녀는 아들일 확률이 높은 것이다.

이는 앞서 보았듯 성에 대해 모순적이고 가부장적인 한국 사회에서 엄마들이 취하게 되는 자연스러운 태도일지도 모른다.

하지만 남성 중심적, 성차별적인 성 의식으로 여성들을 성적으로 대상화하고 도구화하는 남성들이나 자신의 욕망과 무관하게 남성의 성적 요구에 응하는 여성들, 남성의 경제적 능력과 여성의 외모를 중심으로 연애 상대를 선택하는 문화 등을 문제적으로 바라보고 자녀들을 어떻게 키울 것인가에 대해 고민하는 엄마들도 많다. 성폭력이나 성매매가 만연하고 외모지상주의가 판치는 세상에서 안전하고 건강하게 딸을 키우기 위해, 여성을 동등한 인격체로 존중할 줄 알고 성 평등적인 감각을 갖추도록 아들을 길러 내기 위해 엄마들이 무엇을 할 수 있을까?

일단은 딸은 성에 대해 무지하거나 무관심하고 아들은 성을 잘 알며 또 적극적일 것이라는 성별화된 강박에서 벗어날 필요가 있어 보인다. 십 대 딸과 함께 피임에 대해 이야기하고, 아들과 함께 성관계의 의미를 이야기할 수 있어야 한다. 딸이건 아들이건 성을 수치스럽거나 비밀스러운 것으로 생각하지 않게끔, 안전하고 평등한 성적 실천을 통해 상호 친밀감과 성적 쾌락을 누릴 수 있도록 해야 하는 것이다.

성 평등적이고 심도 있는 성교육과 대화가 십 대들에게 올바른 성 관념을 심어 주고, 자신의 성적 실천을 스스로 결정하고 조절하는 힘을 길러 준다는 사실은 어렵지 않게 확인된다. 대표적인 경우가 네덜란드다. 네덜란드는 초등학교 4학년부터 중학교까지 성교육을 제도화하고, 생물학적 지식만이 아니라 관계나 가치에 대해서도 가르치면서 100퍼센트 토론 방식을 통해 학생들 스스로 생각하고 판단할 수 있도록 했다. 또한 성별화된 성문화에 개입하기 위해 'no means no' 캠페인을 펼치면서 타인의 요구에 굴하지 않고 자신의 의견을 당당하게 표현하는 것을 강조했다. 더불어 철저한 피임 교육 역시 병행했다. 그 결과는 획기적이었다. 1970년 중반 12.4세였던 첫 성관계 연령이 2006년 17.7세로 올라간 것은 물론, 첫 성관계 시 피임률은 95퍼센트에 달하고, 데이트 강간, 청소년 출산율과 낙태율 모두 세계 최하위를 기록하게 된 것이다.[*]

하지만 한국 사회는 엄마들이 나서서 자녀와 성에 관한 대화를 나누고자 해도 그 구체적인 방법이나 기술을 제공해 주지 않는다. 엄마들은 정보가 없는 상황에서 '요즘 십 대가 어떻다더라'는 이야기에 귀를 기울이지만, 자신의 자녀가 다양한 성적 지식과 실천 스펙트럼의 어디에 위치하고 있는지도 알지 못할 뿐더러, 어떻게 어디까지 개입해야 할지를 가늠하기도 어렵다.

물론 요즘 십 대들의 경향과 추세를 아는 것도 중요하다. 하지만 이를 단순히 개별 아이들에게 적용하는 것은 무리가 따른다. 성은 인간관계에서 비롯되기 때문에 그 실천 방법이나 양상이 개인들마다 천차만별일 수밖에 없으니 말이다. 결국 성은 개인이 상대방과 함께 스스로 경험하고 배우고 깨달을 수밖에

---

[*] 「첫 성관계 연령 12.4세→17.7세… 어떻게?」, 『노컷뉴스』, 2013년 5월 4일.

없는 영역이다. 물론 성은 한편으로 개인의 경험을 관통하는 지배적 사회질서의 영향을 받기 때문에 결코 사회적 성으로부터 자유로울 수 없다. 개인의 성은 사회와 갈등하고 협상한 산물이기도 하다. 따라서 자녀가, 나아가 십 대들이, 차별적이고 폭력적인 성적 행위를 가하거나 입지 않고 성적 실천을 통해 친밀감과 성적 쾌감을 누리길 바란다면 '성의 사회적·관계적 상호성'에 대해 인지하는 것도 중요하다. 결론석으로 엄마들은 수많은 사례들을 취합해 자녀들의 성 문제를 판단할 것이 아니라 아이들의 성적 실천에 길잡이가 되어 줄 기본적인 원리 원칙을 세우는 데 집중할 필요가 있다. 그리고 이러한 원리 원칙을 자녀에게 일방적으로 강요하기보다 자녀와의 소통과 합의를 통해 공유할 수 있어야 한다.

성적 실천의
기본 원칙 세우기

성적 실천의 원칙을 세우기 위해 알아 둬야 할 것이 두 가지 있다. 바로 '관계로서의 성'과 '성적 자기 결정권'이다. 전자는 성의 본질이 관계에 있다는 인식이고, 후자는 누구나 행사하고 존중받아야 하는 권리로서 성적 실천의 자율성을 보장한다. 성의 본질이 '관계'라고 이야기하면 가족, 친구, 동

엄마도 아프다

료, 사제, 이웃 등 다른 인간관계들을 떠올릴지도 모르겠다. 그러나 일반적으로 연인 관계에만 성이 수반된다는 점에서* 연인 관계는 다른 관계들과 구별된다. 문제는 이러한 차이가 부각되어 연인 관계와 다른 관계들의 공통점은 사라지고 성이라는 특수성이 마치 연인 관계의 전부인 것처럼 호도된다는 사실이다. 연애를 '관계'에 성이 덧붙여지는 성질의 것이 아니라, '성'을 중심에 두고 관계를 부차적인 것으로 생각하는 사고방식이 문제다. 한국 사회는 '성관계'라는 용어를 사용하지만, 관계에 방점이 찍힌 성관계가 아니라 성에 방점이 찍힌 성관계로 인지, 실천되고 있다.

이처럼 연애에서 성을 특권화하고, 성을 관계에서 분리시켜 본질화하는 현실은 십 대가 관계로서의 연애 및 성에 대해 배우고 경험할 수 있는 기회를 박탈한다. 십 대가 원하는 것은 그간 관습적으로 이어져 온 사춘기나 2차 성징, 임신과 출산, 성기 기능과 구조 등 생물학적인 지식을 습득하는 성교육이 아니라 현실에서 일상적으로 고민하는 부분, 특히 평등하고 행복한

---

* 물론 모든 성적 실천이 반드시 사랑을 전제로 해야 하는 것은 아니다. 성매매, 성폭행, 원나이트, 자위 등등 현실에서의 성적 실천은 사랑과 분리된 경우가 적지 않다. 또한 연인, 부부 사이라 하더라도 언제나 사랑이 전제된 성적 실천을 하는 것도 아니다. 섹스리스, 데이트 성폭력, 부부 강간, 의무 방어, 임신을 위한 성관계뿐 아니라 외도를 하기도 하는 등 성적 실천의 경우는 매우 다양하다. 이러한 현실에도 불구하고 대부분의 사람들이 성과 사랑의 일치를 원한다. 성과 사랑이 일치되었을 때 심리적·육체적 만족감이 가장 크기 때문이다.

연인 관계가 될 수 있는 방법이다.[*]

'관계'에 대한 교육이 이뤄지지 않는 상황에서 십 대는 성에 관한 정보를 인터넷, 그중에서도 음란물을 통해 얻고 있다. 2013년 「서울시 청소년 성문화 연구 조사」에 따르면 서울의 초등학교 6학년 1,116명, 중학교 2학년 1,078명, 인문계·특성화 고등학교 2학년 학생들과 쉼터 거주 청소년 1,229명 등 총 3,423명을 조사한 결과, 성에 대한 지식을 얻는 통로가 성교육 시간 43.4퍼센트, 인터넷 32.3퍼센트, 친구 14.7퍼센트, 텔레비전 4.3퍼센트, 부모 2.4퍼센트 순으로 나타났다. 또한 인터넷을 통해 성 표현물을 처음 접한 시기는 미취학부터 초등학교 때까지가 48.8퍼센트에 달했고, 중학교 33.6퍼센트, 고등학교 1.6퍼센트로 나타났다. 주로 접한 성 표현물은 음란물이 33.5퍼센트로 압도적이었다.[**]

음란물은 성별화된 텍스트로서 여성 모욕의 역사와 관련이 깊다. 남성의 성적 쾌락을 실현시키기 위해 여성, 유색인, 어린이 등 소수자의 몸을 통제한다. 오늘날에는 인터넷, 핸드폰과 같

---

[*] 실제로 십 대들은 성교육에서 배우고 싶은 내용으로 사랑·데이트 13.3퍼센트, 성폭력 예방 11.4퍼센트, 성관계 준비 11.0퍼센트, 성 평등 9.6퍼센트를 꼽았다.(「서울시 청소년 성문화 연구 조사」, 〈아하! 서울시립청소년성문화센터〉, 2013.)

[**] 「서울시 청소년 성문화 연구 조사」는 청소년 성문화의 현황을 파악해 성교육과 성 관련 위기 지원 정책에 반영하기 위해 총 4회(2004년, 2007년, 2010년, 2013년)에 걸쳐 진행되었다. 연구 결과는 〈아하! 서울시립청소년성문화센터〉 홈페이지 자료실에서 확인할 수 있다.(이목소희, 「십 대의 성문화 이야기, 궁금하세요?」, 『성과 사랑 365』, 학교도서관저널, 2014.)

엄마도 아프다

은 IT 기술이 발달하면서 여성과 어린이를 강간하는 내용의 사이트가 급증하고 있다. 그럼에도 불구하고 음란물은 타인과의 감정적 유대가 약화된 신자유주의 시대에 원자화된 개인의 외로움과 정서를 돌보는 산업으로 이해되는 실정이다. 음란물에서 섹스는 관계성, 친밀성, 감정, 정서, 조건을 고려할 필요가 없는 기능적이고 육체적인 행위로 재현된다. 상대방을 고려할 필요 없이 자신만 만족하면 되는 일방적인 성이 정당화되고 있는 것이다.* 음란물 시청은 십 대의 성적 실천에도 부정적인 영향을 미친다. 〈한국청소년정책연구원〉이 2008년 전국 남녀 중고생 2,368명을 조사한 결과, 문항마다 차이는 있지만 강압적이고 폭력적인 성적 행위에 수용적인 반응을 보이는 학생들이 적지 않았다. 이를테면 "남자가 여자를 성적으로 흥분시키기 위한 유일한 방법은 폭력 사용"이라거나 "여자는 남자가 자신을 거칠게 다룰 때 성적 자극을 느낀다"고 응답한 학생들이 많았다는 말이다.** 이 결과에 대해 〈한국청소년정책연구원〉은 십 대들이 성에 대한 정보를 주로 인터넷 음란물에서 얻기 때문이라고 분석했다. 아이들은 음란물을 통해 성 지식뿐만 아니라 '관계'까지도 습득하고 있는 것이다.

그러나 성에서 '관계'가 지워지게 된 탓을 전적으로 음란물

---

* 김현미, 「디지털 포르노그래피」, 『인터넷과 아시아의 문화 연구』, 연세대학교 출판부, 2007.
** 「청소년 성 의식 및 행동 실태와 대처 방안 연구」, 한국청소년정책연구원, 2008.

의 탓으로 돌릴 수는 없다. 십 대의 성 의식은 음란물과 현실, 양자에 의해 구성된다. 음란물과 현실은 별개가 아니며 음란물은 현실에 환상을 결합해 남성 구매자의 남성성을 과잉 충족시켜 준다. 십 대 남성뿐 아니라 십 대 여성도 강압적이고 폭력적인 성적 행위에 대해 수용적인 반응을 보이는 것은, 남성은 성에 있어서 주도적이고 공격적이어야 하며, 여성은 수동적이고 수용적이어야 한다는 현실의 성 역할과 맥을 같이 한다. 특히 위의 조사에서 "많은 경우 여자는 품행이 단정하지 못하다고 보일까 봐 성관계를 원하지 않는 척하지만, 실은 남자가 강압적이기를 바란다"라는 문항에 여자 중학생의 14퍼센트, 남자 중학생의 27.3퍼센트, 인문계 여고생의 14.4퍼센트, 인문계 남고생의 30.4퍼센트, 전문계 여고생 16.2퍼센트, 전문계 남고생의 30.2퍼센트가 '그런 편이다'와 '매우 그렇다'고 응답해 여학생보다 남학생의 긍정적인 답변이 두 배에 달했다.* 이는 성적 욕망을 드러내는 여성은 경험이 많고, 밝히며, 심지어 '걸레'라고 손가락질받는 현실과, 이로 인해 남성은 여성의 거부 의사의 진위를 파악하지 못하고 무조건 '내숭'으로 받아들이는 상황과 조우한다.

성을 관계로 접근할 때 중요한 것은 성적 자기 결정권의 행사다. 성적 자기 결정권은 말 그대로 누구와 언제 어디서 어떤 성적 행위를 하고, 또 하지 않을 것인가를 스스로 결정할 권리

---

* 앞의 자료.

엄마도 아프다

를 의미한다. 자신이 원하는 성적 욕망과 행위를 표현하고 제안할 권리가 있는 만큼 반대로 원하지 않는 행위라면 거부할 권리도 있다. 이 두 가지 권리는 모두 중요하지만, 위상은 동등하지 않다. 후자, 곧 거부할 권리가 전자, 곧 제안할 권리에 우선한다. 일선 학교와 가정에서도 십 대에게 성적 자기 결정권을 교육하고 있지만 성별에 따라 그 내용이 달라지곤 한다. 여성은 거부할 권리를, 남성은 제안할 권리를 주로 교육받는 것이다. 남자는 성욕이 강한 늑대니까 여자가 옷차림과 몸가짐을 항상 조신하게 해야 한다는 경고는 여전히 반복되고 있다. 이는 모든 성폭력의 책임을 여성에게 전가하고 여성이 성을 즐길 권리를 부정한다. 반면에 십 대 남성은 성을 즐길 권리가 암묵적으로 당연시되면서 성을 거부할 권리를 교육받지 못한다. 성이 곧 남성성과 동일시되면서 남성들도 성적 경험을 강요당하거나 성폭력, 성매매 피해를 입고 있는데도 말이다.*

이렇게 반쪽짜리 성적 자기 결정권을 배우고 행사하면서 십 대의 성적 실천은 매우 성별화된 양상을 보인다. 주로 십 대 남

---

* 성적 자기 결정권은 십 대도, 여성도, 그리고 남성도 성적 주체로 상정할 수 있다는 점에서 유용한 개념이다. 그러나 '자기'라는 용어가 자칫하면 관계적 속성을 희석시킬 수 있다. 성적 자기 결정권이 제대로 행사되기 위해서는 성적 실천이 개인 혼자만의 결정이 아니라 당사자 두 명이 함께 결정한 결과여야 한다는 것을 분명히 한다는 의미에서 성적 '상호' 결정권이라고 인식하는 것도 하나의 방법이다. 함께 결정한다는 것은 곧 소통과 타협을 의미하고, 이는 성을 목적이 아니라 관계의 일부로 위치시킨다. 성이 관계의 일부로 인식된다면 한국 사회의 이성애 중심주의도 변화할 수 있다. 사람들 사이의 다양한 관계를 인정한다면, 강압적 이성애의 폭력성도 함께 성찰하게 될 것이다.

성은 성적 실천을 제안하고, 십 대 여성은 이를 거부하기 때문에 십 대 남성과 십 대 여성은 성을 '협상'하곤 한다. 일부 십 대 남성은 십 대 여성을 자신의 성적 욕망을 실현하기 위한 대상으로 삼기도 한다. 십 대 여성은 성적 대상이 되지 않기 위해 상대방의 성적 제안의 목적이 무엇인지를 파악하려고 애쓴다. 반면에 십 대 남성은 십 대 여성이 자신의 성적 제안을 수용하도록 하기 위한 전략을 사용한다. 그래서 십 대 남성과 여성 모두 성관계를 할 때 '사랑을 표현하고 확인하는 수단'이라는 낭만화된 이상을 표면적인 전제로 내세우는 경우가 대부분이다.

그러나 이것은 어디까지 협상을 타결하기 위한 전제일 뿐, 서로의 솔직한 속마음까지 반영한 것은 아니다. 2013년 「서울시 청소년 성문화 연구 조사」에서 성관계 경험이 있다고 응답한 중고생은 1,257명 중 179명(여자 62명, 남자 116명)이었다. 워낙 적은 숫자여서 결과의 타당성을 확인하기 어렵지만 참고 삼아 소개하자면, 성관계를 하는 주된 이유가 무엇이냐는 질문에 십 대 남성은 '호기심(5.1%)', '사랑 확인(3.6%)', '성적 욕구 해소(2.8%)', '충동 억제 힘들어서(2.1%)', '술에 취해서(2.1%)' 순으로 응답했고, 십 대 여성은 '거절 어려워서(2.6%)'와 '사랑 확인(2.2%)' 순이었다. 이 결과는 십 대 여성이 자신의 사랑을 의심받을까 봐 상대의 성적 제안을 거절하지 못하거나 사랑을 확인하기 위해 성관계에 응하는 반면, 십 대 남성은 사랑보다는 자신의 호기심과 욕구가 성관계의 주된 동기라는 사실을 보여 준다.

엄마도 아프다

이처럼 동상이몽 식의 성적 관계는 의도치 않은 데이트 성폭력 가해자와 피해자를 양산할 가능성이 높다. 데이트 성폭력은 누구도 원하지 않지만, 누구나 경험할 수 있고, 또 실제로 많은 이들이 경험한다. 다행히 성폭력 가해자나 피해자가 되지 않더라도 십 대들의 연애가 행복하고 평등하길 기대하긴 어렵다. 제대로 된 성교육, 곧 연애는 다양한 인간관계의 하나이고, 성은 연애의 목적이 아니라 부분이라는 사실을 배워 본 적이 없는 상태에서 이성애적 연애 각본과 성역할에 충실한 연애를 할 것이기 때문이다. 비밀스럽게 시도한 연애와 성적 실천이 이런 결과에 부딪혔을 때 십 대는 더욱 큰 혼란과 외로움에 빠지게 된다.

모성 실천,
무엇을 어떻게?

한국 사회는 성에 대해 대화하지 않는다. 그중에서도 부모 자식 간이 유독 심하다. 자녀가 성장할수록 공부와 성적 이외에는 대화할 주제를 딱히 찾지 못하는 경우가 많으니 성에 대한 대화를 시작하기란 더욱 어색하고 어렵다. 게다가 어린이에서 성인으로 성장하는 과도기의 십 대는 성을 개인적인 것이라 생각하면서 자신의 고유한 영역으로 설정하곤 한다.

이러한 십 대는 엄마의 대화 시도를 지나친 간섭으로 느낄 수 있다. 십 대 자녀가 이와 같은 반응을 보인다면 엄마가 자녀의 의사를 존중하는 것도 매우 중요하다. 성에 대한 대화를 나누는 것이 모든 경우에 긍정적인 결과를 보장하는 것은 아니기 때문이다.

또한 엄마와 십 대 자녀의 성에 관한 대화는 일방적이기 쉽다는 문제가 있다. 대화를 할 때는 자신의 이야기를 하면서 상대에 대한 이해와 공감을 보여 주는 것이 중요한데, 이야기할 만한 성적 경험이 별로 없는 엄마들이 많을 뿐더러 자신의 성적 경험을 자식에게 이야기하는 것을 민망하게 여기는 경우도 다반사다. 그러다 보니 십 대 자녀의 이야기만 하게 되고 십 대 자녀는 이를 감시와 추궁이라고 느끼기 쉽다. 물론 엄마와 소통이 잘 돼서 자녀가 자신의 경험과 고민을 자연스레 이야기한다면 좋겠지만, 이때도 어디까지 이야기할지를 결정하는 것은 자녀라는 사실을 분명히 해야 한다. 성에 대해 이야기 나누기가 어렵다면 자녀의 개인적인 경험이 아니라 일반적인 이야기를 하는 것도 좋다. 다만 그 일반적인 이야기가 한국 사회의 가부장적인 성 관념, 곧 남성 중심적이고 연령주의적인 성 의식의 반복이라면 자녀는 마음의 문을 닫아 버리고 말 것이다. 엄마에게 실망한 십 대는 엄마도 똑같이 자신에게 실망했을 것이라 생각할 수 있다. 둘 사이의 대화는 그렇게 점점 더 힘들어진다. 특히 성은 개인의 정체성에서 많은 부분을 차지하고 가치관이 개입

엄마도 아프다

된 영역이기 때문에 십 대의 닫힌 마음의 문이 성에 그치지 않고 다른 부분으로까지 확장될 수도 있다.

십 대 자녀와 성에 관한 대화가 필요하다고 느끼는 엄마들이 걱정하는 바가 이 지점일 것이다. 소통을 시도했다가 오히려 단절이라는 결과를 초래하는 것 말이다. 이런 결과를 피하기 위해서는 공감하고 이해하며 소통하려는 자세가 필요하다. 더불어 자유롭고 평등한 관계로서 성을 어떻게 실천할 수 있는지 그 방법을 안내해 주는 길잡이의 역할을 해야 한다. 그러기 위해서는 엄마 스스로 평등한 성 의식을 갖추어야 하고, 자녀를 감시하고 훈육하는 대상이 아니라 성적 욕망을 지닌 존재로 인정하고 받아들이는 게 중요하다. 엄마가 열린 태도와 길잡이라는 정체성을 지니고 대화를 시도한다면 십 대는 어색함과 당혹스러움을 극복하고 엄마와 즐겁고 솔직하게 소통할 수 있을 것이다.

엄마의 노력은 가시적인 변화를 만들어 낼 수 있다. 일례로 미국의 연구자들은 성에 관해 부모와 자녀의 의사소통을 증진시키기 위한 프로그램을 시범 운영했다. 프로그램은 2002년 4월부터 2005년 12월까지 캘리포니아 13개의 직장에서 부모 569명(어머니 410명)과 그들의 사춘기 자녀 683명을 대상으로 진행됐다. 부모들은 프로그램 참여자와 비참여자로 나뉘어, 프로그램 참여자들은 매주 1시간씩 8주간 수업을 받았다. 수업 내용은 성에 관한 다양한 주제를 자녀와 토론하는 방법이었다. 프로그램에 참여한 부모들은 자녀에게 의사소통 능력, 단호함,

결단력을 가르치는 방법과 더불어 자녀들을 더 잘 지도supervise하고 자녀들과 소통하는 방법을 배웠다. 이후 부모들은 여성과 남성의 신체 변화, 임신과 출산, 자위, 친구를 사귈 때 중요하게 고려할 사항, 데이트 신청하기, 성행위 여부 결정, 섹스의 느낌, 동성애, 임신이 여성과 남성에게 미치는 결과, 피임, 성병, 성병 예방, 콘돔 사용법, 상대방이 콘돔 사용을 꺼릴 때 대처 방법, 다른 사람에게 성행위를 강요하지 않는 것의 중요성, 사람들이 섹스를 좋아하는 이유, 상대방이 나를 사랑하는지 알 수 있는 방법, 성관계를 원하지 않을 때 거절하는 방법 등 성에 관한 24개의 주제에 대해 자녀와 함께 토론했다. 결과는 어땠을까? 이 프로그램에 참여한 부모들과 자녀들의 의사소통 능력과 개방성이 향상된 것으로 나타났다. 이러한 결과는 프로그램이 끝난 후 9개월간의 추적 조사에서도 마찬가지로 유지되었다.* 이 사례는 엄마와 자녀가 성에 관해 의사소통하는 것의 중요성을 잘 보여 준다. 무엇보다 엄마가 준비되어 있을 때 대화의 결과가 훨씬 긍정적이라는 사실을 확인할 수 있다.

하지만 한국은 성애화된 사회면서도 성을 사적이며 비밀스러운 것으로 간주함으로써 문제적인 성 의식이나 성문화의 공

---

* Schuster, M.A., Corona, R., Elliott, M.N., Kanouse, D.E., Eastman, K.L., Zhou, A.J., & Klein, D.J., 2008, "Evaluation of Talking Parents, Healthy Teens, a new worksite based parenting programme to promote parent-adolescent communication about sexual health: Randomised controlled trial", *British Medical Journal*, 337: a308.

론화를 어렵게 한다. 가장 시급한 개입이 필요한 현상 중에 하나가 십 대를 성적으로 대상화하면서도 십 대가 성적 존재라는 사실을 부정하는 모순일 것이다. 그렇게 한국 사회가 십 대를 비밀스럽고 위험한 성적 실천으로 몰아가고 있다. 이러한 현실에 개입하려는 엄마들의 시도는 고민과 시행착오의 연속일 수밖에 없다. 십 대를 성적으로 대상화하는 데만 급급한 미디어와 공부만 하라고 강요하는 학교에 둘러싸여 있는 것은 사실 엄마도 마찬가지다. 엄마들은 이런 현실로부터 당장 무엇을 할 수 있고, 할 수 없는지를 성찰하고 자신의 성 의식과 자녀와의 관계를 점검하는 데 많은 노력을 기울여야만 한다. 또한 자녀와의 대화에서 일방적인 정답을 제시하기보다 한국의 성문화나 성 의식 전반에 대해 문제를 제기하고 함께 대안을 고민하는 자세가 필요하다.

물론 어려운 일이다. 하지만 아이들이 엄마가 자신이 성적 존재라는 사실을 인정하고 있으며 자신의 판단이나 감정, 문화 등을 존중하려고 노력하고 있다는 사실을 느끼게 되는 것부터가 변화의 시작이다. 아이들은 엄마와의 대화를 통해 관계로서의 성, 성적 자기 결정권 개념 등을 접하면서 성이 아닌 친밀한 관계를 중시하게 되고, 연애를 통해 자신과 상대방에 대한 이해, 나아가 인간적 성숙을 경험할 수 있을 것이다. 설사 아이가 엄마와 성적인 대화를 하는 것을 불편하게 생각해 거부하더라도 아이는 엄마의 의도를 이해하고, 자신이 준비가 되었을 때 언제라도 엄마와 어려운 이야기를 할 수 있다는 사실에 마음을 놓을 것이다.

엄마들의 노력만으로 한국 사회의 성문화, 성 의식이 단번에 전환될 수는 없을 것이다. 하지만 위로부터의 변화를 기대하기 어려운 상황에서 결국 언제나처럼 먼저 나서는 이는 엄마들이다. 엄마들은 나약한 개인이 아니고 한국 사회를 바꿔 내는 힘을 지니고 있다. 엄마의 개별적인 움직임들이 모여 학교에 알차고 성 평등적인 성교육을 학교에 요구할 것이고, 이러한 움직임들이 축적되어 한국의 성문화 및 성 의식이 조금씩 변할 것이다. 온갖 성적 문제가 만연한 한국 사회에 지금 필요한 것은 '성교육은 백년지대계'라는 단순한 진리와 십 대에 대한 신뢰의 결합이다. 상황이 절망스럽더라도 좌절하기엔 이르다. 엄마들이라는 희망이 있기 때문이다.

전국 청소년 성문화 센터 (〈한국청소년성문화센터협의회〉 참조)

① 서울 지역

〈아하! 시립청소년성문화센터〉 02-2677-9220 www.ahacenter.kr

〈탁틴청소년성문화센터〉 02-338-7480 www.tacteen.net

〈창동청소년성문화센터〉 02-950-9650~4 www.cdyouth.or.kr

〈광진청소년성문화센터〉 02-2204-3170 www.seekle.or.kr

〈송파청소년성문화센터〉 02-3012-1318 www.youth1318.or.kr

〈하름이청소년성문화센터〉 02-922-4152~4 www.harumi.or.kr

〈드림청소년성문화센터〉 02-2051-1376 www.dreamcenter.or.kr

〈중랑청소년성문화센터〉 02-2207-7480 www.talk.tacteen.net

② 경기 지역

〈경기도청소년성문화센터〉 031-475-3253 www.tacteenwa.or.kr

〈경기북부청소년성문화센터〉 031-954-8050 www.congcong.or.kr

〈부천시청소년성문화센터〉 032-663-1318 www.bchello.co.kr

〈수원시청소년성문화센터〉 031-251-1590 www.suwonsay.or.kr

〈용인시청소년성문화센터〉 031-548-1318 www.ysay.or.kr

〈화성시청소년성문화센터〉 031-8015-7405~7 www.hssay.or.kr

③ 인천 지역

〈인천광역시청소년성문화센터〉 032-446-1318 www.isc.or.kr

〈부평구청소년성문화센터〉 032-500-2251 www.icbp.go.kr/opencontent/gender

④ 강원 지역

〈강원도청소년성문화센터〉 033-253-1093 www.isay.or.kr

〈강릉시청소년성문화센터〉 033-655-1318 www.gnsay1318.or.kr

〈원주시청소년성문화센터〉 033-745-1318 www.n-center.or.kr

⑤ 충북 지역

〈충청북도청소년성문화센터〉 043-258-8001 www.cbsay.or.kr

〈충주시청소년성문화센터〉 043-856-7816 www.chungjusay.com

〈충북이동형청소년문화센터〉 043-223-7953 www.say2go.or.kr

⑥ 충남 지역

〈충청남도청소년성문화센터〉 041-592-1388 www.scenter.cnyouth.or.kr

〈충남이동형청소년문화센터〉 041-631-1585

⑦ 대전 지역

〈대전광역시청소년성문화센터〉 042-222-8847 www.djsay.net

⑧ 전북 지역

〈전주시청소년성문화센터〉 063-251-1318 www.jeonjusay.com

〈정읍시청소년성문화센터〉 063-532-1388 youth.jeongeup.go.kr

〈익산시청소년성문화센터〉 063-834-1399 www.issay.or.kr

〈군산시청소년성문화센터〉 063-463-1230 cafe.daum.net/gunsan-say

⑩ 광주 지역

〈광주광역시청소년성문화센터〉 062-522-1388 www.gjsay.onmam.com

〈광산구청소년성문화센터〉 062-972-7955 www.wawasay.or.kr

⑪ 경북 지역

〈경상북도청소년성문화센터〉 054-436-0218 www.gbsay.com

〈포항청소년성문화센터〉 054-246-1004 www.phsay1004.or.kr

엄마도 아프다

〈경상북도북부청소년성문화센터〉 054-858-7179 www.gbbsay.kr

⑫ 대구 지역
〈대구청소년성문화센터〉 053-653-7755 www.dgsay.net
〈대구아름청소년성문화센터〉 053-657-1388 www.daeguarm.net

⑬ 경남 지역
〈경상남도청소년성문화센터〉 055-832-9273 www.youthsacheon.com
〈창원시청소년성문화센터〉 055-716-0311 www.gryouth.net
〈경남이동형청소년문화센터〉 055-716-0318 www.gryooth.net

⑭ 부산 지역
〈부산광역시청소년성문화센터〉 051-303-9622 www.bsycsay.or.kr
〈늘함께 청소년성문화센터〉 051-558-1224 www.say2008.or.kr
〈탄생의신비관 청소년성문화센터〉 051-508-1808 www.busansay.co.kr

⑮ 울산 지역
〈울산광역시청소년성문화센터〉 052-260-1388 www.ulsansay.com

⑯ 제주 지역
〈서귀포시청소년성문화센터〉 064-760-6451 www.sgpsty.sgpyouth.or.kr
〈제주시청소년성문화센터〉 064-728-3486 say.jejusi.go.kr

캥거루 가족의 딜레마

최시현

최시현은 대학 졸업 후 취직한 회사에서 여성과 노동에 대한 고민과 월급과 소비가 주는 단맛의 모순이 깊어질 무렵 페미니즘에서 답을 찾고자 연세대학교 문화학협동과정에 입학했다. 대학원에서 페미니스트로 행복하게 사는 것의 고단함과 만족감을 함께 배우고 있다. 현재는 가족과 친밀성의 구조 변동을 키워드로 연구를 진행 중이다.

한국의 도시 중산층,
그들 삶의 풍경

　스물아홉 지민은 상반기 기업 공채를 30군데나 지원했지만 모두 떨어졌다. 두 곳에선 최종 면접까지 봤지만 결과는 같았다. 지난해 이미 고배를 마셨기 때문에 이번엔 나름 하향 지원했는데 서류에서 탈락했다고 연이어 통보받을 때마다 울고 싶은 적이 한두 번이 아니다.

　'대체 내가 왜? 이 정도 학벌에, 원어민 교수에게도 인정받은 외국어 실력, 만점에 가까운 토익 점수까지 갖춘 내가 대체 왜?'

　서른 전에 취업을 못 하면 앞으로 어떻게 살지 막막할 뿐이다. 인턴에 취업 스터디, 영어 학원에 공모전까지. 요즘 해 볼 수 있는 건 닥치는 대로 다 하고 있지만 그럴수록 상황이 나아지리라는 믿음이 사라져 간다. 백수 아들 눈치 안 주려고 전전긍긍하는 엄마의 배려가 더 부담스러워 지민은 집을 나선다.

　그래서 오늘도 지민은 카페에 자리를 잡고 앉는다. 카페보다 학교 도서관이 편하지만 슬슬 인정에서 동정으로 변해 가는 선후배들의 태도가 기분 나빠서, 눈치 안 보고 있을 곳은 카페가 유일하다. 그런데 오늘은 여기서도 집중이 안 된다. 어젯밤, 엄마가 지민에게 조심스럽게 가족 사업을 제안했기 때문이다. "아버지 퇴직금을 온 가족이 그저 까먹고 있는 것이 불안하니 차라리 너랑 아버지가 함께 작은 가게를 꾸려 보는 것이 어떤지 같이 이야기해 보자"고 했다. 어차피 지민의 취직은 당분간 어려울 것이고, 아버지는 아버지대로 환갑도 되지 않은 나이에 집에만 있자니 갑갑한 모양이라며, 부자가 죽기 살기로 매달리면 그래도 생활비 정도는 벌지 않겠냐는 것이다.

경영학을 전공한 지민은 직장에 들어갈 궁리만 했지 사업에 대해서 생각해 본 적은 없다. 요즘 같은 시대에 함부로 창업하는 게 얼마나 위험한 일인지 엄마가 몰라서 그런 거라며 거절했지만, 요즘 같은 시대에 사업만큼이나 어려운 취직을 해 보겠다고 앉아 있는 자신이 과연 잘 해낼 수 있을지도 걱정이다. 오늘 그는 자꾸만 가족 사업 아이템 구상에 정신이 팔린다.

'지금 이 정도 규모로 카페를 차리려면 얼마나 들까? 커피 한 잔 팔면 마진이 얼마일까?'

지민과 같은 처지에 놓인 요즘 청년 세대에게는 수식어가 참 많이도 따라다닌다. 이태백, 삼포, 심지어 사포 세대, 88만 원 세대, 잉여족, 잡 노마드Job nomad, 프리터, 캥거루족 등에 이르기까지 이들을 따라다니는 꼬리표들은 경제 위기 후 청년 실업 세대가 부딪힌 어려운 상황을 상징한다. 그러나 이들의 현실은 단순히 일자리가 줄어들어 먹고살기 어려워졌다는 절대적 빈곤 차원에서만 이야기될 문제는 아니다. 사회적으로 볼 때 이들은 안정적 직장뿐만 아니라 연애, 결혼, 출산까지 모두 포기해야 하는 무기력한 집단이지만, 동시에 이들 중 상당수는 가족의 품 안에 머물러 있는 '캥거루족'이며, 집 나갔다 다시 돌아온 '부메랑 키즈'이기도 하다. '캥거루족'은 자립할 나이가 되었는데도 취직하지 못하거나 안 한, 취직을 해도 경제적으로 독립하지 않고 부모에게 의존하는 자녀들을 말한다. 부모 세대에게 경제적으로 의존하는 자녀 세대의 출현은 전 세계적인 현상이기도 하다. 패러사이트 싱글, 키퍼스, 트윅스터, 네스트호커, 맘모네, 부메랑 키즈 등 다양한 이름*으로 불리지만 이 모두는 하나같이 성인이 된 이후에도 부모에게 의존하며 생활하는 성인 자녀들을 지칭하고 있다.

이 말들은 성인 자녀들이 부모가 축적한 경제적 자원에 의존하는 시기를 연장하는 최근의 경향을 비판적으로 시사한다. 캐

---

* 부모 의존적 성인 자녀에 대해 일본에선 기생충parasite과 미혼single이 합쳐진 '패러사이트 싱글'이라고 부르며, 영국에선 이들을 '키퍼스Kippers'라고 부른다. 'Kids in Parents's Pockets Eroding Retirement Savings, 부모의 퇴직연금을 좀먹는 아이들'의 줄임말이다. 캐나다에선 취직난 때문에 부모 품으로 다시 돌아오는 '부메랑 키즈Boomerang kids'에 대한 기사가 늘고 있다. 또, 미국에는 '트윅스터Twixter 세대'가 등장했다. Between의 고어인 Betwixt에서 파생된 이 용어는 나이로 봐서는 성인이지만 사고방식이나 말투는 십 대 같은, '이도 저도 아닌, 사이에 끼인 자'를 의미한다. 독일에서 쓰이는 '둥지에 웅크린 사람'을 일컫는 '네스트호커Nesthocker'도 같은 의미다. 이탈리아에선 엄마가 차려 주는 밥상을 포기하지 않는다는 뜻의 '맘모네Mammone'라는 말이 널리 쓰이고 있다.

서린 뉴먼은 성인 자녀가 부모의 은퇴 자금을 나눠 쓰면서 생활하는 이 현상이 제1세계라 불리는 경제 선진국에서 주로 발생한다고 설명한다.* 모두 각국의 호황기에 부모의 기대와 자원을 집중적으로 받으며 자랐지만 전 세계적 고용 불안 속에서 공통적으로 일자리를 찾지 못하고 독립을 미루고 있음을 보여 주는 것이다. 2012년 통계청이 발표한 경제 활동 인구조사 마이크로 데이터에 따르면 부모의 경제 지원에 의존하는 30~40대 캥거루족은 48만 6천 명에 육박하며 십 년 전에 비해 91.4퍼센트나 증가했다. 이는 독립의 시기가 그만큼 늦춰지고 있음을, 또한 다 큰 자식에게 삼시 세끼를 제공해야 하는 노인 세대가 급격히 늘어났음을 동시에 보여 준다.

자녀 세대의 불안감은 특유의 시대적 딜레마에서 비롯되며, 이러한 불안은 '풍요 속의 빈곤'이라 부를 만한 중산층 자녀들에게서 더욱 두드러진다. 풍요로운 부모의 그늘 아래 자라났지만, 자립조차 할 수 없는 '빈곤'한 상황이 이들을 가장 괴롭게 한다. 더 많은 스펙을 쌓아서, 더 좋은 직장을 얻기 위해, 어딘가 있을 그 '한 방'을 찾아 불효를 무릅쓰고 '아주 잠시만' 부모님께 의존하고 있을 뿐이라는 이들의 공공연한 거짓말이 본인들을, 또 그 가족들을 불안하게 하는 것이다.

---

* Katherine S. Newman, 『*The Accordion Family: Boomerang Kids, Anxious Parents, and the Private Toll of Global Competition*』, Beacon Press, 2012.

엄마도 아프다

'금수저, 흙수저' 이슈가 노골적으로 드러내듯이 한국의 가족주의는 저소득층에게는 생존 전략조차도 되지 않지만, 중산층 이상에서는 가족의 경제적·사회적·문화적 자원을 경쟁에서의 도구로 적극적으로 활용해 계층 위계를 강화하는 역할을 적극적으로 한다. 이는 한국이 가족주의 사회로 불릴 만큼 가족애, 핏줄, 효도를 유난히도 강조하며 가족과 모성에 대해서만큼은 유독 낭만화된 방식으로 인지하는 경향탓이 크다. 때문에 가족주의가 가족 구성원 간에, 넓게는 공동체 안에서 어떤 문제점을 안고 있는지 짚고 넘어가기에 어려운 면이 많다.

이 글에서는 한국의 전형적인 도시 중산층 가족인 지민이네의 가상 사례를 통해 '행복한 우리 가족'이라는 환상 뒤 각기 다른 젠더, 세대, 계층이 뒤섞여 있는 가족의 복잡한 속내를 들여다보고자 한다. 이를 통해 부모와 자녀가 물질적·감정적으로 서로에게 불편하게 의존할 수밖에 없는 현실을 한국의 독특한 가족 복지 체계와 모성 실천을 중심으로 풀어보고자 한다.

캥거루족의 평생직장, 가족

서구 사회에서 국가 전담의 복지 체제를 "요람에서 무덤까지"라고 불러 왔다면, 한국 사회 캥거루족의 '가족 복지' 체제는 "요람에서 요람까지"로 요약할 수 있다. 한번 생각해 보자. 한 아이가 태어나 먹고, 자고, 놀고, 배우고 하는 일들이 얼마나 가족에게 길고 깊게 의존해 있는지를. 인간은 다른 동물 보다 어미에게 의존해 있는 기간이 비교할 수 없이 길다. 인간 은 정서적인 것까지 포함하면 무려 14년이나 어미에게 의존해 생존하는 동물이라고 알려져 있다. 보건복지부의 '2012년도 결 혼, 출산 동향 조사 및 출산력, 가족 보건 복지 실태 조사'에 따 르면 각 가정은 자녀 1명의 양육비로 월평균 118만 9천 원을 지 출하고 있으며, 이를 바탕으로 출생부터 대학 졸업까지 1인당 총 양육비는 3억 896만 4천 원으로 추산된다고 가정했다. 거기 에 부모가 '혼주'가 되어 자식들 신혼집까지 마련해 결혼시켜 내보내야 '제대로' 부모의 의무가 끝났다고 자축하는 한국에서 의 부모 노릇은 청춘을 다 바쳐가 아니라, 인생을 다 바쳐도 모 자랄 판이다.

한 사회의 시민을 키우기 위해 들어가는 비용이 천문학적으 로 높다는 것과 더불어 아이 양육에 들어가는 대부분의 돌봄 이 어머니 역할을 하는 1인 여성에게 부담되고 있다는 오랜 문 제는 이를 거부 또는 포기하는 여성들이 많아지고 있다는 점에 서 그 심각성이 여실히 드러난다. 세계적으로 비교해도 매우 낮 은 수준의 한국 출산율이 그 증거다. 이렇게 비싼 비용과 높은 헌신을 요구함에도 불구하고 혈연-가족주의는 강력한 영향력 을 갖고 있다. 출생부터 양육, 교육, 노후 부양에 이르기까지 재

엄마도 아프다

생산의 전 영역을 가족에 의지하지 않을 수 없도록 제도적으로도 강제해 왔기 때문이다.* 여기서 제도적으로 강제해 왔다는 것은 출생에서 노후에까지 이르는 한 사람의 재생산에 들어가는 모든 비용을 그 개인이 속한 가족이 충당할 수밖에 없도록 하는 사회적 시스템이 존재한다는 것이다. 즉, 가족에 의존하지 않고는 사회적 생존이 불가능할 만큼 개인의 생존에 가족의 기여도가 절대적으로 높고, 사회의 기여도는 낮다. 이러한 한국의 '제도화된 가족주의'를 고려할 때 다른 제1세계 국가들과 달리 한국의 캥거루족 현상은 기존에 없었던 새로운 것이 아니라, 오히려 익숙하고 오래된 것으로 보인다. 캥거루족의 존재가 낯설고 불편한 것이 아니라 어쩔 수 없는, 심지어 가족의 생존 전략상 자연스럽게 탄생한, 더 나아가 가족이라는 이름으로 불가피하게 감당할 수밖에 없는 것으로 이해된다는 점이 다른 사회의 '부메랑 키즈' 현상과는 다른 점이다.

일류 대학을 보내고 나면? 남들이 알아줄 만한 대기업에 정규직으로 취업만 하면? 결혼식장에 손잡고 뿌듯한 마음으로 입장만 하고 나면? 토끼 같은 손주만 낳아 놓으면? 손주의 보모 노릇이 끝나면? 번듯한 자기 집 하나만 장만하면? 줄줄이 이어지는 이 이야기들은 끝나지 않는 부모 노릇의 일면을 보여 준다. 어느 누구도 부모 노릇을 어디까지 하는 것이 옳은 것인지, 이만하면

---

* 장경섭,『가족·생애·정치경제: 압축적 근대성의 미시적 기초』, 창비, 2009.

충분하다고 생각할 만한 기준이 무엇인지 답을 주지 않는다. 하나의 조건을 충족하면 그 다음 조건이 충족될 때까지 그 기간과 비용은 하염없이 길어지고 높아지는 반면, 부모의 몸은 점점 노쇠해 가고, 통장의 잔고는 줄어든다. 이 딜레마를 보완해 줄 사회적 안전망은 절대적으로 부재하다. 경제난으로 모두 먹고살기 어려워진 마당에 유일하게 비빌 언덕인 가족이라도 옆에 있는 것을 감사하게 생각하며 자족해야 할까? 생애 과정에서 맞닥뜨릴 사회적 생존의 문제를 가족에게만 의존하는 것이 양산해 내는 불안감과 이러한 가족 복지 체제가 만들어 내는 사회적 효과에 대해서 이제는 진지하게 생각해 보아야 한다.

언제까지 이어질지 모르는 긴 자녀 양육이 가족의 책임과 의무로만 주어진다면, 동시에 그 책임과 의무를 다 하고 난 늙은 부모를 돌보고 부양하는 것 또한 가족의 몫이 됨은 자명하다. 점점 나이 들어 가는 부모가 자녀를 부양하는 데 끝도 없이 많은 자원을 제공하고 나면 그 이후 부모의 삶은 어떻게 꾸려 갈 것인지 역시 같이 고민이 되어야 마땅하다. 이렇게 독립이 미뤄지는 것이 자연스러워진 캥거루족의 딜레마는 현상적으로는 청년 세대의 문제처럼 보이지만, 잠재적으로는 부모 세대의 생존과도 관련된 문제라는 점에서 조금 더 면밀히 살펴볼 필요가 있다.

사람마다 독립의 시기는 다르지만 보통은 자기 밥벌이를 할 수 있어야 독립한다. 대학만 나오면 독립할 줄 알았던 자녀들이 4년 다닐 학교를 휴학과 복학을 번갈아 가며 몇 년씩 더 늘려 다니고,

엄마도 아프다

대학으로 부족해서 대학원, 학교로 부족해 학원, 심지어 글로벌 시대에 발맞추어 영어 스펙을 갖추겠노라고 해외 교환학생, 어학 연수까지. 이렇게 품 안의 자식으로, 이렇게 이도 저도 아닌 존재로 머무는 비용을 고스란히 부모가 감당할 수밖에 없다. 학비에 용돈을 포함한 생활비는 물론 수백, 수천만 원에 달한다는 취업 준비 비용까지……. 취업 시장은 점점 더 어두워진다지만 내 자식만은 언젠가 취업에 성공하리라는 기대와 믿음으로 부담하기에 이 비용은 지나치게 높다. 그리고 언제까지 이 '밑 빠진 독에 물 붓기'를 지속해야 할지도 알 수 없다.

경제 위기 이후로 확연히 달라진 고용 시장의 구조 속에서 부모는 부모대로 은퇴 시기가 빨라졌다. 다시 말해 노후 자금을 모을 시간은 짧아졌고 모아 둔 자원을 써야 하는 시간은 더 길어진 것이다. 경제 위기를 헤쳐 나가며 한 가족 안의 두 세대는 부모 세대의 노후 자금에 의존하게 된다. 부모는 노후 자금을 자녀와 어떻게 나눠 써야 할지 고민이 많다.

자식에게 '올인'해야
하는 노후

지민의 아버지는 아들에게 아직도 섭섭함이 남아 있다. 꼭 며칠 전에 있었던 다툼 때문만은 아니다. 평생을

다니던 회사에서 명예퇴직 압박을 받으면서도 자식에게 짐이
되고 싶지 않아서 퇴직을 최대한 미뤘다. 그래서 몇 년 전 퇴
직할 때까지 자식뻘 되는 후배들에게 온갖 모욕을 당하면서
도 꾸역꾸역 직장에 나갔다. 여태껏 자식들에게 손 벌리지 않
고 당당히 가장 노릇을 해 온 것에 자부심을 갖고 있지만, 요
즘 겪는 맘고생이 그때 겪은 그 모든 고생보다 더하다는 생각
이 들 때가 많다. 아버지는 예전부터 생각은 했지만 썩 내키지
않아 미뤄 두고 있던 결정을 얼마 전 가족들이 다 모인 자리에
서 말했다.

"유일한 재산인 이 40평대 아파트로 주택역모기지론을 받으
면 죽을 때까지 한 달에 2백만 원씩은 받을 수 있으니, 너희
에게 생활비 안 받아 쓰고 떳떳하게 내 돈으로 나중에 손주
들 용돈도 챙겨 줄 수 있을 것 같다. 얼마나 좋으냐?"

"절대 안 돼요. 차라리 마이너스 통장으로 생활비를 쓰시면,
제가 나중에라도 갚을게요. 제발 아파트만은 손대지 말아 주
세요."

아버지는 지민이 향후 자기 몫이 될 것이라 생각한 아파트가
사라질까 봐 불안한 마음에 그런 말을 했을 거라고 짐작했다.
부모가 저세상으로 가고 난 뒤에 작은 몫이라도 남겨 주고 싶었
던 아버지의 마음도 사실 편치는 않다. 아들의 반대에 답답해
진 아버지는 옛 동료들과 친구들을 만나 하소연했지만 다들 비
슷한 처지란다. 여태 벌어 놓은 돈으로 아내와 더 늙기 전에 외

국 여행도 다니고 앞으로 남은 노후를 오순도순 즐기면서 살고 싶었던 아버지는, 지민과 작은 가게를 차려 보자는 아내의 말에 결국 고개를 숙이고 말았다.

"재산을 자식에게 일찍 주면 굶어 죽고, 반만 주면 시달려 죽고, 늦게 주면 맞아 죽는다." 이는 은퇴한 부모 세대 사이에 떠도는 우스갯소리라지만, 과장된 농담만은 아니다. 한국의 개인 평균 자산 비율은 부동산과 금융 자산의 비율이 약 8 대 2로, 과도하게 높은 주택 가격이 부동산 의존도를 높인다.* 특히 실질 소득이 없는 은퇴자에게 있어 자산의 대부분을 차지하는 부동산은 팔자니 아깝고 갖고 있자니 부담스러운 애물단지다. 부동산은 자식에게 손 벌릴 수도 없고, 국가의 연금에 의존하기도 어려운 상황에서 부모 세대에게 거의 유일하게 노후를 기획할 수 있는 자산으로 남게 된다. 그러나 지민이 아버지처럼 주택역모기지론을 활용해 자산을 소득으로 전환해서 처분하겠다는 결정을 내릴 때 은행보다 더 큰 난관은 바로 자식들이다.

자식들은 자식들대로 할 말이 많다. 부모 세대가 잠시나마 누렸던 부동산 황금기 때와는 달리 이들에게는 주택 마련은 커녕 종잣돈 마련도 쉽지가 않다. 천신만고 끝에 운 좋게 정규직 직장인이 되어 자가 주택을 보유하게 된다 하더라도 "명의

---

* 「한국, 가계 자산 중 부동산 비중 세계 최고」, YTN, 2014년 4월 7일.

만 내 이름, 실소유주는 은행"이라고 할 만큼 높은 비율의 대출금 때문에 매달 이자와 원금 상환으로 허덕이는 경우가 태반이다. 이 과정에서 눈치 빠른 자녀들은 부모와의 경제적 협상을 이용한 '효테크'라는 이름의 감정, 돌봄 노동으로 미래를 기획한다.* 실제로 주위를 둘러보면 양적·질적 차이가 있을 뿐 부모의 자산에 기대어 자녀가 생애 기획을 하거나, 그것으로 든든한 '백'을 삼는 경우가 드물지 않다. 지민처럼 '언젠가는 내 것이 될 줄 알았던' 아버지의 아파트가 부모의 노후 자금으로 처분된다고 했을 때의 당혹감, 자의 반, 타의 반 다니던 회사를 그만두고 치킨 집, 카페라도 차리려 할 때 부모가 아예 모른 척하지는 않으리라고 생각하는 기대감, 결혼할 때 종잣돈 한 몫은 챙겨 주지 않을까 하는 희망이 '효테크'를 가장 잘 설명해 주는 감정이다.

'무능한' 자녀만을 탓할 일도 아니다. 부모의 자원에 기대어 자녀가 미래 기획을 하는 것이 가능한 이유는 그들의 부모가 물심양면으로 무한 책임지는 것이 옳은 부모 노릇이라고 자위하기 때문이며 또 그렇게 모든 걸 다 바쳐 자식을 길러 낸 결과로 갖게 되는 자식에 대한 지대한 기대감 때문이기도 하다. 당신들의 노후가 보장되지 않은 상황에서도 성인이 다 된 자녀에

---

* 한 신문 기사는 이런 세태를 노골적으로 묘사하며 "아버님, 아파트 물려주신다면…… 효도를", "효孝 계약서 받고 집 증여", "아이 안 낳겠다던 며느리 '집 준다' 하자 출산 작전"이라는 헤드라인을 걸어 논란이 되기도 했다.(「효테크 인기」, 『조선일보』, 2006년 11월 24일.)

엄마도 아프다

손자까지 먹여 살리는 대신 부모는 정서적으로나마 온전히 자녀에게 기댈 수 있기를 희망한다. '제삿밥' 운운하는 것은 옛날 정서라 하더라도, 적적한 노년의 긴 시간 동안 희로애락을 나누고 서로의 안부를 걱정하며 병들어 누워 있을지 모를 요양원이나 입원실에서 따뜻한 체온을 느끼게 해 줄 수 있는 것으로 자식만 한 게 없는 것도 사실이다.

오래전부터 부모 세대가 꿈꿔 왔던 행복한 미래는 토끼 같은 손주들의 재롱으로 하하 호호 웃음꽃이 피는 화목한 가족의 풍경이기 때문이다. 그래서 그토록 오랫동안 키워 왔던 부모의 기획이 자식에게 놓인 여러 사회문화적 조건, 혹은 자의적 결정으로 인해 좌절되면 '자식 헛키웠다', '내 인생의 낙이 사라졌다'며 서운해하거나 원망하며, 그렇지 않은 다른 집 자식들과 비교해 핀잔 주기 일쑤다. 거기에 부모와 자녀가 서로 돈 봉투나 선물과 같은 물질, 서로를 끔찍이 아껴 주는 끈끈한 감정을 일상적으로 주고받지 않으면 냉정하다, 매몰차다며 비난하는 목소리도 높다. 그런 것을 '가족의 정'으로 알고 살아왔기 때문이다. 부모들이 노년의 일상에 대한 상상력이 이렇게 빈곤할 수밖에 없는 이유는 무엇일까? 무엇보다도 가족주의가 유일한 생존 전략으로 오랫동안 기능해 왔기 때문은 아닐까? 앞서 말했듯 한국 사회 특유의 '제도화된 가족주의'는 가족에게 모든 정서적·물질적 자원이 집중되도록 강제해 왔고, 이러한 환경에서 가족 단위로 생존하지 않고 사회적 존재로 거듭나기는 매우 어려운 일이었다. 그래서 가족에 대한 고정관념과 낙인이 쉽게 만들어지고, 그로 인한 상처는 사회에서, 가족 내에서, 또 자기 자신이 스스로 만드는 것까지 이중 삼중으로 깊어진다. 동거, 미혼모, 사생아, 이혼, 재혼, 만혼, 소녀/소년가장, 고아, 독거노인, 노처녀, 노총각, 성적 소수자 등, 일부 부정적인 호명에서도 읽히듯이 이성애 혈연 중심의 '정상 가족'을 벗어나 가구를 이루면 '비정상'이라는 낙인이 찍히거나 동정 받고 배려 받는 위치에 놓인다. '정상 가족'은 이러한 가족주의가 만들어 낸 낙인과 배제의 문화적 압력을 피하고, 동시에 그로 인해 얻은 '정상성'에 적극적으로 가치를 부여하며 자리매김한 결과다. 더구나 부모 세대에게 이 '정상 가족'을 안정적으로 구성하고 있다는 자부심은 노년기에 자녀로부터 받는 물질적·정서적 효도로 완성되기 때문에 이에 더욱더 집착할 수밖에 없다. 또 사회적 재생산 영역이 이미 전면적으로 시장화·상품화된 터라 이를 이용하기 위해서는 많은 비용을 지불해야 한다는 것도 가족 전략에 전적으로 의존하게 만드는 이유다. 산부인과에서 출산해 산후조리원에서 산후 관리를 받고, 호스피스 병동이나 요양원에서 다달이 비용을 지불해 가며 다른 노인들과 노후의 시간을 보내며, 상조 서비스에 가입해 장례 전문가의 배웅을 받으며 이승을 떠나는 것이 일반화된 오늘날이다. 그뿐만이 아니다. 가까운 이들과 뜻깊은 주말을 보내려면 근사한 레스토랑에 가서 외식을 하며 분위기를 잡고, 친구와 우정을 나누기 위해서는 평가가 좋은 공연이

엄마도 아프다

나 영화를 같이 보고, 맛집 탐방을 다니며 취향을 공유하지 않으면 사회적 관계를 가깝게 유지하기 힘들어졌다. 이 과정에는 모두 적지 않은 비용이 들어가므로 충분한 경제적·사회적·문화적 자본을 확보하지 않으면 가족을 넘어선 다른 일상이 구성되기 어렵다. 게다가 가족을 유일한 삶의 동력, 자원으로 삼아 성장하고, 미래를 기획하는 구조에서 장시간 살아온 이상 가족을 넘어선 다른 관계와 영역에서 삶의 다양한 의미를 찾는 것도 쉽지 않을 것이다.

가장 안전한 은신처와 투자처는 여전히 '가족'이 될 수밖에 없다. '가족'을 넘어선 안전한 장소를 아직 충분히 확보하지 못했기 때문에 가족 울타리를 넘어선 일상을 상상하기란 쉽지 않다. 부모 세대가 가족을 넘어서 관계와 활동의 즐거움을 갖기 위해서는 소비의 형태로 값비싼 비용을 지불하거나, 이전부터 축적한 네트워크에 기대야 한다. 이 시간과 비싼 값의 리스크를 감당하느니, '순리'대로 가족을 믿는 편이 낫다고 합리적으로 판단하는 것일지도 모른다. 그러나 부모와 자녀가 서로에게 갖는 기대와 그 기대를 충족하기 위해 부담하는 여러 비용이 결코 만만치 않다는 것을 인정한다면 서로의 사회적 생존을 위해 다른 기획을 모색해 보아야 할 것이다.

가족이라는
굴레

어릴 때부터 말 잘 듣는 아이라는 걸 큰 칭찬으로 알고 자라 온 지민의 누나 해민은 서른넷 성인이 된 지금도 그 굴레에서 벗어나지 못했다. 작가가 되고 싶었지만, 교사가 되면 좋겠다는 엄마의 바람에 따라 사범대에 입학했다. 임용 고시에 두 번 실패한 후 중학교 기간제 국어 교사로 3년째 일하고 있다. 아이들을 가르치는 일은 보람되지만 기간제로 과연 언제까지 버틸 수 있을까 싶고, 어릴 때부터 써 놓은 습작들을 가끔씩 꺼내 읽다 보면 자신에게 글재주가 분명히 있는 것 같아 더 늦기 전에 새로운 도전을 해 보고 싶다.

얼마 전 그녀는 오랜 고민 끝에 작가 교육원 저녁반에 등록했다. 하지만 본격적으로 꿈을 향해 나아가고 싶다는 결정을 가족들에게 이야기할 기회를 놓쳤다. 아버지가 얘기한 역모기지 때문에 가족들 사이가 심상찮아졌기 때문이다. 엄마는 분위기가 좋아지면 나중에 다시 얘기하자고는 했지만 별로 탐탁해하는 것 같지 않았다. 아빠는 그렇다 치더라도 엄마가 적극적으로 그녀를 지지해 준다면 용기를 낼 수 있을 것 같았다.

언제부터인지 해민은 엄마의 지지 없이는 본인의 삶에 관한 결정에서 확신을 갖기가 어렵다는 사실을 깨달았다. 면접 때 어떤 옷을 입고 갈지, 소개팅한 남자의 애프터를 받아들일지 말

엄마도 아프다

지 등 사소한 결정 하나하나 모두 엄마에게 미주알고주알 보고하고 최종 결제를 받는 삶이 지속될수록 지금의 삶이 자신의 것인지 엄마 아바타의 것인지 헷갈린다. 과연 이게 잘하는 짓인지, 덜컥 일을 저질렀다가 후회할까 봐 걱정되면 그게 아무리 중요한 결정이라도 아예 포기했다. 엄마는 그녀에게 항상 너만이라도 엄마처럼 가족의 굴레에 매여 살지 말고 하고 싶은 것 마음껏 하면서 살라지만, 정작 해민은 가족의 굴레에서 벗어나는 것에 대한 두려움이 무척 크다.

해민을 두고 누군가는 '마마걸'이라고 하기도 하고, 누군가는 '결정 장애'라고 진단하기도 할 것이다. 최근 매체에 자주 언급되는 결정 장애는 병리학적 명칭이 아니라 선택 앞에서 어떤 것도 고르지 못하고 고민만 반복하는 상황을 뜻하는 신조어다. 인터넷 포털 사이트에서 결정 장애라는 키워드로 검색하면 수많은 결정 장애 사례자들의 이야기를 쉽게 만나게 된다. 이들이 겪고 있는 고민은 그 종류가 매우 다양하다는 점에서도 놀랍지만 더 놀라운 것은 모든 고민이 무척 사소하다는 점이다. 어떤 학교에 지원할 것인지, 대학에서 어떤 전공을 선택할지 등의 중요한 결정은 기본이고, 핸드폰 케이스의 색깔을 보라색으로 할지 아니면 빨간색으로 할지, 고등학교 동창 모임에 나갈지 말지, 나간다면 어떤 옷을 입어야 할지, 얼마 전 다툰 남자 친구에게 며칠 뒤에 화해하자는 문자 메시지를 보낼 것인지 등등. 수많은 선택 상황에서 결정을 내려야 할 주체를 자기 자신으로 받아들이지 못하고 있는 지금의 청년 세대는 디지털 시대의 정보 네트워크 덕분에 더 광대해진 수많은 선택지 앞에서 그저 두리번거림을 반복하고 있는 것이다. 이런 상황에서 부모의 과잉 돌봄까지 결합하면서 청년 세대는 내가 원하는 것은 뭐든지 할 수 있다는 환상 속에 정작 내가 원하는 것이 무엇인지를 인식할 수 없는 딱한 처지에 놓여 있다.

부모 세대가 노동시장의 주류를 차지하고 자원을 축적해 왔던 1980년대~1990년대 중반까지는 전 세계적으로도, 한국 사회 내부적으로도, 경제적 호황기였다. 이런 부모로부터 정서적·경제적으로 아낌없는 지원을 받고 자란 지금의 청년 세대는 부모의 구체적인 기획과 전략 아래서 보호받으며 성장해 왔다. 그러나 부모의 정서적 지지와 경제적 지원이 무無조건인 것만은 아니다. 자녀들은 그 지원에 대해 부모가 원하는 만큼의 사회적 성공으로 보답해야 한다는 압박을 받는다. 자녀들에게 부모의 경제적 지원은 '투자'의 의미로 받아들여지며 합리화되었다. 투자는 투자한 그 이상의 이익이 회수 가능해야 협상이 가능하다는 '투자자의 기대'를 자녀들은 이미 눈치 채고 있다. 헌신적 모성이 '투자'라는 삭막한 행위로 환원되는 것은 자본주의 사회에서 엄마의 역할 때문인 탓도 크다. 엄마가 수행하는 보살핌 노동은 자본주의 사회에서 임금노동과 비교해 그 자체로 가치 인정을 받지 못한 채 비생산적인 일로 여겨져 왔다. 그 때문에 모성 실천을 하는 엄마는 그 일이 얼마나 생산적인가를 증명하기

엄마도 아프다

위해 '비싸게 팔리는 노동자'를 철저하게 길러 내는 것으로 그 능력을 보여 주고자 하는 것이다.* 자녀의 일상과 미래를 일일이 매니저의 수준으로 기획한다는 '매니저 맘'이라는 한국 엄마들의 닉네임은 이런 투자자로서의 모성이 만들어 내는 돌봄이 생산성의 차원으로까지 넓게 확장되었다는 것을 보여 준다. 이 기획을 통해 자녀들은 진로를 결정하고, 엄마의 세부 전략에 의존한 채로 다양한 스펙 쌓기에 몰두하며 대학 입시 등의 작은 성취에 매달릴 수밖에 없었다. 이들에게는 온전히 자기 결정과 노력으로 이뤄 낸 성취가 없다. 여기저기 발품 팔아 지식과 정보를 취합하고, 거기에 단호한 자기 결정의 과정을 거쳐 그 선택에 책임을 지려 오랜 시간 노력해 성취를 얻는 경험을 하지 못했다. 이들은 해민처럼 나이 들어서도 부모의 결정에 의존하며 그 과정과 결과를 모두 부모와 공유하고자 한다. 또한 이들은 중년층이 된 부모가 보유하고 있는 여러 경제적·사회적 자원을 보면서 자신은 부모만큼의 성취를 이룰 자신이 없다는 걸 확인하고 주눅이 듦으로써 부모 세대와 본인 세대와의 차이를 실감할 뿐이다.

그나마 지금까지 그럭저럭 버텨 왔던 그 방식대로, 부모의 기획과 전략에 의존하는 것으로 나만 뒤처질지 모른다는 불안한 마음에 위안을 삼을 수 있다. 부모의 기획력에 주눅 든 자녀를

---

* 이경아, 『엄마는 괴로워: 우리 시대 엄마를 인터뷰하다』, 동녘, 2011.

보고 있는 부모는 자녀를 이 상황에서 탈출시키기 위해 원하는 결과가 도출될 때까지 자녀를 더 채찍질하거나, 차라리 아기를 돌보는 마음으로 나이 든 자녀의 모든 응석을 받아 주는 수밖에 없다. 자기 결정권을 부모에게 맡겨 버린 이상 온전한 성인으로의 성장은 불가능하다. 나 자신의 선택에 책임질 수 없는 사람이 어떻게 자기와 결속된 여러 관계들을 책임지고, 자기가 속해 있는 공동체의 온전한 구성원이 될 수 있을까? 부모와 자녀, 서로에게 연결되어 있는 심리적 탯줄은 이렇게 30대, 40대에 이르기까지 끊어지지 않고 있다. 이 성인 자녀들은 여전히 미숙한 사회의 구성원일 수밖에 없다.

엄마에게
묻는다

엄마는 이제 환갑이 다 되었는데도 매일매일 바쁘다. 이 나이쯤 되면 삼시 세 끼 밥 해 대는 것에서도, 아이들 뒤치다꺼리에서도 해방되어 철마다 동창들과 놀러 다닐 수 있을 줄만 알았다. 몇 년 전 남편이 퇴직하면서 종일 "집에서 밥 먹자", "과일 깎아 먹자" 하고, 딸은 딸대로, 아들은 아들대로 독립은 고사하고 아직 자기 앞가림도 제대로 못 하고 있다. 엄마의 손이 가지 않는 곳이 없다. 해도 해도 끝이 없는 집안일도 문제지만, 정교사가 되지 못하고 기간제 교사로 주저앉을 것 같아 불안한 딸, 서른을 코앞에 두고 백수로 지내는 아들까지 모두 다 엄마인 자신이 잘못해서 이렇게 된 것 같아 마음이 무겁다.

드센 치맛바람을 휘날리진 않았지만 아이 둘 키우면서 남들하는 만큼은 가르쳤다고 생각했다. 학교 공부뿐 아니라 예체능까지 일대일로 선생을 붙여 바이올린도 가르치고, 겨울방학이 되면 스키 캠프도 꼭 챙겨 보냈다. 어디 가서도 뒤처지지 않는 아이들로 열심히 키웠다고 믿었다. 엄마는 그게 꼭 남들이 그렇게 해야 한다고 부추겨서만은 아니었다. 당신 세대와는 완전히 다른 세상에서 아이들이 누릴 수 있는 것들을 충분히 경험하고, 자기 삶에 자부심을 갖고 살길 바랐던 것이다. '청년 실업이다 뭐다 해도 똑똑한 우리 애들은 다를 거라고 생각했는데……' 엄마는 아이들이 독립해서 멋지게 자기 삶을 살아가면 좋을 텐데 이젠 욕심조차 없어 보이고, 주눅만 잔뜩 들어 있는 모습이 불쌍해 죽겠다. 하지만 이제 와서 뭘 어쩌겠는가? 엄마 된 죄로 끝까지 자식들을 지켜 주는 수밖에…….

오늘날 부모 세대는 교육이 계급 상승을 할 수 있는 유일한 힘이라 믿고 수입의 많은 부분을 자식의 교육에 투자한 세대다. 있으면 있는 대로, 없으면 없는 대로 부모가 할 수 있는 최대한 많은 자원을 자식 교육에 쏟아부었고, 이는 자녀 세대가 풍부한 문화적 자원을 소유할 수 있게 만들었다. 부모 세대에 비해 가방끈은 말할 것도 없이 길어졌고, 삶을 풍요롭게 누릴 취향도 세련되게 개발되었지만, 정작 그 취향을 십분 발휘해 시장화된 재생산 영역의 상품을 구매할 수 있는 경제적 자원은 부모 세대에 비해 턱없이 부족하다. 이때 평생의 후견인임을 자처하는 부모의 자원은 여전히 가용한 것으로 열려 있으며, 이를 거부하고 나 홀로 독립해 개별 주체가 되는 것이 더 중요하다며 가족 밖으로 뚜벅뚜벅 나설 수 있는 용감한 자식은 이제 많지 않다. 이를 누구보다 잘 알고 있는 부모는 품 안의 자식을 평생 애프터서비스 정신으로 관리하며, 그것을 담보로 영원히 품에서 놓아 주지 않는다.

나이 든 부모는 내리사랑의 진정성을 해치지 않기 위해, 자녀는 부모의 노후 부양을 자기 몫으로 책임진다는 가족 복지의 의무를 다하기 위해, 서로 무리한 약속과 실천을 반복하고 있다. 이처럼 도구적 가족주의가 만들어 낸 '모성', '효'라는 이름의 오래된 문화적 규범은 부모와 자녀가 서로에게 갖는 책임의 영역을 지나치게 확장해 상호 간에 결코 만족시킬 수 없는 기대와 의존만 높이고 있다. 이것이 과연 서로에게 윈-윈 전략이 될 수 있을까?

오랫동안 서로 배타적으로 의존해 온 부모와 자녀가 서로에게 독립하기 위해서는 꽤 긴 시간 동안 의식적으로 거리 두기를 할 필요가 있다. 부모는 도저히 미덥지 않은 어린 자녀일지라도, 눈에 빤히 보이는 잘못된 결정일지라도 옆집 불구경하듯 모른

엄마도 아프다

척해야 할 때도 있으며, 자녀는 나를 위해 고생한 부모를 기쁘게 하기 위해, 나보다 나를 더 잘 안다는 이유로 부모가 지원하는 선택을 받아들여선 안 된다. 서로를 위한답시고 서로의 눈치를 살피다 결국 누구에게도 책임을 물을 수 없는 그들만의 울타리에 갇히게 되는 것이다.

엄마는 피로하다. 가사 노동은 기본이고, 은퇴한 남편의 심기를 건들지 않으려 눈치도 봐야 하고, 몸은 다 컸지만 제 밥벌이조차 할 수 없는 자녀들의 용돈도 챙겨 줘야 하고, 세대와 젠더가 다른 가족 내 여러 구성원들의 각기 다른 요구들을 조정하고 협상해 내는 일까지……. 이 모든 것이 엄마의 '일'이다. 자기 적성이 교사인지, 작가인지 헷갈려 하는 큰딸의 진로 지도, 취업 스트레스로 우울해하는 아들이 기죽지 않도록 배려하는 감정 관리, 남은 퇴직금과 부동산으로 가족의 장기적 생계를 기획하는 펀드 매니저 역할에 이르기까지 가족에 관한 모든 판단과 결정을 엄마가 해 주길 기대한다. 그러나 한편으로 엄마의 가중된 피로는 자업자득이기도 하다. 자녀들의 인생을 자신의 프로젝트로 만들고 자녀들의 교육은 물론 감정까지 관리하는 매니저 맘, 슈퍼우먼이 되어 자식들의 욕구마저도 자신을 통해 굴절하게 만드는 과정이 어떻게 이루어졌는지를 생각할 때 지금의 고단함을 맘 놓고 호소할 데도 없다. 오로지 가족을 위한다고 믿고 쏟은 헌신과 희생의 결과가 이렇게 나올 줄이야…….

한국 사회에서 엄마 노릇을 제대로 한다는 것은 꽤나 어려

운 일이다. 틈틈이 육아 관련, 자기 계발 책도 읽어야 하고, 남편 •
의 빤한 월급봉투를 최대한 효율적으로 관리하기 위해 금융 지
식도 알아 둬야 하며, 하루가 다르게 커 가는 아이들의 영양 관
리에, 사춘기의 변덕과 짜증을 받아 주는 것까지 다 엄마의 일
이다. 그 모든 것을 해내느라 기운을 다 소진한 엄마는 느긋하
게 노후를 보내고 싶지만, 오히려 아이들 키울 때보다 지금이
더 골치가 아프다. 아이들의 사회적 성공과 보상을 기대하기는
커녕 독립이라도 할 수 있기를 초조하게 바라고 있는 처지를 생
각하자니 딱하기도 하고, 결국 독립조차 할 수 없는 마마걸, 마
마보이를 키운 본인 잘못인가 싶어 쓸쓸하기도 하다. 언제까지
이 모든 결정과 책임을 엄마가 맡아야 하는 것일까? 끝도 없는
이 돌봄을 엄마라는, 헌신이라는, 사랑이라는, 모성이라는 이름
으로 해내야 하는 엄마는 답답하다.

이 모든 책임을 엄마에게 묻는 것은 쉽지 않다. 그러나 가족
을 위해, 또 나 자신을 위해 기울인 엄마 노릇이 가족들의 높은
의존도와 그로 인한 엄마의 피로감을 만들어 냈다는 것은 모순
적이지 않을 수 없다. 서로 다른 가치와 요구가 뜨겁게 충돌하
는 한국 사회에서 거의 유일하게 모두에게 이의 제기 없이 수용
되고 있는 것은 다름 아닌 가족주의다. 가족에 의한, 가족을 위
한, 가족의 자아를 구성하고, 그렇게 만들어진 가족 자아의 욕
망에 충실한 삶을 사는 것이 가장 평범하고 선한 시민의 삶으
로 구성된다. 우리가 곰곰이 생각해 봐야 할 것은 이 가족 자

엄마도 아프다

아가 어떻게 구성되고, 유지되는가 하는 점이다.

　얼마 전 명상 캠프를 갔을 때의 일이다. 본격적인 명상을 시작하기 전 명상을 이끄는 리더가 열댓 명 되는 참가자들에게 명상에 도움이 될 만한 질문을 던졌는데, 그중 첫 번째가 '나는 누구인가?'라는 아주 추상적인 질문이었다. 종이 한 장을 놓고 '나는 누구인가?'라는 질문에 1번부터 생각나는 대로 쭉 적어 나가고 충분히 답을 적고 난 후에 각자 적은 것을 발표하기로 했다. 나를 포함한 거기 모인 모든 참가자들이 1번부터 5번까지는 모두, 나는 누구의 가족이라는 것에서 시작하고 있었다. 나는 내 아들의 엄마, 나는 내 엄마의 딸, 나는 내 아내의 남편, 나는 내 딸의 아빠, 나는 내 언니의 동생, 나는 내 할머니의 손자 등등……. 어떤 사람은 1번에서 20번을 넘겨 먼 친척까지 동원해 내가 누구의 가족인가를 길게 적어 발표했다. 진정한 나를 찾아보자는 의도에서 시작한 질문의 시간은 그곳에 모여 있는 모두에게 나는 누군가의 가족이었다는 것을 확인하고 서로 공감대를 갖게 했지만, '진정한 나는 누구인가'라는 질문에 이것이 결코 해답이 될 수 없음을 동시에 확인한 순간이었다. '나는 누군가의 가족이다'라고 자연스럽게 떠올리게 되는 것은 내가 태어나 사회 구성원으로 성장하는 과정에 필요한 대부분의 물리적 자원, 돌봄, 교육, 사회적 연결망, 경험적 지식 등이 내가 속한 가족으로부터 왔다고 믿기 때문이다.

　가족은 그렇게 질문되지 않은 채로 우리에게 스며들어 있다.

가족과 가족이 행하는 수많은 실천들에 대해 질문하는 것은 때로는 도덕의 이름으로, 상식의 이름으로, 전통의 이름으로, 가장 분명하게는 법과 제도의 이름으로 가려져 있다. 그러나 사회 구조 안에서 가족이 수행하는 역할이 지나치게 많고, 또 그 역할의 대부분은 엄마, 즉 여성 1인이 감당하고 있는 것에서 엄마의 괴로움은 커져만 간다. 가족 안에서 엄마가 가진 독점적 위치를 공공의 영역으로 분배하지 않고 새로운 모성 실천을 모색하기란 매우 어려운 일이다. 한 사람이 성장하는 데 들어가는 경제적·정서적 비용을 온전히 감당하기에 하나의 가족은, 한 사람의 엄마는 너무나 취약하다. 더 큰 문제는 개별 가족이 가진 자원의 차이 때문에 계층에 따라 위계적으로 불평등한 재생산이 이루어진다는 점이다.

'금수저', '흙수저' 이슈는 사실 새로운 이야기도 아니다. 요새 세상에 "자기 먹을 숟가락은 자기가 갖고 태어난다"는 말이 통하지 않는다는 것은 초등학생도 안다. '여유 있는' 부모를 둔 자식은 부모 '복'을 타고 난 것이고, 그렇지 않은 자식은 부모 '복'이 없어 사는 게 팍팍하다. 변변치 않은 형편이지만 내 인생을 자식에 온전히 헌신했다고 믿는 부모는 그 시간을 보상받을 자식 '덕'을 언제쯤 볼 수 있을지 노심초사 기다린다. 이것이 가족주의가 만들어 낸 비루한 현실이다.

이러한 위계를 재생산하는 가족주의를 넘어서기 위해 우리가할 수 있는 것은 '사회적인 것'을 넓혀 가는 실천이다. 저명한 가족학자인 스테파니 쿤츠는 "우리가 가족을 위해 할 수 있는 가장 훌륭한 일은, 어떻게 정의를 내리든, 공동체나 다른 사람을 돕기 위한 정치적 행동에 참여하는 것이다"라고 했다.* 내 가족, 내 부모, 내 자식, 내 자매, 내 형제에게만 유통하고 전수하는 자원, 돌봄, 감정, 지식을 가족 경계 너머의 관계와 공동체로 넓히자는 것이다. 보다 많은 눈길과 손길이, 다양한 사회적 비용이 개입되어 자라난 존재는 가족적 존재에서 사회적인 존재로 키워지고 이렇게 성장한 사회적 존재들은 가족뿐만이 아닌 여러 관계와 공동체 속에서 사회를 구성하는 것에 있어 기꺼이 자기의 자원을 공유하게 될 것이다. 서로가 서로에게 든든한 버팀목이 되어 주는 관계는 배타적 가족의 경계를 넘어 공공으로 확대되어야 한다. 오늘의 이 괴로운 엄마, 가족 안의 답답함을 풀어내기 위해 서로의 질긴 심리적 탯줄을 끊고 더 많은 관계망과 공동체 속에서 사회적 존재로 거듭날 것이 요청된다.

---

* 인권운동사랑방 엮음, 『수신확인, 차별이 내게로 왔다』, 오월의봄, 2013.

일하는 아이들에게도 돌봄이 필요해

•

박진숙

•

•

•

20대 때는 장애 어린이, 30대 때는 아줌마, 40대가 된 지금은 청소년/
청년의 삶에 개입하며 살고 있다. 늘 개입만 하며 그들의 언저리에 머
물다가 이제야 '그들'이 아니라 '우리'가 되어, 같이 밥벌이하고 주민/이
웃/동료로 사는데, 꽤 고단하고 꽤 행복하다.

세상도, 아이들도 바뀌었으나
생각은 그대로

2008년에 서울시의 지원을 받아 중학생들이 문화와 인문학적 소양을 키울 수 있도록 학교 밖 프로그램을 진행할 때의 일이었다. 다양한 프로그램 중에서 내가 관심 있게 참여했던 것은, 중학교 내의 소위 '문제아'들(50명의 명단이 교무실에 붙어 있었다)을 대상으로 한 글쓰기 프로그램이었다. 이 프로그램은 해당 아이들과 나이 차이가 크지 않은 20대 청년들이 기획, 진행했고, 나는 스태프로 참여했다. 그런데 프로그램 첫날, 첫 만남에 대한 설렘은 무참히 깨졌다. 프로그램이 시작되자 아이들의 교실 탈출 욕구는 대단했다. 책상에 앉는 것은 고사하고, 바깥으로 나갈 수 있는 모든 창문과 문에 달라붙어 무조건 탈출을 시도했다. 그날 내가 한 일은, 아이들이 나가지 못하도록 창문을 걸어 잠그고, 교실 문을 지키는 것이었다. 프로그램이 거듭되면서 아이들은 자신들의 속내를 글 속에 녹여낼 정도로 점점 글쓰기에 빠져들었다. 하지만 그토록 싫은 교실과 학교에 마지못해 머물면서도 일탈을 꿈꾸고, 어디에도 정박하지 못한 채 떠도는 아이들의 모습은 내게 깊은 의문을 남겼다.

2009년 가을 무렵 〈하자센터〉에서 '연금술사 프로젝트'를 기획하면서도 비슷한 일을 겪었다. 모 기업이 운영하는 직업 훈련 학교를 참여 관찰할 때였는데, 그 교실에 모인 취약 계층의 후기 청소년들*은 수업이 시작되자마자 졸기 시작헀고 수업 내용에 어떠한 반응도, 어떤 표정도, 어떤 안간힘도 보이지 않았다. 그저 흘러가는 상황 '바깥'에 '가만히' 있을 뿐이었다. 당시 시설에 있는 청소년들을 인터뷰할 때도 그들은 한목소리로 "무엇이든 끝까지 해 본 경험이 없다"고 말했다. 무엇이 문제인 것일까?

배움에는 미래를 위해 현재를 유예시킬 필요성과 동기가 필요하고, 이를 위한 보살핌과 교육의 혜택이 뒤따라야 한다. 그러나 내가 만난 청소년들은 대부분 불안정한 주거와 생계 문제에 시달리고 있었고, 자신의 진로를 위해 선택할 수 있는 교육기관은 한정되어 있는 데다 그마저도 기술을 배우고 자격증을 따는 '훈련' 이외의 것은 기대할 수 없었다.

이때의 경험은 내게 우리 사회가 청소년의 미래를 어떻게 준비하고 있는지, 청소년들이 대학 입시 외에 다른 진로를 선택할

---

* 우리나라 청소년기본법에서는 9~24세를 청소년으로 정의한다. 생애 주기적 접근에 따르면 18~24세 시기를 후기 청소년기로 본다. 이 글에서 말하는 '청소년'은 모두 '후기 청소년'이다.

경우 어떤 상황에 놓이게 되는지를 깨닫게 하는 중요한 계기가 되었다. 공부를 잘하든 못하든, 모범생이든 그렇지 않든, 가정 형편이 좋든 나쁘든 상관없이 모든 청소년들은 자신의 미래를 준비할 수 있어야 한다. 그리고 미래를 준비한다는 건 '어떤 일을 하며, 누구와 어떻게 살아갈 것인가?'를 고민하고 경험하는 과정이다. 그런데 청소년들은 폭넓게 배울 수 없고, 학교는 가르칠 수 없다. 이런 학교 안팎의 상황과 환경은 어제오늘의 일이 아니다. 2000년대에 들어오면서 고용 불안정과 계급 양극화, 학력-직업-소득 사이의 상관관계가 불분명해진 신자유주의 사회 속에서 남들보다 하나라도 더 스펙을 쌓는 경쟁만이 살 길이 되었기 때문이다. 하지만 스펙을 쌓기 위해 아무리 긴 교육을 받아도 안정된 직업을 갖는 삶을 계획하는 것이 점차 어려워지고 있다. 무한 경쟁 체제에서 살아남는 길 외에는 다른 상상을 해볼 수 없는 청소년들의 '미래에 대한 전망 상실'은 그들을 교실에 수동적으로 묶어 두거나 탈출하게 만든다.

좋은 학벌은 노동시장에서 괜찮은 일자리를 선점할 수 있는 지름길이다.* 따라서 대학 진학은 그 지름길로 향하는 가장 확실한 방법 중 하나로 꼽힌다. 그러나 2013년에 발표된 대학 진학에 대한 분석 결과를 보면 2009년 59퍼센트였던 4년제 대학 진학률은 2010년 55.9퍼센트, 2011년 52.8퍼센트에 이어,

---

* 『왜 잘사는 집 아이들이 공부를 더 잘하나?』, 신명호 지음, 한울아카데미, 2011. 203쪽.

2012년 52.3퍼센트로 4년째 계속 하락한 것으로 나타났다. 또 서울 인문계 고등학교 학생의 4년제 대학 진학률은 전국 최하 위인데, 2012년 36.7퍼센트를 기록했다.* 그렇다면 대학에 진학 하지 않은 나머지 청소년들은 어떤 선택의 기로에 놓이게 될까? 대학 등록금도 비싸니 오히려 취업이 잘 되는 전문대학을 택할 지도 모르고, 재수를 택할지도 모른다. 모두 '대학 진학'이라는 진로에는 변함이 없다. 실제로 4년제 대학에 진학하지 않은 5명 중 2명은 전문대학, 산업대학, 방송통신대학, 기술대학 등 각종 학교에 진학한다.** 이제 남은 청소년은 3명.

대학에 진학하지 않은 3명의 청소년 중에는 2008년 고교 다 양화 정책이 시행되면서 일찌감치 대학이 아닌 취업을 목표로 마이스터고와 특성화 학교로 진학하는 청소년들, 학업을 중단 하고 학교를 떠난 학교 밖 청소년***들도 포함된다. 이들을 우리 사회는 보통 '고졸자', 또는 학업을 중단한 고졸 이하를 포괄하 여 '저학력자'라고 부른다. 사람은 어떻게 불리느냐에 따라 정체 성이 달라질 텐데, 학력을 기준으로 삼으면 이렇다.

---

* 「전문대 진학 늘고, 4년제는 줄었다」, 『경향신문』, 2013년 7월 7일.
** 「비진학 청소년 실태 조사 연구」, 서울시, 2014.
*** 2006년 〈한국청소년개발원〉이 펴낸 서정아·권해수·정찬석·김귀랑의 「학교 밖 청소년의 실태와 정책적 대응 방안」에 따르면, "청소년 자신, 가정, 학교, 전체 사회에 존재하는 다변 인적 요인들로 인해 자의·타의적으로 정규 학교(초등학교, 중학교, 고등학교)를 중단한 상태 에 있는 청소년"을 학교 밖 청소년으로 정의하고, 이들이 처한 생활의 환경 및 조건에 따라 대안 학교 청소년, 직업 전문학교 청소년, 소년 선도 보호 시설 청소년, 거리 청소년으로 구 분하고 있다.

엄마도 아프다

강력한 학벌 사회인 우리나라는 어떤 대학 출신인지에 따라 한 개인의 사회적 위치와 위계가 결정되고, 이것이 평생을 따라다닌다. 사정이 이러한데 대학을 가지 않는다는 것, '고졸'이라는 타이틀을 갖게 된다는 건, 그야말로 어떤 삶을 살게 될지 너무 뻔해서 아이의 앞날을 생각하면 부모 입장에서는 절로 한숨이 나오는 갑갑한 상황일 수밖에 없다. 그래서 부모는 자녀가 '남들 다 가는 대학'이라도 가길 희망한다. 그런데 문제는 '남들 다 가는 대학'에 진학해도 졸업 후 취업할 확률은 58.6퍼센트*로, 졸업생 중 거의 절반이 실업자이지만 선택의 여지가 없다는 것이다. 한마디로 진퇴양난이다.

그런데 오히려 진짜 문제는, 세상이 바뀌었는데도 우리 사회가 여전히 예전 방식으로 청소년의 삶을 계획하고 교육한다는 데 있다. 부모들은 교육을 받은 후에 직업을 선택하고 가정을 이루는 직선적인 삶을 살았다. 하지만 알다시피 지금은 그러한 직선적 삶이 무너지고 '정답'이 사라진 사회가 되어 버렸다. 즉, 그들의 자녀들은 어디에 서 있건(좋은 대학을 나왔건 아니건), 다시 미끄러져 떨어질 가능성이 높은 시대를 살고 있다. 대학 진학이 아닌 다른 길 위에 서 있는 청소년들의 무모하고 위태로워 보이는 행보가 강 건너 불구경이 될 수만은 없는 까닭이다. 어른들이 앞날이 뻔할 것이라고 예견하는 바로 그 익숙하지 않

---

* 「대졸 취업률 58.6퍼센트… 2년 연속 ↓」, 『뉴시스』, 2014년 8월 29일.

은 길을 걸어가는 청소년들이 찾았거나 찾아가는 '답'은, 어쩌면 직선적인 삶이 무너진 지금의 시대를 살아가는 또 다른 직선이자 해법이 될 수도 있지 않을까?

마리엔탈의
텅 빈 시간

　　대학 입시에 실패한 어느 대안 학교 졸업생은 나에게 졸업하는 그 순간 "사회로 내쳐지는 것 같았다"라고 말했다. 우리나라에서 대학을 가지 않는다는 건, 바로 취업 전선에 뛰어들어야 함을 뜻한다. 그래서 대부분 일자리를 잡기 위해 운동화 끈을 질끈 묶고 두 주먹을 꽉 쥔 후 단숨에 달려들 채비를 한다. 대학을 가지 않은 청소년들 입장에선 학교가 아닌 '진짜 사회'에 진입하는 것이 이처럼 긴장감 넘치고 결심이 필요한, 어른의 세계인 것이다.

　　그런데 몇 년 전부터 사회로 나가는 출발선에 서길 주저하는 청소년들이 점점 많아지고 있다. 실제로 출발선에 선다는 건 달릴 준비를 끝냈다는 것이고, 이는 골인할 지점이 어디인지 잘 안다는 것이다. 하지만 내가 만난 청소년들은 골인 지점을 결정하지 못한 채, 출발선에 서기보단 지금 그 자리에 가만히 있으면서 시간을 흘려보내려고 했다. 쩔쩔매며 열심히 용을

　　　　　　　　　　　　　　　엄마도 아프다

써도 취업이 될까 말까 한 중요한 시기에 그저 시간을 흘려보내려고만 하는 이들의 모습을 보고 뭇사람들은 요즈음 아이들이 게으르다거나 의지력이 약하다거나 무능하다는 비판을 해댄다.

정말 그럴까? 그들은 정말 철이 없어서 태평한 걸까? 혹시 그들은 어떤 일을 해야 할지, 어디에서 무엇부터 해야 할지 무척 막막해하고 있는 건 아닐까? 혹시 그들은 혼자 전전긍긍한 탓에 미래를 생각할 여유조차 없는 건 아닐까? 만약 그렇다면 그 이유는 무엇일까?

1930년대 대공황 시기에 사회학자들은 오스트리아의 작은 마을 마리엔탈을 연구했다. 이 마을에는 대부분의 주민들이 고용된 공장이 있었는데, 경기가 나빠지면서 문을 닫아 주민들은 실업 상태에 빠지게 되었다. 연구자들은 실업 전에는 그토록 생기 넘치던 주민들이 실업 이후 이렇게 달라졌다고 전한다. "사람들은 무감각하게, 아무런 기대도 없이 그냥 시간을 보냈고, 어차피 실업에 맞서 할 수 있는 건 전혀 없다는 태도를 보였다. 그들은 비교적 마음이 차분한 상태였고, 때로는 순간적으로 유쾌한 기분까지 느꼈다. 그러나 미래는 포기하고 있었다. 상상 속에서조차 아무런 미래 계획도 세울 수 없었다. 이런 태도를 가장 잘 표현해 주는 말은 '체념'이라고 생각되었다." 그중에서도 특히 인상 깊은 것은 시간을 어떻게 활용해야 할지 알 수 없었던 노동자들의 모습이었다고 한다. "이들은 규칙적인 생활로부터 속박 없는 공허로 미끄러져 떨어졌다. 기상과 식사, 취침 사이의 시간에는 거의 아무런 사건도 일어나지 않았다. 실업자의 삶에서는 아무런 일도 일어나지 않았다."*

이 내용을 읽고 나는 깜짝 놀랐다. 내가 만난 청소년들의 상태와 비슷한 점이 너무 많았기 때문이다. 아직 제대로 일을 해 보지도 않은 청소년들이 실업자의 체념 상태와 유사하다니……. 미래를, 내일을 전혀 기대하지 않는 모습이 우리 청소년의 상태라니……. 체념 상태의 근본 원인은 '단절'이다. 청소년들 입장에서 생각해 보면, 그들에게 학교는 사회생활의 전부다. 그러므로 대학을 가지 않았거나 학교를 자퇴했을 때 바로 취업을 하거나 취업 교육을 받는 등 소속을 갖지 않으면 사회생활이 단절되는 것이나 마찬가지다.

특히 희망 직업이 없는 청소년의 경우 학교에서 벗어나면 해방으로 여겨 한동안 자유를 만끽하고 싶어한다. 해방의 시간 동안 아무도 만나지 않고 혼자 있거나 몇 개월씩 침대 바깥에 나오지 않거나 낮밤이 바뀐 채 놀면서 시간을 흘려보낸다. 이렇게 단절 상태를 갖게 되는데, 이 단절이 오래되면 될수록 체념 상태에 빠지며, '어떻게든 되겠지' 하며 자포자기하게 되는 것이다. 이를 가리켜 '니트'*** 상태라고 한다. 이들이 '텅 빈 시간'을

---

* 토마스 바셰크, 『노동에 대한 새로운 철학』, 이재영 옮김, 열림원, 2014. 55쪽.
** 'Not in Education, Employment or Training'의 준말로 비진학 미취업 상태를 뜻한다.

엄마도 아프다

자각하고 움직이기로 마음먹는 건 부모에 대한 미안함이나 자유를 누리려면 최소한의 돈이 필요하다는 것, 불규칙한 생활에 대한 불안감이 생길 무렵부터다. 하지만 청소년들은 마리엔탈의 실업자들처럼 시간을 어떻게 활용해야 할지 모르고 무엇부터 시작해야 할지 무척 난감해한다.

마리엔탈의 실업자와 청소년의 공통점이 단절에 의한 체념 상태라면, 둘 사이의 차이점은 장기적인 노동 경험의 유무다. 청소년은 노동에 대해 부정적인 이미지를 갖고 있다. 힘든 것, 경쟁해 성과를 내야 하는 것, 참아야 하는 것, 생계를 위해 어쩔 수 없이 해야 하는 것, 할 수만 있다면 피하고 싶은 것, 거뜬히 어른 몫을 해야 하는 겁나는 현장이다.* 그래서 노동을 일시적·단기적으로 접근하고, 체념 상태이기 때문에 진로 상담이나 취업 및 직업 교육 등은 선택지에서 제외시킨 후 당장 손쉬운 아르바이트로 해결하려고 한다.

이처럼 '텅 빈 시간'에 대한 목마름과 노동에 대한 부정적 이미지가 서로 맞물려 청소년의 발목을 잡는 덫이 되고 사회생활의 단절을 유도한다. 다시 말하지만, 청소년의 니트 상태는 일시적이고 유연한 형태의 '땜질 노동'을 선호하게 만들고, 이런 노

---

* 이러한 노동에 대한 이미지는 〈소풍가는 고양이〉의 청소년 구성원과 일본의 은둔형 외톨이 청년 지원 단체인 〈문화협동넷〉의 청년들의 인터뷰 내용을 바탕으로 정리한 것이다. 이 이미지는 '텅 빈 시간'이 오래되면 오래될수록 더욱 강화되며 점차 아무것도 할 수 없다고 생각해 심각한 체념 상태에 놓이게 된다.

동 경험만 가지고는 어떤 장기적인 삶의 계획이나 목표도 세우거나 이룰 수 없다. 숙련 노동이 이뤄지지 않은 상태에서 위험에만 고스란히 노출될 뿐, 몸과 마음이 피폐해지는 악순환을 낳을 수 있다. 체념 상태에 빠지지 않게 하려면 일자리 제공이 해법이라고 생각할 수 있다. 그런데 단순한 일자리 제공만으로는 해결되지 않는 과제가 많다.

내가 현민이*를 만난 건 그가 막 인문계 고등학교 취업반을 졸업한 때였다. 나는 현민이를 통해 청소년들의 일터 환경을 자세히 알 수 있었다. 현민이가 처음 교육생으로 파견된 일터는 골프 업체였다. 골프 업체의 특성상 도시 외곽에 위치했기 때문에 기숙사 생활을 해야 했고, 현민이는 매점 관리를 맡았다. 말이 매점 관리지, 직접 조리한 간편 음식도 판매하기 때문에 주문부터 조리, 설거지, 물품 관리, 판매까지 모든 일을 혼자 처리해야 했고, 하루 10~12시간 정도 빡빡하게 일해야 했다. 눈뜨면 매점으로 가고, 밤이 되면 기숙사에서 쓰러져 자는 게 일상이었다. 현민이가 바라던 직장 생활과는 거리가 멀었다. 점점 일에 대한 불만과 짜증이 늘었다. 무엇보다 너무 고됐다. 한 달 정도 견디다가 결국 담임교사에게 사정을 설명하고 못 다니겠다고 하소연을 했다. 그런데 돌아온 답은 "견뎌 달라"는 부탁이었다. 어렵게 교육생을 받아 준 회사인데 이렇게 빨리 그만두

---

* 가명이다.

면 앞으로 교육생을 받아 주지 않을 거라는 게 이유였다. 그는 한 달을 더 버티다가 그만두고 학교로 돌아갔다. 학교가 연결해 준 두 번째 일터는 장례 용품점이었다. 근무 조건이 골프 업체보다 훨씬 좋았다. 임금도 높았고, 근무 시간도 짧았으며 출퇴근이 가능했다. 그런데 여기도 오래 다니지 못했다. 일의 성격 때문이 아니었을까 싶었는데, 대답은 예상 밖이었다. 자신이 해야 할 업무를 아무도 가르쳐 주지 않았다는 것이다. 사장님 얼굴은 보기 어렵고, 인수인계도 받지 못한 채 출근 첫날부터 전임자를 대신해 바로 업무를 처리해야 했다. 어찌어찌 알아내서 열심히 했지만 일이 어떻게 돌아가는지 파악하지 못했고, 혼자 힘으로 그걸 알아가는 게 너무 버거웠다는 것이다. 그러는 사이 학교를 졸업했다. 선생님께는 미안해서 취업 이야기를 꺼내지도 못한 채.

희망 직업은 없었지만 대학에 가지 않아도 어디서든 성실하게 일하면 된다고 생각했던 현민이는 두 번의 노동 경험을 통해 오히려 체념 상태에 빠졌고 남들처럼 대학을 가야 하는 게 아닌가 고민하기 시작했다. 일은 자신에게 맞지 않는 것 같다며. 그에게 무의미한 노동은 시간 낭비라는 걸 아무도 이야기해 주지 않은 결과였다. 오히려 그는 가족으로부터 "대체 앞으로 뭐가 되려고 그러냐? 그럴 바엔 대학을 가라"는 말을 들었다. 현민이는 무엇을 잘못한 걸까? 현민이는 게으르지도, 의지력이 약하지도, 무능하지도 않았는데 말이다.

노동의 질을 따지지 않는 단순한 일자리 제공은 청소년들이 가진 노동에 대한 부정적 이미지만 자칫 심화시킬 수 있다. 노동의 세계는 직무 수행을 위한 기술 훈련뿐 아니라 대인 관계, 조직 파악, 의사소통, 협동 등 다양한 능력이 필요하고, 이는 노동 현장의 '배움'을 통해 점차 깨닫게 되는 것이라서 당연히 일을 가르치고 사회생활 전반을 돌봐 줄 어른/선배의 존재가 필요하다. 또한 일터가 배움의 장이라는 것을 인식하고 질 좋은 노동을 요구하는 문화가 필요하다.

밥벌이를 위한 노동은 인간의 삶을 구성하는 요소 중 가장 중요한 핵심이고, 누구도 피해 갈 수 없는 숙명적인 것이다. 아이들을 위해 어떤 교육을 할 것인지 논할 때, 일상 속에서 어떻게 노동을 배울 수 있게 배려할 것인지를 고민해야 하는 이유다(밥벌이 노동은 좁은 의미의 노동에 속한다. 넓은 의미의 노동은 일상이기 때문에 가정에서도, 부모를 통해서도 배우게 된다). 질 좋은 노동 현장에는 단순한 임금만이 아니라 적절한 배움과 다양한 인간관계가 존재하며 이를 통해 개인은 독립적이고 주체적인 사회적 존재로 성장하게 된다. 청소년들에게 이런 기회를 박탈하는 것은, 지금처럼 다만 하루하루의 생존을 위한 고된 돈벌이 수단으로만 노동을 바라보게 하는 것은, 결코 바람직하지 않다.

엄마도 아프다

노동을 통해
어른 되기

지난 2010년부터 2011년까지 〈서울시립청소년직업체험센터(일명 하자센터)〉의 '연금술사 프로젝트'를 진행하면서 나는 어떻게 대학에 가지 않은 청소년들이 니트 상태에 빠지는 것을 막고 질 좋은 노동을 통해 사회와 연결될 수 있게 할 수 있을까를 구체적으로 고민하기 시작했다. 내가 만난 청소년들은 세 가지를 원했다. 소속감, 자신을 책임질 수 있는 최소한의 벌이, 아침에 일찍 일어나고 낮에 활동하고 밤에 잠드는 식의 규칙적인 시간 관리였다. 결국 이들이 니트 기간 동안 잃어버려서 다시 회복하고자 한 것은 '꿈'이 아니라 '생활'이라는 걸 알려 줬다. 일정한 환경에서 활동하며 생계나 살림을 꾸려 나가는, 날마다 반복되는 일상 말이다. 체념 상태로 미래를 포기한 그들에게는 머나먼 '내일'을 위해 오늘을 인내하고 저축하는 것보다 '오늘'을 제대로 가꾸고 누리는 게 더 시급했던 것이다.

취업만 하면 그 모든 게 해결되는 것 아니냐고 말하는 사람도 있다. 그러나 이들이 가진 단절의 경험을 고려하지 않으면 안된다. 노동에 대해 가지고 있는 부정적인 이미지를 바꾸지 않으면 취직은 실패로 끝나기 십상이다. '텅 빈 시간'을 '짜임새 있는 시간'으로 서서히 전환하고, 노동의 희로애락을 경험함으로써 노동에 대한 이미지를 재구성하기 위해서는 먼저 일하는 몸이 되어야 했다. 그러한 배움을 돕자고 하니 창업 외에는 별다른 방법이 없었다. 그래서 '연금술사 프로젝트' 2년 차인 2011년에 창업을 같이 할 청소년들을 모집하고 나를 포함한 어른 두 명이 끼어 그해 5월, 〈소풍가는 고양이〉라는 아담한 도시락 전문점을 열었다. 하지만 막상 장사를 시작하니 머릿속에서 상상했던 창업에 대한 모든 것이 허상이었다는 걸 금세 깨달았다.

창업에 대한 기대와 이상만으로는 현실의 벽이 너무나 단단했다. 첫째, 니트 상태의 청소년은 손님을 맞이하고 접대하는 서비스를 어려워했다. 청소년 창업이었지만 청소년이 상대하는 손님은 어른이었던 것이다. 둘째, 부족한 자금에 입지가 나쁜 가게를 얻다 보니 손님들은 찾아오지 않았고, 대신 단체 배달 문의가 많았다. 단체 배달은 판매 방법을 바꾸는 일이라서 꽤 많은 시행착오와 비용이 발생했다. 예를 들어 일회용기를 사용하지 않으므로 대량 주문을 소화할 수 있도록 도시락 그릇을 몇백 개씩 보유해야 했고, 배달 후 다시 찾아가 수거해야 했다. 배달 차량과 음식을 옮길 수 있는 물품들도 필요했다. 셋째, 숙련되지 않아서 정해진 양이 아니면 주문 소화가 어려웠다. 넷째, 돈을 벌려면 음식 맛이 좋아야 한다는 당연한 사실을 절감했다. 그게 비용을 아끼는 방법이기도 했다. 고심 끝에 운영 방식을 모두 바꿨다. 요리를 배우고 조리 실력을 쌓아 나갔다. 정해진 양을 소화할 수 있도록 예약 주문을 받기로 했고, 손님 접대가 어렵기도 하고 단체 주문이 많은 편이라 단체 배달만 하

엄마도 아프다

기로 결정했다. 또한 어른을 상대하는 일은 어른들이 맡기로
했다.

돈 버는 방법은 그렇다 치고, 청소년들의 성장은 어떻게 만들
어 가야 할지 정말 고민이 많았다. 도시락 전문점에서 청소년들
은 어떤 사람으로 자라야 하는 걸까? 불평등한 사회 환경 속에
있는 청소년들에게 '공정한 노동환경'은 무엇일까? 노동 강도는
어떻게 조절해야 할까? 고작 도시락 전문점에서 노동하고 돈 버
는 것이 이들에게 어떤 대안이 될 수 있는 것일까? 경제적 안정
을 목표로 돈을 왕창 벌어야 하는 것은 아닐까? 사람은 무엇을
위해 돈을 버는 것일까? 어디까지 책임을 져야 할까? 등등 끝
이 없는 질문이 꼬리에 꼬리를 물고 이어졌다. 어른들은 하루가
멀다 하고 책을 뒤졌고, 〈하자센터〉를 포함해 많은 전문가들을
붙잡고 이 질문의 답을 찾기 위해 애를 썼다.

그렇게 시작된 것이 '어른 되기'였다. 성인기로 이행 중인 후기
청소년들의 생애 과제가 '어른 되기'인 까닭이다. 그것을 창업
현장에서 노동환경을 통해 실현해 내는 것이 핵심이었다. 막상
어른 되기라곤 했지만 대체 어른이 된다는 것이 무엇인지 알지
못했다. 나이를 먹었다고 어느 날 갑자기 어른이 되는 사람은
이 세상에 단 한 명도 없을 것이다. 누구나 수많은 경험을 통해
깨닫고 생각을 정리하면서 어른이 되어 간다. 결국 우리는 〈소
풍가는 고양이〉를 운영하며 온갖 경험을 쌓으면서 이 시간들을
통해 어른이 된다는 것, 주인이 된다는 것은, '스스로 판단하고

결정하고 책임지는 사람'이 되는 것이라는 걸 깨달았다. 이러한 깨달음으로부터 니트 상태 청소년을 위한 〈소풍가는 고양이〉만의 교육 과정이자 근무 환경이 갖춰지기 시작했다.

〈하자센터〉로부터 독립해 2012년 2월에 주식회사 〈연금술사〉를 설립한 것은 큰 의미가 있었다. 창업자들의 지위가 변했다. 주식을 소유한 주주가 된다는 것은 회사의 실질적인 주인이 된다는 뜻이었다. 공동 운영, 공동 소유, 공동 책임의 원리로부터 '청소년 주식 소유제'를 제도화했고 그 결과 청소년들이 주인 의식, 책임 의식을 갖고 노동에 임할 수 있게 됐다. 그리고 니트 청소년이 바라는 대로 적정한 월급과 혼자만의 시간을 보장하고, 불안하고 경쟁적인 일터에 대한 불안을 해소하며, 대인관계를 단계적으로 확장해 풍부한 관계를 맺게 하기 위해 제도적으로 정규직 고용, 2교대 6시간 노동제와 1년 2회 휴가, 매년 8월 한 달 동안은 영업을 하지 않고 휴가와 자기 계발을 하는 '다지기' 시간 부여, 1년 근속하면 주주가 될 수 있는 권리 부여, 3년마다 안식월, 다양한 문화 프로그램 체험 등을 하나씩 하나씩 정착시켰다.

한참이 지난 후 알게 된 사실이지만 우리가 한 건 결과적으로 '장기근속이 가능한 노동환경'을 만드는 일이었다. 짧은 노동 경험으로는 숙련 노동자가 될 수 없으며, 따라서 일 안에서의 자율성을 갖기 어렵기 때문에 '갑을 관계'의 구속력이 명료해진다. 그 결과 직장을 계속 바꾸어야 하는 사람은 사회적 결속

엄마도 아프다

뿐만 아니라 어느 정도라도 안정된 미래에 대한 전망 또한 잃어 버리는 결과를 초래한다. 따라서 장기근속은 니트 상태 청소년 에게 '단절'이 아닌 '연속된 노동 경험'을 제공하고 자기 삶을 구 성하는 기초가 되었다.

이런 환경 덕분인지 청소년들은 회사와 함께 성장해 나갔고, 돈도 적절히 벌 수 있었다. 이들은 이런 환경이 그냥 주어지는 게 아니고 '같이 지키는 것'이란 걸 배워 나갔다. 또한 지키는 방 법을 터득했다. 〈소풍가는 고양이〉의 구성원은 자신의 권리, 책임 과 의무를 익히고 조금씩 범위를 확장시켜 나가 자기 몫과 역할 을 해내고 있다. 물론, 실수는 아직도 하지만 청소년들은 '몰입과 헌신'을 몸과 마음으로 실천하고 있다. 그러는 사이 세 명이었던 청소년 구성원은 2016년 3월 현재 여섯 명이 되었다. 이 중 한 명은 창업을 같이 했던 청소년으로, 5년째 장기근속 중이다. (물 론, 어른 구성원도 늘었다. 처음엔 나를 포함해 두 명이었지만 지금은 다섯 명으로 늘었다. 청소년 회사로 출발했지만, 청소년과 어른 모두 장기근속이 가능한 '괜찮은 회사'가 되는 게 우리의 목표다.)

돌아보면, 나도 자주 그만두고 싶었었다. 첫 번째 이유는 창업 전부 터 싫어했던 '잔소리'다. (…) 어느 일터에나 있는 사소한 문제라고 생각할 수 있지만, 집에서도 많이 들었던 탓에 마치 어머니가 일터 까지 나를 감시하러 오셨나 하는 착각도 했다. 잔소리를 너무 많이 듣다 보니 스트레스가 쌓여 당장 나가고 싶다는 생각을 했지만, 그런 사소한 것 때문에 나간다는 게 한심했다. (…) '잔소리'란 말 그대로 잔소리가 아닌 내가 무언가 잘못하고 있다는 것을 알게 해 주는 일종의 신호였던 것이다. 그렇게 생각하니, 전혀 잔소리로 들리지 않게 되었고, 이제는 그 '잔소리'를 들을 때마다 내가 어떤 실수를 했는지 점검부터 한다.

나까지 못 버티고 그만둔다면 이 좋은 일터가 사라질 수도 있다는 거정 때문에 버티기로 했다. 학력과 나이로 차별하지 않는 일터는 내가 알기로 〈소풍가는 고양이〉가 유일하기 때문이다. 버텨 낸 지금은 사라지긴커녕 점점 성장하고 있다. (…) 그동안 나에게 이렇게나 영향을 미친 사건사고가 있었음에도 버텨 온 것이 신기할 따름이다. (…) 점점 올라가는 내 월급을 보면서 〈소풍가는 고양이〉에 도움이 됐다는 생각에 힘을 얻고 다시 열심히 일한다. 힘든 상황을 헤쳐 나갈 때 얻은 배움과 포기하지 않으면 돌아오는 뿌듯함이 내가 아직까지 여기에 남아 있는 이유가 아닐까 싶다.

— 2014년 2월, 청소년 주주 종의 글

그리고 노동을 통해 일상을 구성하는 것이 목적이었던 만큼 청소년들에겐 일상이 생겼다. 그것도 사건사고가 끊이지 않아서 지루할 틈이 없다. 청소년에게 일상이 생기려면 자기 앞에 놓인 과제를 해결해 가며 일과 생활이 서로 톱니바퀴처럼 맞물려 두 영역이 서로에게 영향을 미쳐 변화해 나가는 환경, 생계와 살림을 꾸려 나가고 유지할 수 있는 환경, 느슨해진 가족 관계를

엄마도 아프다

대신해 다양한 관계 형성이 가능한 환경이 필요하다. 이를 위해 〈소풍가는 고양이〉는 일터로 성미산 마을이라는 지역 커뮤니티 안에 자리 잡고 동네에 같이 사는 주민으로 살아가고 있다.

그렇게 시간이 흘렀다. 나는 아직도 〈소풍가는 고양이〉에 열심히 몸담고 (일)하고 있다. 아직도 배달을 하고 있고, 재미있게 지내고 있다. 변한 게 있다면, 이제 인사를 잘한다. 마을에서 자전거 타고 지나다니면서 인사도 하고, 친한 사람을 만나면 얘기도 나눈다. 친한 사람도 많아졌다. 〈토마토〉 편의점 아줌마 아저씨, 컴퓨터 가게 아저씨, 〈비누 두레〉 바람, 성산빌 401호 식구들, 국수집 아줌마, 〈노란 코끼리〉 카페 직원들, 칼국수집 사장님, 기사 식당 아저씨, 〈성미산학교〉 선생님과 아이들, 〈동네 부엌〉 대장금, 작은언니…… 등등 엄청 많아졌다. 그래서 이 동네가 좋다.

— 2011년 12월, 청소년 주주 홍아의 글

어른으로
만난다는 것

내가 이 일을 하면서 가장 많이 고민하는 점은 '책임'이다. 청소년의 삶에 개입한 책임이 내게 있기 때문인데, 교육 프로그램을 운영할 때와는 차원이 달랐다. 어디까지 어떻게 책임져야 할까. 그러다 보니 걱정이 떠나질 않았다. 늘 걱정하는 건 나 자신을 포함해 우리 모두의 생계다. 우리는 서로를 책임지는 운명 공동체가 됐다. 하지만 청소년들이 겨우 단절에서 빠져나왔는데 자칫 회사가 잘못되기라도 해서 마리엔탈의 마을 주민들처럼 다시 단절 상태에 빠지기라도 할까 봐 긴장을 늦추지 못한다.

때때로 많은 이들이 〈소풍가는 고양이〉의 청소년들은 나중에 무엇이 되는 거냐고 묻는다. 잊고 있다가도 이런 질문을 받으면 슬그머니 걱정이 고개를 든다. '요식업'이라는 것이 사회적으로 번듯하게 대접받는 직종이 아니기에 혹시나 청소년들이 자신의 일에 자부심을 느끼지 못하면 어쩌나, 그저 돈만 벌면서 미래를 계획하는 일에 게을러지면 어쩌나, 요리사가 되어야 하는 건가, 이대로 괜찮은 건가, 그런 마음에 자꾸 잔소리가 늘었다. 그러던 어느 날 밥을 먹다가 결국 '쫑'에게 이런 마음을 털어놓았다. 본인은 불안하지 않은지, 걱정이 없는지 궁금했다.

"너희들에게는 꼰대 같은 모습으로 보일지 모르겠는데 가끔 나도 모르게 너희들에게 뭐가 되어야 한다고 자꾸 말하고 있는 것 같아. 그건 아마도 불안하기 때문인가 봐, 너희들의 미래가."

그랬더니 쫑은 고개도 들지 않은 채 계속 밥을 먹으며 안 그래도 된다고 무심하게 말했다. 나는 다그쳐 물었다. 어른들이 불안해하지 않아도 된다는 말인가? 이번에도 쫑은 계속 밥을 먹으며 고개만 끄덕였다. 그런 그를 빤히 쳐다보고 있는 내게 쫑은 이런 말을 덧붙였다. 그런 건 자기가 알아서 한다고. 내가 쓸데없는 걱정을 했구나 싶었다. 쫑은 〈소풍가는 고양이〉의 창업주 중 한 명이었다. 당시 열일곱 살이던 쫑은 청소년 주주이면서 현재까지 장기근속 중이었다. 그것도 아주 믿음직하게. 세상에 하나뿐인 자신의 일터를 만들고, 우여곡절을 이겨 내며 지금까지 지켜 내고, 다른 청소년들에게 그 일터를 제공하며 그들을 책임지고 있는데 내가 불안해할 게 뭐란 말인가? 켜켜이 쌓여 가는 일상 없이는 아무것도 할 수 없다는 것, 하루살이는 아니지만 하루하루를 지속시키는 게 내일을 만들어 간다는 걸 몸으로 배우고 터득했다면 이제 안심해도 되지 않을까? 문득, "청소년에게 필요한 어른의 역할은 성인이 되어 가고 있는 아이들의 삶에서 조금씩 물러나는 것"이라던 한 칼럼의 글귀가 떠올랐다.*

그 후 나는 구성원들을 어른으로 인정하고 그렇게 대하는 연습을 조금씩 시작했다. 하지만 아직까지 좌충우돌이다. 나는 그저 책임을 지려고만 들었지, 책임을 나눌 줄 몰랐다. 대신해 준다는 것, 어쩌면 사랑의 행위일지 모른다. 고통 받는 것을 대신해 주고, 힘든 일을 대신해 주고 싶은 마음이 엄마 마음이라는 이야기를 종종 듣는다. 창업 초기엔 어린 나이에 노동을

---

* 「몸을 살리는 교육」, 격월간 『민들레』, 88호.

한다는 것, 험한 일을 한다는 것이 보기에 너무 딱해서 자주 대신 일했다. 차라리 내가 늦게 퇴근하고 말지, 차라리 내가 좀 더 하고 말지, 차라리 내가 더 힘든 게 낫지. 이런 식이었다. 그런데 그것이 낳은 결과는? 우습게도 며칠 후 과부하에 걸린 나는 구성원들을 미워하기 시작했다. '언제 커서 내 일을 대신해 주려나' 하면서 한숨을 쉬었다. 상대가 갖고 있는 잠재력을 믿고, 감당할 수 있는 일은 상대에게 맡겨야 했다. 그걸 통해서 자기 자신의 역량을 파악하고 잘하든 못하든 그 경험을 통해 스스로를 믿게 되기 때문이다. 그런데 대신해 준다는 건 이 기회를 뺏는 행위라는 걸 그땐 미처 알지 못했다. 기회를 뺏어 놓곤 날 대신해 주지 않는다며 원망했던 것이다.

　나의 좌충우돌과 시행착오는 대표라는 위치 때문인지 파급 효과가 꽤 컸다. 한번은 청소년 구성원들이 자기 몫을 감당하지 않는 게 불만으로 쌓이기 시작했다. 시간이 흘러도 어른 구성원에게 의지하고 물어 보고, 실수가 생겨도 '다음에 잘 할게'라는 말을 반복하는 일상이 문제라는 생각을 하게 됐다. 그래서 회의에서 이것을 논의하고 각자의 역할 분담을 바꿔 나가기로 결정했다. 주문 전화가 온 상황을 예로 들어 보면, 주문을 확정할 땐 예약 상황을 먼저 살핀 후 그날 총 인분 수를 파악해 주문을 더 받아도 우리 힘으로 소화가 가능한지, 배달은 가능한지 등을 파악해야 한다. 그것이 한순간에 일어나야만 주문을 확정하고, 그 후 메뉴 상담을 할 수 있다. 그런데 그렇게 상황을 파

　　　　　　　　　　　　　　엄마도 아프다

악하고 결정하고 책임지는 것이 까다롭다 보니 조금만 복잡해지면 "잠깐만요, 담당자 바꿔 드릴게요" 하면서 전화가 어른 구성원에게 넘어오곤 했다. 이제 그런 식의 일들을 구성원 모두에게 공정하게 분담할 수 있도록 해야 했다.

한 달 정도 지났을까. 업무 분장을 개편한 후 돌발 상황과 실수가 잦아졌고, 우리는 그걸 해결하기 위해 회의를 자주 해야 했다. 그런데 그렇잖아도 말이 없던 청소년 구성원들은 더 말이 없어졌다. 나만 떠드는 이 상황이 무엇을 의미하는 건지 파악하기 어려웠다. 불만이 있다는 건지, 하기 싫다는 건지……. 의견을 듣고 싶다고, 말을 좀 들어 보고 싶다고 아무리 다그치고 애원해도 돌아오는 대답은 늘 침묵이었다. 나는 나대로 뭔가 잘못하고 있는 것 같아 답답해졌다. 그러다 보니 자꾸 말을 하라고 채근했다. 하지만 청소년 구성원들은 고집스럽게 입을 다물었다. 상황은 극단으로 흘러갔다. 일관된 그들의 침묵 앞에 내가 결국 무릎을 꿇고 버럭 화를 낸 것이다. 그런데도 그들의 반응은 '침묵'이었다. 머리가 하얗게 새는 것 같았다.

며칠 후, 우리는 일이 끝난 후 다 같이 분위기 좋은 곳으로 옮겨 이야기를 나눴다. 청소년들은 아주아주 힘겹게 자신의 심경을 털어놓았다. 무려 3시간가량 침묵과 띄엄띄엄 이어지는 단어를 나열한 것 같은 대화를 반복하면서 말이다. 간결하게 요약하자면, 그들은 버거웠던 것이다. 잘해 보려고 애쓰긴 했지만, 자꾸 실수가 생기고, 그런데 뭘 해야 할지는 모르겠고, 안다고 생각했던 것들이 생각처럼 안 되고……. 이런 일들이 반복될수록 더 의기소침해지고 난감해졌던 것이다. 그런 상황에서 내가 자꾸 몰아붙이니 더더군다나 말문은 막혀 버릴 수밖에. 그날 우리는 밤늦도록 많은 이야기를 나눴다. 구성원들은 내게 반항하거나 내가 싫어서 침묵한 것이 아니었다. '그냥' 할 말이 없었던 것이었다. 달라진 업무를 감당하고 싶긴 한데, 마음처럼 안 되고, 그것은 스스로의 능력이 아직 모사란다는 의미라서 부끄러웠던 탓이다. 이 모든 상황을 이해한 순간, 나는 내가 얼마나 어리석을 수 있는지를 깨달았고 나의 문제 해결 방식이 어떤 영향을 미치는지도 똑똑히 보게 됐다. 그리고 내가 구성원들에게 좋지 않은 영향을 미칠 수 있다는 사실에 몹시 충격을 받았다.

나는 내가 생각한 것보다 더 많은 영향력을 행사할 수 있는 위치에 있었던 것이다. 위계 서열을 만들지 않기 위해 〈소풍가는 고양이〉에서는 어른, 청소년 할 것 없이 직함이나 이름으로 서로를 부르지 않고 별명으로 부른다. 내 별명은 씩씩한 사람이라는 뜻의 '씩씩이'다. 그런데 이번에 깨달은 것은, 호칭이 사람의 역할까지 평등하게 만들진 않는다는 사실이었다. 아무리 청소년 동료들이 나를 '대표님'이 아닌 '씩씩이'라고 부른다 해도내가 맡은 역할과 위치는 '대표'였고, 그것은 많은 결정과 영향력을 행사하는 자리였다. 방법을 바꿔야 했다. 아니, 내가 바뀌어야 했다. 역할과 위치는 바뀔 수 없겠지만, 접근 방법은 바꿀수 있을 테니까 말이다. 우리는 머리를 맞대고 대책을 마련했다.

엄마도 아프다

감당해야 하는 업무를 단계별로 쪼개서 하나씩 하나씩 범위를 넓혀 가기로 했다. 새로 맡게 된 업무에서 실수가 발생하면 서로 너그럽게 감싸 주며 점차 실수가 적어지는 방법을 상의해 나가기로 했다. 다만 원래 하던 업무에서 실수가 발생하면 그건 스스로 잘못을 인정하고 책임을 지기로 했다. 그리고 나의 영향력을 감소시키기 위해 자율적으로 판단하고 책임질 수 있도록 업무 구조를 개편했다. 내가 결정해 나가던 일들 중 많은 부분을 자율적으로 판단할 수 있게 어른 동료와 청소년 동료에게 넘기기로 한 것이다.

우리는 잘 알고 있었다. 실제로는 이렇게 딱 부러지게 구분되는 일이 많지 않다는 걸. 하지만 어른과 청소년이 어우러져 일을 할 때 서로의 업무 습득 능력을 고려해서 협동해 가는 방법을 고민하고 해 나가는 과정은 우리에게 매우 소중했다. 아직도 청소년들은 실수가 잦다. 그리고 어른 동료에게 야단도 자주 맞는다. 하지만 어른 동료들도 실수를 하면 청소년 동료에게 잔소리를 듣는다. 그럴 때 어른 동료들은 청소년 동료들에게 잘못을 인정하고 미안하다고 말한다. 쉽지 않지만 우리는 서로에게 미안하다, 잘못했다, 고맙다는 말을 입 밖으로 내려고 노력한다. 어른으로 성숙해 가는 과정은 청소년이든 어른이든 매우 어렵다. 날이 갈수록 어른 노릇이 쉽지 않다.

같이 키운다는 건,
책임을 나누는 것

공부를 잘하든 못하든, 잘살든 못살든, 부모의 학벌이 높든 낮든, 모든 사람들이 평등하게 살아갈 수 있도록 공정한 출발점을 만들어 내던 교육의 효과는 사라졌다. 학벌과 스펙은 여전히 우리 사회에서 강력하다. 그렇다고 '좋은 삶'을 살 수 있는 기회가 사라진 것은 아닐 게다. 우리가 '좋은 삶'의 기준을 바꿀 수만 있다면 교육을 통해 공정한 출발점을 만들어 낼 수 있지 않을까? 우리의 '좋은 삶'이 언제부터 좋은 대학, 대기업 직원이 되었을까. 그것을 좋은 삶의 기준으로 삼게 되는 순간, 우리는 결코 이 악순환에서 빠져나오지 못할 것이다. 그 기준에 대해 단절할 것을 선포한 니트 상태 청소년의 존재가 중요한 까닭이다. 대학이 아닌 다른 길을 선택한 '고졸' 청소년들이 니트 상태에 빠지지 않도록, 니트 상태를 긍정적 발전의 계기로 삼을 수 있도록 어른들이 나서야 한다. 그들이 안전과 평등을 보장받으며 살아갈 수 있게끔 사회적 안전망을 제공해 줘야 한다. 이것은 단순히 각 가정의 노력만으로, 엄마 혼자만의 노력으로 이룰 수 없다.

경제학자이자 철학자인 아마티아 센은 '빈곤'의 개념을 소득 수준과 이에 비례한 재화 소득의 가능성 부재로 보는 것이 아니라, "잠재 능력을 키울 수 있는 기회를 박탈당하는 상태"라고 정

엄마도 아프다

의한다.* 여기에 덧붙여 나는 질 좋은 노동이 결합된 교육은 청소년의 잠재 능력을 키울 수 있는 환경이라고 철석같이 믿는다. 나는 노동 예찬론자도 아니고, 노동에 대한 환상도 없다. 노동은 고되다. 하지만 노동은 삶을 구성하는 기초적이고 구체적인 실천이며, 이를 통해 규칙과 자율, 약속과 습관을 습득하게 한다.** 사회가 청소년 노동에 개입해야 하는 적절한 때는 학교에서 노동시장으로 이행하는 어떤 시기(니트 상태 전일 수도, 후일 수도 있다)라고 생각한다. 이 시기는 어느 때보다 청소년에게 질 좋은 노동과 배움이 요구되며 그들에게는 그것을 제공받을 권리가 있고(실제로는 모든 이에게 권리가 있다), 교육은 그것을 제공할 책임과 의무가 있다. 몇 번의 교육과정을 실행하면서 내가 깨달은 것은 교육은 공공 영역의 몫이며, 청소년에게 국가와 사회가 주는 '선물'이 되어야 한다는 점이다. 선물은 주고받음은 있지만, 손해 최소 이익 최대를 기대하는 '셈법'은 없다. 그러므로 청소년 진로 교육에 대한 평가 잣대를 손익계산법에 의해 투자 대비 효과로 수치화할 수 없다. 그보단 국가와 사회는 청소년들이 '좋은 삶'을 살아갈 수 있도록 책임을 지는 자세가 필요하다.

현재 청소년들의 진로 설정에 도움이 될 수 있는 다양하고 많

---

* 아마티아 센, 『센코노믹스, 인간의 행복에 말을 거는 경제학』, 원용찬 옮김, 갈라파고스, 2008. 40쪽.
** 토마스 바세크, 『노동에 대한 새로운 철학』, 이재영 옮김, 열림원, 2014.

은 정책이 시행되고 있다지만 '직업'이라는 좁은 의미로 접근하고 있고, 일자리 또한 질 좋은 노동의 관점보다는 취업률에 초점이 맞춰져 있어서 청소년 앞에 놓인 노동 세계의 상황, 이들의 상태와 필요를 충족시키지 못하고 있다. 질 좋은 노동, 일터에 대한 사회적 기준을 세워 꾸준히 발굴하고 연결해 청소년이 자신의 삶을 구성해 나갈 수 있는 기회를 제공하는 일이 병행되어야 한다.

또한 청소년과 학교는 노동 교육을 통해 질 좋은 노동에 대한 이해를 높이고 나아가 사회에 이를 합당하게 요구할 수 있어야 할 것이다. 자율성과 다른 선택의 가능성이 충분하게 보장된다면 청소년들은 자신의 직업 결정에 대해 온전한 책임감을 가질 것이고, 적극적으로 노동에 임할 수 있다.[*]

부모의 역할 역시 중요하다. 청소년들은 노동시장에 대한 정보가 많지 않기 때문에 부모가 곁에서 잘 지도해 주어야 한다. 〈소풍가는 고양이〉의 청소년 구성원들도 대부분 부모나 주변 어른들의 추천으로 오게 됐다. 그런데 이들이 대학 진학과 상관없이 일을 선택한 후 계속 일할 수 있는 요인 중 하나는, 바로 부모의 인정 덕분이었다. 부모의 인정은 청소년이 쌓은 경험이 가치 있는 것이라고 느끼게 하고, 자신감을 갖게 하기 때문이다. 부모는 자녀의 진로를 '지도'하는 보호자가 아니라 일상적으로

---

[*] 토마스 바셰크, 앞의 책.

엄마도 아프다

자녀를 노동의 세계로 안내하는 안내자이며, 동시대를 함께 살아가는 사회 일원으로 받아들이고 존중하는 '첫 번째 어른/선배/동료'가 되어야 한다.

성인기로의 전환을 준비하는 청소년에게 〈소풍가는 고양이〉에서의 생활은 인생이란 긴 여정에 있어 하나의 계기를 제공할 뿐이다. 이제 막 어른이 되기 위해 뒤뚱거리며 앞으로 나아가기 시작한 청소년들이 넘어지거나 좀 이상하게 걸어도 '괜찮다'는 걸 스스로 깨닫게 하는 과정이기도 하다. 〈소풍가는 고양이〉는 그들이 사회 속에서 자신의 위치를 처음 마련해 봄으로써 어른으로서의 정체성을 갖고 성숙해 나가는 '경험'을 스스로 쌓아가는 공간이라고 말할 수 있다. 어떻게 보면 이런 환경을 만드는 것이 미래 세대를 키우고 돌보는 엄마들의 책임을 함께 나누며 같이 성장하는 사회적 돌봄이자, 또 하나의 엄마 노릇, 어른 노릇이 아닐까?

〈줌마네〉라는
낯선 세상에서

•

로리주희

•

•

•

'로리주희'는 1998년 호주제 폐지를 위한 문화 운동의 일환으로 함께한 '부모 성 함께 쓰기' 이름이다. 〈한국성폭력상담소〉와 〈한국여성단체연합〉에서 성, 인권, 복지 정책을 담당하며 1990년대를 보내고, 2001년에 〈줌마네〉를 열어 아줌마 운동을 해 왔다. 현재는 연세대학교 문화학과에서 박사 과정을 이수하고 〈같이교육연구소〉를 열어 부모, 자녀 세대의 '소통'과 '성장'에 관심을 갖고 활동 중이다.

내 꿈은
아줌마

어느 날 지방에 강의를 다녀오는데 기차 안에서 술 취한 남자들이 싸우기 시작했어요. 그러다 영등포 기차역에서 둘이 같이 내리더니 플랫폼에서 몸싸움을 하기 시작한 거예요. 많은 승객들이 둘러싸고 구경만 하고 있는데, 보따리를 이고 진 아주머니가 갑자기 짐 다 팽개치고 온몸으로 싸움을 말리지 않겠어요? '다 큰 어른들이 뭐하는 짓이냐?' 하면서요. 그 위세에 두 남자는 욕지거리를 하면서 떨어져 제 갈 길을 가더라고요. 사실 자신들도 그만하고 싶은데 말려 주는 사람이 없어 못 멈춘 거죠. 지켜보던 누구도 자신에게 불똥 튈까 봐 끼어들지 못했는데, 아줌마가 용감했던 거지. 이게 한국 아줌마들의 힘 아니겠어요?

1990년대 초반엔가 들은 이야기다. 나도 이야기 속의 그런 아줌마가 되고 싶었다. 이야기를 들려주던 이는 바로 그것이 한국 사회 '아줌마의 힘'이라고 했다. 그 당시 이십 대였던 나는 '아줌마'가 되어 사회적 시선에 나를 가두고, 운신의 폭을 스스로 줍혀 살던 스스로를 벗어나고 싶었다. 그런 나에게 결혼은 곧 힘 있는 '아줌마'가 되는 것이었다. 그때는 '아줌마'라고 하면 '뽀글' 파마를 하고, '몸빼' 바지를 입은 이미지부터 떠올렸다. 지하철에서는 막무가내로 자리를 차지하려 뛰어들고, 시장에서는 콩나물 값이나 깎으려 하며, 덤이나 얻으려고 하는 무례한 사람들이 바로 '아줌마'였다.* 그렇게 '아줌마'를 폄훼하는 문화가 존재하는 상황에서 내 세대의 여자들은 결혼을 하고, 아줌마가 되었다. 그렇게 아줌마가 된 우리 세대는 이전 세대와는 많이 달랐다. 이전 세대와 비교할 수 없을 만큼 대학 진학률이 높은 고학력 아줌마들이었다. 뛰어난 정보로 무장하고 있었으나 사회 진출 기회는 잡기 어려웠다. 아이들 기르는 데 최선을 다해도 사교육의 주범이라는 오명만 뒤집어쓸 뿐이었다. 임신과 출산, 양육을 도맡아 하면서도 좋은 엄마로 아이를 잘 키우고 싶은 욕구와 사회적으로 인정받는 공적 인간이 되고 싶은 욕구 사이에서 늘 갈등해야 했다. 구제금융 위기를 거치면서는 남편들의 정년이 보장받지 못하게 되자, 여차하면 경제력까지 책임져야 할지 모른다는 불안한 날들을 보내게 되었다.

'아줌마'가 되고 싶었던 내 꿈은 결혼과 동시에 이루어진 것

---

* "우리 사회가 아줌마를 하나로 묶어 비하하면서 사회적 왕따로 만든다." 조한혜정 교수, 〈MBC, 논픽션 II-아줌마 서글픈 자화상〉, 1999년 4월 15일 방송 참고.

엄마도 아프다

같았다. 나는 언제나 꿈꿨다. 내가 발 딛고 있는 곳에서, 나의 일상이 녹아든 실천이 가능한 운동을 하면서 살고 싶다고. 그런 나에게 '아줌마운동'을 같이 하자고 권해 준 선배* 덕분에 2000년 여름, 그 길에 들어설 수 있게 되었다. 나는 아줌마가 가진 사회적 힘에 매료되어 아줌마가 되기를 간절히 원했다. 하지만 '아줌마'란 이름은 사회적으로 너무 부정적으로 명명되고 있었고, 그 때문에 스스로 아줌마가 아니라는 선을 긋는 이들이 더 많았다. 나와 선배는 그렇게 폄하받는 아줌마들이 제대로 연대할 수만 있다면 세상을 바꿀 수 있을 것이라는 믿음을 갖고 있었기에 함께할 수 있었다.

그 무렵 오형근이 '아줌마'를 주제로 사진 전시회를 열었다. 〈여성신문사〉에서는 '아줌마 축제'를 열었다. '아줌마 마라톤 대회'도 열렸다. 2000년대에 들어서자 '아줌마'란 단어는 더 이상 비루하지 않고 꽤나 긍정적인 뜻으로 해석되기 시작했다. 덕분에 〈줌마네〉도 태어날 수 있었다. 결혼을 했거나 하지 않았거나, 아이가 있거나 없거나 상관없이 자기 삶을 스스로 살아 낼 힘이 있는 성인 여자들이 모인 단체가 바로 〈줌마네〉다. '아줌마'란 말이 갖고 있는 부정적인 의미를 걷어 내고 스스로를 새롭게

---

* 지금은 영화를 만들고 있는 이숙경 감독이다. 이숙경 감독은 〈줌마네〉를 함께 만들었고, 〈줌마네〉 대표로 있는 동안 영화감독이 되었다. 〈어떤 개인 날〉, 〈간지들의 하루〉 같은 영화를 만들었다. 첫 장편 〈어떤 개인 날〉은 '베를린 영화제'에 초청돼 '넷팩상'을 받기도 했다. 이숙경은 지금도 〈줌마네〉 대표로 활동하며 아줌마들과 신나는 꿈을 꾸고 있다.

태어나게 한 것이다.

〈줌마네〉에 오는 사람들은 '누구 엄마', '누구 딸'로 살지 않고 자신의 이름을 찾겠다던 1990년대의 여성들과는 달랐다. 2000년대의 여성들은 이미 자신의 이름을 찾았으나, IMF 경제 위기로 경제력을 확보하지 않으면 자아실현도 어렵다는 것을 알게 되면서 〈줌마네〉를 찾는 것이었다. 그렇다고 〈줌마네〉가 기술이나 기능을 익히게 하는 학원은 아니었다. 다만, 자기 삶을 성찰하고 스스로 자기 삶을 기획할 수 있는 힘을 기르도록 안전한 공간에서 친구들의 지지를 받으며 연습하고 세상과 소통할 수 있는 창구의 역할을 하는 곳이었다.

아줌마
내공 프로그램

〈줌마네〉는 '아줌마 내공 프로그램'이라는 이름으로 아줌마 학교를 열었다. 아줌마 학교는 성인 여성이라면 누구나 참여 가능했지만 특히 가정에만 머물던 고학력 여성들이 자기 아이만 키우지 말고, '우리'와 '사회', '마을'을 위해 일하도록 하면 더 나은 세상을 만들 수 있을 거라는 믿음으로 시작한 프로그램이었다. 엄마가 행복해지면 아이들이 혹 방황하더라도 곧 돌아올 것이라는 기대도 있었다. 가족 구성원 모두가 자기 삶의

주인이 되면 서로에게 부채감 없이 마음껏 행복해질 수 있을 것
이라 믿었다.

수업은 '글쓰기로 돈 버는 힘 기르기'와 '마음의 힘 기르기',
두 가지로 진행했다. 아줌마들이 사회적 주체로 서려면 경제력
을 확보해야 했다. '글쓰기로 돈 버는 힘 기르기' 과정은 아줌마
를 자유 기고가로 키우는 수업이었다. 여성지와 육아 잡지에 아
줌마들의 경험을 잘 담아 낼 수 있다면 분명한 차별성을 가질
수 있을 것이라 생각됐다. '마음의 힘 기르기'는 자기 삶을 성찰
하고 더 단단해져 험한 세상에서 능력을 마음껏 펼칠 수 있도
록 돕는 과정이었다.

〈줌마네〉'글쓰기' 과정 1기생들은 『한겨레신문』과 기획 기사
를 함께 진행하기도 했다. '성매매'를 주제로 한 기사였는데 보
통의 '아줌마'들이 관심 갖기 어려운 주제이기도 했지만 현장
에 나가 기사를 진행하는 동안 많은 것들을 배울 수 있는 기
회였다. 또한 『웹진 줌마네』에도 연재 기사를 썼다. 생활 글만
이 아니라 정치 기사도 썼다. 대통령 선거 때는 권영길, 노무현
후보와 인터뷰까지 했다. 아줌마들의 삶에 정치가 얼마나 중요
한 것인지 몸으로 알게 되는 계기였다. 〈줌마네〉는 전혀 운동성
과 정치성을 띠지 않은 단체였지만 아줌마들이 자기 삶을 구성
하고 있는 세상에 대해 참여하는 것이 자신의 삶을 주체적으로
만드는 데 중요한 일이라는 것을 간과하지 않았다.

단행본도 출간했다. 첫 작품은 〈진선출판사〉와 함께한 아이들

을 위한 책들이었다. 요리 일기, 경제 일기, 환경 일기 들이 공동 저작으로 진행되었다. 〈줌마네〉에서 삶이 달라져 가는 모습을 담은 『밥 퍼! 안 퍼!』(뿌리와이파리, 2003), 부부 사이와 부모 자식 사이, 형제자매 사이 같은 여러 관계로 고민하는 내용을 담은 『우리집 웬수들』(랜덤하우스중앙, 2006)이 책으로 나왔다. 〈줌마네〉에서 익힌 관계 맺음의 기술들이 대거 들어가 있는 책들이다.

물론 그 과정이 쉽지만은 않았다. 소통이 어려워 싸우기도 하고, 상처도 입었으며, 떨어져 나간 사람들도 생겼다. 적당한 거리를 두고 정보를 공유하는 사적인 관계와 달리 적당히 좋은 말들만 할 수 없는 '일'이라는 공적 영역에서의 '소통'은 또 다른 성장을 경험하게 했다. 불필요한 대화로 오해가 쌓여 가는 순간들이 있어 한때는 '사적 통화 금지령'을 내리기도 했다. 기획력, 글 쓰는 속도, 글 쓰는 능력이 모두 다른 사람들이 한 권의 책을 만드는 일에서 불협화음이 생기는 것은 당연했다. 그 일을 겪어 내면서 갈등 조정과 나눔, 소통을 힘겹게 익혔다.

세상으로 나가는 일이 쉽지만은 않았다. 1년쯤 지나니 그 과정을 견디지 못하고 집으로 돌아가는 사람이 절반쯤 되었다. 갑자기 아이가 아프거나, 아이들 성적이 떨어지거나, 돌봐야 할 병자가 생기거나, 적절한 핑계는 많고도 많았다. 그럴 때 고비를 넘기게 해 주는 것은 '마음의 힘 기르기' 수업이었다.

〈줌마네〉에는 글 작가가 되기 위해 찾아오는 사람들도 있었지만 '글쓰기'가 적성이 아닌 사람들도 많았다. 글보다는 말이 더 편한 나 같은 사람들도 분명히 있었다. 그래서 2003년부터는 '꿈 찾기, 길 찾기, 창조성 기르기' 프로그램을 시작했다. 자신의 감수성을 깨우고 자기 안에 숨어 있는 열망이 무엇인지 찾는 과정이었다.

아줌마들이 꿈을 찾아가는 과정이 단시간에 이루어진 것은 아니었다. 남들이 비웃을까 봐 입 밖에 소리 내어 말하지 못하기도 하고, 당연히 할 수 있는 것들을 이런저런 핑계로 선뜻 시도하지 못하기도 했다. 창조성 프로그램에 참가한 이 중에 '사과꽃'*이 있다. 어려운 형편에 동생들 돌보고 생계에 보태느라 초등학교밖에 못 나온 '사과꽃'이 자신의 꿈을 처음 입 밖에 내놓은 것도 이 프로그램에서였다.

"사실은 대학교수가 되고 싶었어요. 공부만 했으면 박사도 우스웠을 거야."

이야기하던 '사과꽃'은 창조성 프로그램에서 용기를 얻어 검정고시 학원에 등록했다. 중학 졸업, 고등 졸업 검정을 통과하더니 사회복지학과에 진학해 복지사 자격증까지 땄다. 그러더니 한이 다 풀렸다며 연극을 시작했다. 대학교수가 되고 싶었다던 '사과꽃'은 지금 인생 2막을 열고 싶다는 이들이 꿈을 찾을 수 있도록 용기를 주는 강의를 하고, 노인 연극단에서 해

---

* 처음 〈줌마네〉 프로그램에 참가했을 때 별명. 나중에는 '타라'로 바꾸었다.

마다 무대에도 서고 있다. 정말 멋지지 않은가!

그 밖에도 작은 잡지의 편집장을 하고 있지만 춤을 추고 싶었던 여자, 전문경영인이 되고 싶었던 전업주부, 돈을 벌고 싶었던 여자들이 프로그램 안에서 맘껏 상상의 나래를 펼치고 친구들의 응원으로 대학을 진학하고, 대학원을 진학하고, 사장이 되고, 춤 테라피스트가 되고, 영화감독이 되고, 방송을 하며 돈을 벌기도 했다.

'마음의 힘 기르기'와 '창조성 기르기'는 듣기 좋은 말만 상대에게 하며 갈등을 최소화하거나 피하던 아줌마들이 솔직하게 소통하는 길을 보여 주었다. 갈등이 있어도 미움 받지 않을 거라는 믿음을 주는 든든한 친구들도 만들어 줬다. 친구가 된다는 것은 '아는 사람'의 차원을 넘어서는 것이며, 가족과는 다른 사회적 지지망이 되기도 한다.

아이가 십 대여도
젖을 못 떼는 엄마들

〈줌마네〉 글쓰기 프로그램에 대해 처음 알게 된 것은 누구에게나 찾아오는 인생의 터널을 지날 때였습니다. 분명 끝이 있단 걸 알고 있지만 그때가 언제인지 보이지 않는 시기, 그래서 종종 끝이 있다는 걸 잊기 쉬운 그런 때. 그 즈음엔 자고 일어나면 사방의 벽들이 2센티미터쯤 다가와 있는 것 같았습니다. (…) '남편'이라고 쓰고 '내 삶에 지대한 영향을 미치지만 소통이 불가한 존재'라고 읽게 되던 시기가 이어졌습니다. '마음의 힘 기르기'가 필요했던 가장 큰 이유이기도 하지요. 의식하지 않아도 글쓰기를 하다 보면 결국 이 관계를 들여다봐야 하는 시점이 오고야 맙니다. 그때 이 관계에 대해 쓰고 얘기하고 나누다 보면 그와의 소통이 불가했던 것은 어쩌면 내 방식에 문제가 있었던 것은 아닌가, 생각하게 되는 때도 오더군요. 더 나아가 늘 피해자인 줄 알았던 내가 가해자일 수도 있겠다는 벼락 같은 깨달음도 함께.[*]

아줌마들이 세상 밖으로 나오는 일은 결코 쉽지 않다. 하루 아침에 마음의 힘이 뚝딱 길러질 수도 없다. 아이들에 대한 각종 의무와 죄책감은 아줌마들이 내공을 기르는 데 걸림돌이 되곤 했다.

보통 엄마들을 위한 교육 프로그램은 아이들이 학교에 가 있는 오전에 운영된다. 그러나 〈줌마네〉의 프로그램은 오후에 진행되었다. 강사들 대부분이 매여 있는 몸이기 때문이기도 했고, 아이들에게서 독립해야 자기 경제력을 확보할 수 있는 공

---

[*] 2010년, '글쓰기로 돈 버는 힘 기르기' 10기 과정 참여자 '꽃바람'이 쓴 글이다. '꽃바람'은 2011년부터 2013년까지 〈줌마네〉 기획팀에서 일했고, 지금은 동화 작가의 꿈을 키우며 열심히 글을 쓰고 있다. 인용한 글은 2012년에 여성주의 저널 『일다』에 쓴 글 「글쓰기 놀이터에서 보낸 5년」 중 일부다.

적 영역으로 진입할 수 있을 거라는 판단 때문이기도 했다. 수업에 아이를 데려오는 것도 금지였다.

스스로 돈을 내고 선택해 듣는 수업이면서도 엄마들은 교육 내내 불안하고 조급했다. 뒤풀이도 꼬박꼬박, 1박 2일 숙박 교육까지, 〈줌마네〉는 어린 자녀가 있는 엄마들에게 말할 수 없이 불친절한 단체였다. 취재를 위한 숙박 교육에서는 아이 떼 놓고 여행하는 것이 8년 만, 10년 만, 20년 만에 처음이라는 눈물의 고백들이 이어지기도 했다.

아이가 셋이었던 어떤 엄마는 아이들 챙기느라 반찬을 제대로 챙겨 먹은 게 언제인지 모르겠다고 했다. 아이가 넷이었던 엄마는 수업은 열심히 들으면서도 숙제를 단 한 번도 제대로 해 오지 못했다. 프로그램 중에는 자신에게만 온전히 몰입하라고 전화기를 3시간 동안 끄게 하는 규칙이 있었는데, 절대로 못 하겠다는 엄마도 있었다. 쉬는 시간마다 아이에게 전화해 어디인지, 뭘 먹는지, 학원은 언제 갈 건지 확인하는 것은 엄마의 강박이었을 뿐, 아이는 엄마가 없다고 조금도 불편해하지 않았다. 그 엄마가 결국 아이를 위해서가 아니라 자신의 존재감을 확인하느라 전화를 끄지 못했다고 인정하는 데는 5년이 걸렸다. 이런저런 온갖 악조건에도 아줌마들은 그토록 간절하게 〈줌마네〉의 문을 두드렸다. 이렇게 회고하다 보니 아이 다 키우고 이제는 여유가 좀 생겼을, 그때 그 아줌마들이 보고 싶다.

내 강의를 듣는 엄마들은 늘 아이들에게 미안하다고 말한다.

〈줌마네〉에 참여했던 엄마들도 다르지 않았다. 아이들이 하교하고 돌아오면 집에서 맞아 주고, 간식 챙겨 주고, 학원 가는 시간에 배웅도 해야 하는데 밖에 나와 자신을 위해 뭔가를 배우고 있다는 것이 미안하다는 것이다.

더구나 글쓰기 과정은 숙제도 많았다. 생전 처음 아이들 시험 공부 하는 옆에서 밤을 새워 글을 썼다는 이도 있고, 키보드에 엎드려 잠이 들어 얼굴에는 자판 자국이 선명하게 새겨졌고, 모니터에는 알 수 없는 글자들이 수십 페이지를 넘어가 있더라는 고백도 있었다. 내가 보기엔 '저보다 뭘 얼마나 더 잘해?' 싶은 엄마들도 이런 과정이 새롭고 설레는 만큼 미안함도 크다고 했다.

그중에는 강남에 사는 엄마들도 있었다. 자신들은 사는 곳이 강남일 뿐, 세간에서 말하듯 드세게 자식 뒷바라지하는 엄마는 아니라고 말했다. 나로서는 듣도 보도 못 한 정보를 가지고 있고, 아이들을 이 학원에서 저 학원으로, 학원에서 과외로 실어 나르고 있으면서도 그랬다. 엄마들에게 자식은 족쇄였다. 아이들의 건강, 성적, 친구 관계 모두가 엄마 책임이었다. 자신을 위한 투자는 일탈이었고, 죄책감을 느껴야 하는 일이었다.

집 안에만 있던 여자들이 사회 활동을 시작하면 가족들의 반응은 변증법적 발전 단계를 거친다. 첫 번째 단계는 지지와 환영이다. 집 안에서 늘 짜증내며 힘들어하던 여자들이 밖에 나가 뭔가를 배우면서 얼굴이 밝아지고 잔소리할 시간이 줄어드니 남편도 아이들도 대환영이다. 밤새워 일하는 모습을 보고 안쓰러워하기도, 신기해하기도 하면서 그렇게 지지하던 가족들이 변하는 시기가 온다. 일하느라 밤늦게 다니는 일들이 잦아지고, 집을 비우는 시간이 많아진다. 세상에 나와 치이면서 생존하느라 예민해지고, 피곤해지면 집안일과 가족들에게 할애하던 시간들이 줄어들고, 점점 버거워지기 시작한다.

그러면 가족들은 두 번째 단계의 반응을 보인다. "뭐 하고 놀아다니느라 애들 밥도 굶기냐?" 핀잔이 돌아오고, 나라를 구하는 것도 아니면서 가정 팽개치고 밖으로 돌아친다고 짜증을 내기 시작한다. 아이들 성적이 떨어져도 엄마의 변화 때문이라고 탓을 한다. 세상으로 나가는 일이 어디 호락호락한 일인가? 사회 초년생이 되어 고군분투하는 아내의 상황을 알지 못하는, 아니, 이해하고 싶지 않은 남편들은 자신의 삶이 불편해진 것에만 불만을 토로하는 것이다. 혹여 여자들이 사회생활의 버거움을 토로라도 하는 날에는 바로 "그거 몇 푼이나 번다고? 힘들면 당장 그만둬!" 하는 말로 그 가치를 폄하하고, 아내의 수고와 노력을 인정하지 않는다.

문제는 바로 그 몇 푼에 있다. 일의 대가로 지급되는 돈의 액수가 그녀의 노동 가치를 평가하는 기준이 되어 버리는 순간이 온다. 그리고 그런 말에 발끈하는 여자들에게 남편들은 하나같이 "당신 힘들다니까 위로하는 말이지." 하면서 합리화한다. 이 두 번째 단계에서 많은 여자들이 "무슨 광영을 보겠다고 내가 애들 밥도 굶기고, 공부도 안 봐 주고, 부부 싸움까지 하면서 이 노력을 해야 하나?" 질문을 던지면서 집으로 돌아간다. 애들 좀 더 키워 놓고 다시 일해 보겠노라고.

그런데 도대체 어느 정도 키워야 아이들은 엄마 손을 떠나 엄마를 자유롭게 할까? 다들 그 평계를 대지만 사실 아이들은 엄마가 손 뗄 용기를 갖는 순간이 바로 어느 정도 키워진 상태가 아닐까? 나는 그렇게 생각한다. 어떤 이는 어린이집 보내면서부터지만 어떤 이는 평생, 캥거루처럼 주머니 안에 넣고 내보낼 생각을 못 하기도 한다.

아이가 어린이집에 가면 자유로울 것이라 생각하고 참고 지내던 여자들이 아이가 초등학교에 가는 순간 어린이집보다 일찍 하교하는 상황을 만나자 다시 발이 묶인다. 초등학교 고학년부터 대학을 결정짓는다는 사람들의 말에 휘둘리고, 아이가 중학교를 가면 중학교대로 고등학교를 가면 고등학교대로 해 줘야 할 일이 새로이 생긴다. 아이를 위한 엄마의 수고가 "줄어들어도 좋은" 시기는 없어 보인다.

세 번째 단계는 남편들이 밖에 나가 깨알 같은 자랑을 하게 된다. 집에서는 그동안의 과정으로 격려나 칭찬, 혹은 축하를 제대로 못 해 주던 남편들이 밖에 나가 자랑하는 것으로 아내들을 에둘러 인정하는 단계가 온다. 아내가 쓴 글이 실린 신문을 들고 가서 자기 부인이 쓴 글이라고 자랑을 하고, 아내가 쓴 책을 사서 사람들에게 선물하기도 한다. 그렇게 아내들은 자신의 이름으로 글을 쓰고 매체에 실리는 순간 '짧은' 인정을 받는다. 그러나 자유 기고가, 프리랜서로 돈을 버는 일은 쉽지 않았다.

아줌마들에게 프리랜서라는 직업은 매우 유혹적이다. 아이들을 돌보고 가사도 하면서 시간을 자유롭게 쓸 수 있는 직업으로 보이기 때문이다. 그러나 유명 작가가 아닌 초보 글 작가는 많아야 한 꼭지에 이삼십만 원 정도밖에 못 받는다. 그런 사람들이 보통 사람 한 사람의 월급만큼 받기 위해서는 한 달에 최소 열 개의 원고를 써야 했다. 그만큼 일감이 있지도 않지만 있다 해도 열 개의 취재 원고를 쓰려면 취재하고 인터뷰하고 글 쓰고, 한 꼭지를 사흘 만에 마감해야 하니 매일매일 밤을 새야 가능하다. 그렇게 이름이 실리고, 작가라 불려도 여전히 '힘들다'고 말하면 '몇 푼이나 번다고……. 당장 그만두고 쉬어!'라는 위로 아닌 위로를 받게 되는 환경에 놓여 있다.

그 어려운 환경은 여자들이 혼자서는 '새롭게 다시 살기'를 실천하기 어렵게 만들었다. 그래서 친구들과 함께 손잡고 지지받는 것이 필요했다. 그렇게 함께하는 친구, 동지의 의미를 깨달은 많은 여자들과 함께 〈줌마네〉는 '나눔'을 통한 친구 확대하기를 연습하게 하였다. 그 첫 출발이 공동 작업으로 책을 만드는 것이었고, 개인적 성장을 넘어선 사회적 연대를 기획, 연습하고 실천하기 위한 '인문학 캠프'였다.

엄마도 아프다

다른 모성
상상하기

장마통에 눅눅해진 이불을 베란다에 널 때,
눈살을 찌푸리며 햇살 속을 바라볼 때,
비집고 들어오는 잡생각들.

땀 뻘뻘 흘리며 방바닥을 걸레질하고
뒤돌아서서 난리법석 떠는 아이들 달래다가
이리 뛰고 저리 뛰면서 저녁 식탁을 차리다 보면
잠깐 사라지지만,

어느새 잠이 몰려드는 새벽이 되면
홀연히 떠올라
내 머리 속에서 춤을 추는 잡생각들.

어떻게 하면 행복해질 수 있을까?
그냥 이대로 살면 되는 걸까?
어떤 게 옳은 방법이지?
도대체 어찌 살아야 할까…….

이제

내 삶의 전 과정에 촘촘한 그물을 드리우는 작전으로
'나'를 건져 올려 볼까요?

내 삶 하나하나의 과정을
지나치거나 잘라 버림 없이
있는 그대로 받아들여
표현할 수 있도록.

내가 '보고 듣고 느끼고 생각한 것'을
'말하고 글 쓰고 노래하고 만들기'로
담아 낼 수 있도록.

내 삶과 그것을 둘러싼 옳음, 참됨, 선함을
깊고도 넓게 탐색하는 시간을 함께 가져 보면 어떨까요?*

〈줌마네〉는 2008년, '아줌마를 위한 인문학 캠프'를 열었다.
서울은 물론이고 부산에서도 아줌마들은 찾아왔다. 텔레비전
도 인터넷도 없는 산속 한옥에서 천천히 강의 듣고, 산책하고,
사진 찍고, 어릴 적 했던 놀이들을 하면서 뒹굴뒹굴 시간을 보
냈다.

---

* 2008년 7월, 〈줌마네〉 '아줌마 캠프' 보도자료 중에서.

숙소에 도착하자마자 이불부터 펴고 누워서 눈물 흘리는 아줌마도 있었다. 아이 낳아 키우면서 혼자 호젓하게 편안히 이불에 누워 본 적이 언제인지 모르겠다며. 일회용 카메라로 주변의 생명과 아름다운 풍경을 사진에 담아 보기도 하고, 밤에는 가야금 연주와 노래가 함께하는 촛불 음악회도 열렸다. 마당에 누워 별을 보고, 기타를 치며 노래도 불렀다. 먹고 싶을 때 먹고, 자고 싶을 때 자고, 공부하고 싶을 때 공부하는 '주체성' 가득한 시간들이었다. 남들이 하는 대로 따라 하는 것이 아니라 혹은 남이 짜 놓은 틀대로 따라가는 것이 아니라 '스스로 원하는 것을 느끼고, 하고 싶은 것을 하는' 것이 캠프의 목적이었다. 엄마들이 '주체성', 스스로 자신의 삶을 기획하고 살아가는 힘을 회복하는 것은 가족 구성원 모두에게 중요하고 지대한 영향을 미친다.

나를 이해하고, 다른 이를 이해하는 소통 훈련에 관한 강의를 할 때 나는 종종 엠비티아이* 검사를 하게 한다. 이 검사는 자신에 대해 성찰을 많이 한 사람들일수록 성향을 잘 알아낼 수 있다. 그런데 이 유형을 찾아내기 가장 어려운 집단이 '엄마들'이다.

---

* Myers-Briggs Type Indicator의 약자 MBTI는 카를 융Carl Jung의 심리 유형론을 토대로 만든 성격 유형 검사 도구다. 설문을 통해 16가지 성격 유형으로 나누어, 성격 특성과 행동 관계를 이해하도록 돕는다. 외향형, 내향형, 감각형, 직관형, 사고형, 감정형, 판단형, 인식형 등으로 구분하기도 하고 소금형, 권력형, 활동가형, 사교형, 예언자형, 과학자형, 스파크형, 발명가형, 백과사전형, 성인군자형, 사업가형, 친선도모형, 잔다르크형, 아이디어형, 언변능숙형, 지도자형 같은 말로 구분하는 이들도 있다.

내 몸에서 생겨난 생명체(아기)가 나의 도움 없이 생존할 수 없는 상태로 만나는 경험을 한 '엄마'들은 아이를 키우면서 두 시간마다 젖을 먹이고, 기저귀를 갈며 자고 싶은 욕구를 참아야 하고, 수유를 위해 자극적인 음식을 멀리해야 하며, 좋아하든 싫어하든 미역국만 한 달을 먹어야 하기도 한다. 고기를 싫어하는 어떤 엄마는 아이 출산 후에 사골국에, 고기 미역국을 억지로 먹다가 수유가 끝나자 십 년 동안 고기를 입에 대지도 않았단다. 이렇듯 아이를 위해 자신의 욕구를 포기하며 수년을 살아 온 엄마들은 자기 선호도에 익숙하지 않다. 영유아기의 아이들을 키우면서 자신을 잃어버린 엄마들은 반드시 회복의 시간을 가져야 한다. 아이들과 젖 떼기(수유 중단이 아닌 관계의 적정 거리 형성하기)를 하면서 엄마들은 스스로를 돌볼 수 있어야 하고, 그래야 내 자식만을 바라보는 시각에서 '우리'와 '마을'과 '사회'를 볼 수 있기 때문이다.

지금 우리 아이들은 자신의 진로와 결혼 생활은 물론, 아이 양육까지 부모에게 기대고 있다. 대학 오리엔테이션에는 '학부모 오리엔테이션'이 떡하니 함께 진행되고, 수강 신청에 성적까지 부모가 관리한다. 회사에 들어가서도 인사고과에 대한 문의나 항의를 부모가 한다니 말 다했지. 이러다 아이가 죽을 때 부모 무덤에 와서 "엄마, 나 이제 죽어도 돼요?" 묻는 거나 아닌지…….

성적 좋은 똑똑한 아이들로 키우기는 했지만 삶을 살아갈 기

엄마도 아프다

획력이나 주체성을 키우지 못한 아이들, 자신 이외의 다른 사람들을 살피거나 돌아볼 여력이 없는 아이들, 경쟁 속에서 내가 살아남기 위해 타인은 죽여야 하는 환경만 접해 본 아이들은 '함께' 살아가기에 대한 가치나 의미를 잘 모른다. 그러니 이유 없이 남을 괴롭히고, 왕따를 벌이고, '삥'을 뜯는 괴물들이 되고 만 것이다. 그 아이들이 돌연변이라고? 아니다! 아이들을 이렇게 키워 낸 것은 바로 우리 세대다!

〈줌마네〉 프로그램을 듣는 엄마들도 자신의 선택에 대해 확신이 없다. 〈줌마네〉를 통해 다르게 살아 보겠다고 결심하지만, 집으로 돌아가는 길에 다시 '우리 아이만 뒤처지면 어쩌나?' 하는 생각이 든단다. 확신이 없으면 불안이 찾아든다.

아이나 어른이나 최고 목표가 로또 당첨이다. 로또만 되면 공부를 그만두고, 회사를 그만두겠다는 꿈을 꾼다. 그게 무슨 꿈인가? 그만두는 것은 꿈이 아니다. 하고자 하는 것이 꿈이어야 하는데 그 '하고자 하는 것'이 없다. 부모도 아이도 어디로 가는지 모르면서 한없이 피폐해져만 간다. 엄마들은 최선을 다해 아이들을 돌보느라 자신을 희생한다. 아이들은 그런 부모에게 빚진 마음으로 오늘도 학원으로 내몰린다. 아이나 부모나 억울하기만 하다.

그래서 아이 키우는 엄마들은 자녀 문제와 관련해서 그게 질풍노도 청소년 시기이든, 성인이 되어서든 한 번은 몸살을 앓게 된다는 '지랄 총량의 법칙'을 공감한다. 희생하고 헌신하는데 정작 그 돌봄을 받는 대상은 없는 이상한 현장이 요즘의 육아다. 과거에는 가족 안에 '가부장 권력'이 분명히 존재했고, 그것이 큰 문제를 일으켰다. 그러나 2010년 이후부터는 아버지의 '가부장 권력'에 대한 공감보다 '머슴 아빠'와 '무수리 엄마'에 대한 공감이 더 커지는 것을 느낀다. 수많은 '왕자'와 '공주'들만 가득하다.

무엇이 정답인지는 알 수 없지만 '어디로 가고 있는지?', '잘 가고 있는 것인지?', '행복한지?' 질문을 던지는 것은 중요하다. 질문을 던질 때마다 정답이 보이지 않아 머리가 깨질 듯 아프지만 '미친 듯이 열심히'만 달려가던 그때도 미래는 불투명하고 머리는 아팠다.

'내 아이'만 잘 키우겠다는 노력이 아이를 무력하게 만든다는 성찰은 '우리 아이들'을 잘 키울 수 있는 방법을 찾기에 이르렀다. 연세대학교에서 중학생 인문학 프로그램을 운영하고 있던 참이라 세대 간 소통을 모색할 수 있는 프로그램을 만들어 보기로 했다. '아줌마와 십 대 소녀가 함께하는 성장 인문학-모모 프로젝트'였다. 프로그램에 참여한 아줌마와 소녀들은 서로를 '모모'라 부르면서 친구가 되었다. 스스로 자기 삶을 기획하고 살아가는 힘을 기르는 데 목적이 있었다.

'아줌마 모모'와 '소녀 모모'가 친구가 되기 위해서는 가장 먼저, 이 아줌마들이 '엄마 노릇'을 포기해야 했다. 아이들을 기다려 주지 못하고 해결하러 나서거나, 과도하게 보살핌을 하지 못하도록 말이다.

'소녀 모모'들과 '아줌마 모모'들은 토요일마다 하고픈 일을 찾아다녔다. 무슨 일을 할지는 수다로 정했다. 놀이처럼 자연스럽게 이어지는 과정은 '하고 싶은 일'에 대한 고정관념을 깨 주었다. '아줌마 모모'는 선생님도 인도자도 아니었다. 물론 모임 전후에 따로 모여 회의도 하고 점검도 했지만, 프로그램을 시작하면 '소녀 모모'와 똑같은 참가자일 뿐이었다. '아줌마 모모'도 자신이 하고 싶은 일을 찾고, 실제로 해 보았다. 각자가 하고픈 일들을 기획하고 서로 나누면서 서로의 기획을 보완해 주기도 하고, 실행을 할 때는 응원군이나 관객이 되어 주었다.

여전히 '도대체 뭘 했다는 거야?' 싶으신 독자들도 있을 것이다. '소녀 모모'들과 '아줌마 모모'들이 함께 진행한 프로그램을 보면 이해가 되실 것이다.

"○○의 만화방"에서는 좋아하는 만화책을 빌려다 놓고 일일 만화방을 열었다. 컵라면을 팔아 수익도 남겼다.

"미친 짓 프로젝트"에서는 가면을 쓰고 분장을 하고, 평소라면 할 수 없었던 일을 해 보기도 했다. 홍대 앞에서 큰소리로 인사를 하기도 하고, 모르는 이에게 용기 내 말도 걸었다. 평소 수줍음이 많아 남들 앞에 나서지 못했던 '소녀 모모'는 엄청 행복해했다. 이것 말고도 "추억의 사진 남기기","사진으로 퍼즐

---

* 십 대인 자신이 가장 아름다운 모습이 어떤 것인지 고민해 의상과 분장을 기획하고 촬영해 사진으로 남기는 프로젝트였다.

만들기", "친구들과 파티하기",* "길거리 노래 공연",** "요리 교실",***
"아무것도 안 하기" 등이 있었다.

이 모든 것이 가능했던 것은 '모모'들이 몸으로 친해지는 시
간을 가진 덕분이었다. '소녀 모모'들은 '아줌마 모모'들이 어
릴 적 하던 고무줄놀이, 팔방치기, 숨바꼭질을 함께 하면서 놀
았다. 같이 잠을 자면서 자연 속에서 시간을 보내고, 서로의 사
진을 찍어 주기도 했다. 사기 철학으로 멋지게 살아가는 카페
사장, 요리사도 만났다. 하고 싶은 일을 스스로 기획하고 예산
도 짰다. 자기 프로젝트만이 아니라 다른 이의 프로젝트에 참가
자로, 조력자로 기꺼이 함께했다. 마무리 파티 때는 '소녀 모모'
들이 '어른 모모'와 가족을 초대했는데, 행사 음식이며 진행을
'소녀 모모'들이 완벽하게 준비했다. 전 과정을 온전히 경험해 보
면서 '소녀 모모'들도 자신들의 능력에 놀랐고, 파티에 참석한
가족들도 놀랐다. 이 과정을 통해 '소녀 모모'들은 '어른 모모'들
과 친구가 되었고 '엄마'가 아닌 엄마 또래의 '어른 친구'를 만나
는 경험을 하게 됐다.

---

* 친구네 집에 가서 수다 떨다 자는 단순한 기획이 아니라 초대장 보내는 것부터 뭘 하고
놀 것인지, 어떤 공연을 할 것인지, 메뉴는 뭘로 하고 장은 어떻게 볼 것인지를 일일이 다 정
해 보았다. 물론 요리도 직접 했다.
** 기타를 연습하고 직접 공연을 기획했다. 실제로 공연을 열었을 때는 공연 장소인 공원이
너무 한적해서 관객이라곤 참가자뿐이었지만.
*** 부모님과 인도에 다녀온 경험을 살려 인도 요리인 카레와 난을 만들어 대접했다. 아주 훌
륭한 일일 요리 선생님이었다.

　　　　　　　　　　　　　　　　엄마도 아프다

한편 '어른 모모'들에게는 이런 연습이 자기 아이 옆에서 돌볼 때보다 아이를 더 많이 이해할 수 있게 해 주었다고 한다. 중학생 딸과 아무 말도 나누지 못했던 어떤 엄마는 프로그램 덕분에 서로 이야기를 하게 되었다고 했다. 부모에게 할 수 없는 말, 그리고 또래로서는 충족될 수 없는 어른과의 대화가 필요할 때, 혹은 삶에 대한 조언과 위로가 필요할 때, 부모가 아닌 믿을 수 있는 '좋은 어른'이 가까이 있다는 것은 아이에게는 세상을 살아가는 데 큰 힘이 된다.

'모모 프로젝트'에는 이십 대 대학생들도 있었는데, 스스로를 '소녀줌마'라 칭하면서 두 세대의 다리 역할을 했다. 당시 '소녀줌마'들은 대부분 대학교 1, 2학년이었는데, 대학에 와서 가장 힘든 것이 친구를 맺는 거였다고 했다. 그건 어른으로 살아가고 있는 우리들도 마찬가지가 아닐까? 아는 사람은 많은데 정작 '친구'는 줄어들고 있는 게 사실이니까. 문제를 해결해 주기 위한 조언을 하는 사람들은 많은데 정작 친구라고 느껴지는 사람은 몇이나 될까? 그저 바쁘게 '빨리빨리' 살아 내야 하는 사람들은 '문제'를 발견하면 신속히 대응책을 마련해야 하고, 해결해야 하고, 그래야 다음 단계로 진입할 수 있고, 의미 있는 것처럼 여기게 된다.

이 프로젝트는 '친구'라는 의미를 다시 생각하게 만들었다. 이 프로젝트 전까지만 해도 나는 함께 어울리고 눈높이를 맞추(거나 혹은 그런 척하거나)면 친구가 되는 거라고 생각했다. 그러다 당시 프로젝트에 참여했던 친구 딸과 이야기를 나누다 머리를 한 대 맞은 것처럼 충격을 받았다. 어떤 과정이었는지 정확히 기억나진 않지만, 내가 그 아이의 친구가 맞느냐고 물었던 것 같다. 그 아이의 대답은 이랬다.

"로리(연령 위계를 없애고 만나려는 공동체 안에서의 내 별명이다.)는 이모지, 친구는 아니야."

"왜?"

"친구는, 음……, 글쎄……, 오랫동안 함께 한 시간과 기억들이 있어야 하는 거 같아. 로리는 오래 알고 지내기는 했지만 함께 한 시간과 기억은 별로 없잖아."

'친구'란 그냥 알고 지내는 사이와는 다른 무엇이어야 한다는 말이다. 일방적으로 조언하거나 가르치는 관계가 아니라 들어주고, 같이 있어 주고, 함께 걸어갔던 경험이 있으며 앞으로도 그럴 수 있는 그런 관계가 '친구'인 것이다. 소설 『모모』에 나오는 거북이처럼 말이다.

그동안 〈줌마네〉에서 성장하고 자기 길을 찾은 여자들이 참으로 많다. 환갑 넘긴 나이에 연극을 시작해 해마다 무대에 서는 이도 있고, 귀농해 손수 농사를 지으면서 춤으로 사람들 마음을 치유하는 '춤 테라피스트'로 살아가는 이도 있다. 탈학교 청(소)년들과 사회적 기업을 운영하는 사람, 동네 반찬 가게에서 시작해 공장까지 갖춘 회사의 사장이 된 이도 있다. 사진작가가

엄마도 아프다

되어 전시회를 열고 책을 펴내는 이, 동화 작가가 되려고 애쓰는 이, 영화감독이 된 이까지 다양하기도 하다. 나는 〈줌마네〉 부대표에서 회원으로 자리를 달리하고, 친구들과 〈같이교육연구소〉를 열어 새로운 시간들을 보내고 있다. 〈줌마네〉에서 만나 성장한 이들은 한 사람 한 사람이 각자 〈줌마네〉가 되어 친구를 만들고 있다. 오늘을 행복하고 충실하게 살아 내기 위해 애쓰고 있다.

이 글을 읽는 독자들도 '좋은 어른'이 되기 위해 또 다른 꿈을 함께 꿀 수 있기를 바란다.

혼자 하는 '엄마 노릇'에서
함께하는 사회적 모성으로

•

나임윤경

•

•

•

나임윤경은 시도한 대부분의 일이 실패로 끝난, 참담했던 20대 중반에 지푸라기를 잡는 심정으로 강남의 영어 학원 강사가 되었다. 자기 또래의 '강남 사모님' 수강생들을 만나며 화려할 줄 알았던 그들의 삶이 크게 다르지 않음을 알게 됐다. 그때 '억압', '해방', '성 평등' 같은 개념들을 떠올렸고, 그런 것들을 공부하러 30대 초반에 유학생이 되었다. 제도나 법도 중요하지만 '일상'에서의 여성해방이 중요하다고 믿으며 매일매일 실천하러 투쟁 중이다.

사회와 정부의 역할을
대신 떠안은 '엄마 노릇'

    사회과학자들은 지극히 한국적인 '엄마 노릇'이
어떤 역사적·사회적 맥락과 조건 속에서 만들어지고 '구성'되었
는지 이해하려 노력해 왔다. '엄마 노릇'이 저절로 태어난 게 아
니라 인위적으로 만들어진 역할이라 믿었기 때문이다. 특히 최
근 몇 년간 여성학계를 중심으로 입시 사교육과 관련한 모성 연
구가 많이 진행되어 왔다. 한국 엄마들이 가족 내 자녀와 배우
자에 대해서 갖는 '문화적인 권력'**은 비대한 데 비해, 사회와
공적 영역에서 갖는 '구조적 권력'**은 빈약하다는 주장부터, 엄

---

* 단위로서의 가족 신분 유지 및 상승을 위해 구성원들의 삶의 규율을 정하고 집행하는 권
력으로 정의하고자 한다. 가족들의 생산성(성적, 건강, 연봉, 사회적 지위 등)을 높이기 위하여
행사되는 권력으로서, '간접 권력' 혹은 '재생산 권력'으로 명명되어도 좋다.
** 개인과 조직의 경제·정치적 이익을 위해 발휘하는 사회 안에서의 체계적인 권력으로 정
의하고자 한다. 직접적으로 개인과 조직이 더 많은 재화와 권력을 획득하기 위해 발휘되는
권력이므로, '직접 권력' 혹은 '생산 권력'으로 명명될 수 있다.

마들의 도구적 모성,* 경쟁적 모성 등이 언급되기도 했다. '엄마 노릇', 즉 모성이 이렇게 다양한 의미와 모습으로 논의되는 사회가 한국 말고 또 있을까?

그렇다면 한국 엄마들에게 자식은 어떤 의미일까? 당연히 수험생 당사자나 입시 상담 선생님들이 와 있어야 할 입시 설명회에는 물론, 대학생들이 대학 운영 방식에 문제가 있다고 불만을 토로하는 자리에도 피켓 든 엄마들은 어김없이 등장한다. 아이들이 학교에서 왕따를 당하고, 자살을 하고, 성폭력을 당해도, 그리고 무엇보다 살인적인 입시 위주의 교육 정책이 지속되어도 집단행동을 않던 엄마들이 서울시 교육청의 몇몇 자율형 사립고 폐지 결정에는 엑스 표가 선명한 마스크를 쓰고 시위에 나선다. 한국 엄마들이 자식의 (사)교육과 성적에 집중하는 태도를 보면, 한국 정부와 사회가 엄마들에게 무엇을 기대하며 어떤 책임을 떠안겼는지 드러난다. 그래서 낸시 에이블먼Nancy Abelmann 등 여러 외국 학자들도 한국 사회를 이해하려는 노력 중 하나로 한국의 '엄마 노릇'을 연구했던 것 같다. 그 결과 우리가 최근 들어 익숙하게, 동시에 문제의식을 담아 쓰고 있는 '헬리콥터

---

* '모성'이라고 말할 때 대부분의 사람들은 어머니에게 내재되어 있는 '본성'이라는 개념을 떠올린다. 모성이 본성이라고 생각하는 데는 자녀에 대한 무조건적인 사랑과 희생이 전제되어 있다. 그러나 '도구적 모성'은 어떤 조건 하에서만 혹은 특정 조건을 만족시키기 위해서만 발휘되는 모성을 의미하므로 본성적 모성과는 상반된다. 이를테면, 자녀의 성적을 올리기 위해 모성을 기획한다든지, 혹은 성적이 좋은 자녀만을 위해 어떤 특정 엄마 노릇을 하는 것 등을 의미한다.

엄마도 아프다

맘' '매니징 맘' 같은 단어들이 한국 사회에 등장하게 되었다.[*]

이전까지 가족이라는 사적 영역에 묶여 있던 엄마들이 서서히 공적 영역에 등장한 시기는 해방 이후다. 그러나 본격적으로 도시의 공적 영역에서 엄마들이 가시화된 것은 아마도 한국 전쟁 이후에, 전쟁 중 죽은 남편을 대신해 가장이 된 엄마들이 동대문 포목상이나 가판에서 돈을 벌면서부터일 것이다.[**] '억척'이라는 수식어가 제격인 그 당시 엄마들의 생활양식은, 1970년대 들어서면서 정부의 강남 개발 기획과 음모[***]에 부응하며 땅과 아파트를 사들이면서 웬만한 기업 임원의 연봉보다 높은 수입을 올린, 이른바 '사모님' 엄마들로 이어졌다. 한국 정부가 수단과 방법을 가리지 않고 성장만 하고 보자고 외친 덕분에, 이 여성들은 '남편 없이', 혹은 '무능한 남편' 대신 가족 신분을 상승시킬 수 있는 방법을 찾을 수 있다는 자신감을 갖게 되었다. 여전히 철저한 가부장 사회에서도 말이다. 자고 나면 껑충 뛰어 있는 땅값으로 돈을 번 '사모님'들은 '치맛바람'이라는 폄하에도, 자신들이 못 이룬 고등교육의 한을 자식들에게 풀어냈다. 나름

---

[*] 영어권에는 '하키 맘hockey mom'이라는 단어로 극성 엄마를 묘사하지만, 그건 아들을 하키 선수를 만들고자 하는 엄마들이 무거운 하키 장비 때문에 차로 아이들을 경기장과 경기장 사이로 데리고 다녀야 하는 데서 유래한 것 같다. 반면 '헬리콥터 맘'과 '매니징 맘'은 자녀의 근거리에서 일거수일투족을 감시하며 조정하고 관리하는 엄마를 일컫는 것으로서, '하키 맘'과는 비교도 될 수 없을 만큼 자녀에 대한 전폭적인 희생과 지원이 따라야 한다.
[**] 윤택림, 『한국의 모성』, 미래인력연구센터, 2001.
[***] 강준만, 『강남, 낯선 대한민국의 자화상』, 인물과사상사, 2006.

대로 성공을 이룬 이 엄마들은 정부가 그랬던 것처럼 자신들의 자식 세대, 즉 1950년대 중반생부터 1960년대 중반생에 이르는 베이비부머 세대에게 성과와 물질 중심적 가치관과 경쟁 지상주의를 심어 주었을 것이다. 억척같은 '엄마 노릇'을 하면서 자식 세대 교육은 사회와 정부가 책임져야 할 기본 권리가 아니라 엄마라는 개인이 책임져야 하는 일이라고 생각하게 되었다. '자식 농사'란 온전히 '엄마 노릇'에 달려 있음을 한국 사회가 목격하고 인정하게 만든 결정적 계기였다.

2장에서 이유진이 설명했듯, 근대 시기의 한국 정부와 사회가 '과학적 모성' 담론을 통하여 한국의 미래 세대를 키워 낼 주체로 '엄마'를 호명했다면, 1970년대의 엄마들은 자식들의 신분 상승을 위해 자발적으로 노력한 것으로 보인다. 그럼에도 한국 사회와 정부는 경쟁 중심의 교육 체계를 변화시키지 않음으로써 엄마들의 '자발성'을 부추겨 왔다. 덕분에 교육에 할애됐어야 할 많은 공적 자금이 정권 유지, 권력 집중에 쓰일 수 있었을 것이다. 결국 1970년대 성공 신화의 엄마를 보고 자랐던 베이비부머 여성들은 엄마가 된 뒤, 3장의 태희원과 5장의 최시현이 보여 주듯, '깨알 같은' '엄마 노릇'을 해 왔으며, 이것은 교육에 대한 한국 사회와 정부의 나태함과 무능함을 정당화해 왔다.

여성학자 이경아는 저서 『엄마는 괴로워』*에서 최근 십수 년

---

* 이경아, 『엄마는 괴로워』, 동녘, 2011.

간 훨씬 더 강력해진 엄마들의 문화 권력에 대해 궁금해한다. "너는 나처럼 살면 안 된다"고 하는 엄마의 주문을 대사회적 욕망으로 환원하고, 넉넉한 물적 기반을 토대로 고등교육 세례를 받은 베이비부머 세대의 여성들이 공적 영역으로 나아가 공식적이고 제도적인 권력을 획득하려 하지 않은 이유는 무엇일까? 왜 비공식 영역인 가정에서 자식들을 향한 문화 권력 쌓기에만 몰두해 왔을까를 질문하면서, 이경아는 '모성적 생산성'이라는 개념을 소개한다.

우리 대부분은 자본주의가 끊임없이 인간의 자율성이나 권위를 침해하며 자본의 노예가 되도록 한다는 것을 잘 알지만, 동시에 시스템에서 낙오하면 재기할 수 없다는 사실을 알기에, 자본주의적 생산성(능력, 스펙, 연봉) 향상에 박차를 가한다. 결국 도태될 것에 대한 불안함 때문에 부단히 개인의 생산성을 높이려 노력(자기 계발)한다는 것이다. 마찬가지로 자본주의 사회에서 살아남아야 할 자식에게 다른 집 자식보다 더 많은 생산성을 부여하도록 '엄마 노릇'을 해 온 엄마들은 사회의 불안을 때론 억울함으로, 때론 분노로 수용하면서, 공적 영역에서 발휘되었어야 했을 자신의 생산성을 '모성적 생산성'으로 전환하여 억울함이나 분노를 극복하려 한다. 즉 내 자식의 능력을 다른 집 자식보다 크게 키워 놓음으로써 자본주의적 생산성 대신 모성적 생산성을 발휘하고자 한다는 것이다. 벨 훅스의 말을 빌리자면 여성들이 아무리 훌륭해도 가부장적 사회가 그 훌륭함을 인정하지 않으므로 여성들은 다른 사람을 보살피고 사랑함으로써 인정받고자 하는 전략을 세운 것이다. 즉 여성들의 구조적 권력 획득에는 한계가 명백하므로 문화적 권력으로 관심을 돌리게 되었다는 설명이다. 이에 나는 전적으로 동의한다.

결국 교육과 건강(2장 이유진 참조) 등 구성원들의 기.본.권(복지가 아니다)의 영역에서 사회와 정부가 손을 떼고, 대신 그 자리에 엄마를 호명하거나 엄마들의 자발성을 부추겨 왔으므로 지난 사오십 년간 (질적으로는 그렇지 않지만) 한국은 양적으로나마 성장을 거듭할 수 있었다. 많은 구성원들이 자본가들의 착취와 멸시로 힘들고 고됐지만 낭만이라는 것도 아주 없지 않았으며 독재 타도와 민주주의를 외치면서 공동체를 경험하기도 했다. 빈부 격차는 있었지만 계층 이동이 가능해 보였다. 개천에서 용 나는 시절이었기 때문이다. 그러니 '엄마 노릇'도 멈출 수가 없었다. 이는 한국 사회 전체가 (그 뜻은 명확하지 않지만) '선진국'으로 도약하려고 안간힘을 쓰던 때의 일이다.

신자유주의라는
덫

한국 경제가 높은 굴뚝의 공장을 중심으로 돌아가던 이른바 '생산 중심적' 사회일 때는 힘을 쓰면 쓰는 만큼 주머니가 두둑해져서 곧 '선진국' 대열 속으로 들어가는 줄로만 알았다. 그때는 온 나라가 열에 들떠 있었고, 이미 그런 시기를 지나와 '맥 빠진' 상태였던 1980년대와 1990년대의 일본은 한국 사회의 넘치는 에너지를 부러워했다. 수산 시장에도 동대문 시장에도, 그리고 대학가에도 온통 힘이 넘쳐흘렀다. 이런 사회에서 우리는 공부벌레, 아니, 제때 기름만 발라 주면 지치지 않고 돌아가는 공부 기계 같은 인재를 필요로 했다. 이들은 '느낌', '사유', '철학' 등을 기본으로 하여 오랜 시간 쌓아 올리는 '창의력'보다는 단기간에 많이 외우고 또 그것을 반복적으로 기억해 해는 기계적 능력을 가짐으로써 생산 중심적 한국 사회를 '압축적으로' 성장하게 하였다.

그런데 1990년대 중반 즈음이던가. '교실 붕괴'라는 말이 떠돌더니, 기계같이 공부만 해도 잘 버텨 내던 아이들 중에서 어떤 아이들은 자살을 하고, 은둔형 외톨이가 되고, 왕따를 당하거나, 왕따를 하기 시작했다. 그리고 대부분의 아이들은 교실에서 잠을 자기도 했다. 한두 명만이 잠을 잤을 땐 교사들도 이들을 야단치며 깨우려고 했으나 이제는 반이 넘는 아이들이 잠을 청하므로 교사들도 속수무책이다. 이들이 깨어나 떠드느니 차라리 잠을 자는 편이 더 낫다고 하는 교사도 있고, 어떤 교사들은 속 안 썩이고 자는 아이들을 "착하다"고까지 말한다.* 이런

---

* 엄기호, 『교사도 학교가 두렵다』, 따비, 2013.

상황이야말로 '교실 붕괴', 아니 '교육 붕괴'다. 무엇보다 학교 밖의 사람들을 당혹스럽게 하는 것은 잠을 자는, 아니 잠만 잤기에, 십 대들에게서 도무지 생기를 찾을 수 없다는 사실이다. 가족들과 말을 않거나 눈을 맞추지 않는 것은 "그럴 때지." 하고 넘길 수 있겠으나, 거의 모든 십 대 아이들에게서 어떤 생동감도 느껴지지 않는 것이고 보면, 놀라지 않을 수 없다.

6장 박진숙의 글에 나오는 십 대들을 처음 만났을 때 이런 생각을 했다. '이 아이들이 중고등학교 6년을 학교 밖에서 지냈어도 저렇게 무기력했을까?' 〈소풍가는 고양이〉의 단골인 나도 그 아이들과 인사를 트는 데 2년 이상이 걸렸다. 그런데도 그 아이들이 예외적인 청년들이 아니란다. 도대체 이건 무엇을 뜻하는가? 1장에서도 말했듯이 대학교에서 만나는 그 또래도 그렇게 맥이 없다. 일본 사회가 이미 우리에게 경고하듯 보여 주었건만, 아무 의욕도 없고, 삶에 필요한 에너지는 몽땅 고갈된 듯한 청년들을 직접 대하는 것은 생각보다 당혹스러운 일이다.

적지 않은 사회과학자들은 이러한 현상에 대해 '기계적' 인재를 필요로 했던 20세기 산업/생산 중심 사회의 맥락과 '창의적' 인재를 요구하는 21세기 후기 산업/소비 중심 사회의 맥락이 판이함에도, 학교 교육이 여전히 기계적 인재만을 양성하고자 하기 때문이라고 말한다. 아이들은 이미 학교에서 배우는, 아니 듣기만 하는 '정보'(그렇다, 지식이 아닌 정보다)는 바뀐 세상에서 아무 가치도 없다는 것을 알고 있다. 공부하는 기계가 되어 설령 서울대, 고려대, 연세대를 일컫는 '스카이SKY'에 입학한다 해도, 지금으로선 취업이 어렵기 때문이다. 산업/생산 중심의 사회에서는 학교에서 얻은 정보가 재미는 없었더라도 그 덕분에 대학을 갈 수 있었고, 대학 졸업 후에는 취업을 하고, 취업 후 번 돈으로 이후의 삶을 전망하고 기획할 수 있었다. 그러나 취업이 예외적 현상이 된 지금은 대학 졸업장 자체가 종이 한 장의 의미만큼도 없게 되었다. 그러니 왜 의미 없는 기계적 훈련을 반복적으로 하는 교실에서 잠을 청하지 않겠는가.

'취업 불가능'한 시대이므로 학교는 다양한 자극과 경험으로 자신이 누구인지, 뭘 하면서 살아야 좋을지, 누구와 협력할지 등을 알아 감으로써 스스로를 고용하도록 가르쳐야 한다. 그런데도 여전히 산업/생산 중심 사회의 맥락에나 어울릴 법한 기계적 훈련을 반복하고 있는 것은 정부와 사회가 무능하다는 증거다. 교육을 개혁할 의지가 조금도 없다는 뜻이다.

그렇다면 왜 취업이 예외적인 상황이 되었을까. 정부 여당과 야당은 총선이 다가오자 모두들 청년 실업을 해결하겠다고 공언한다. 그러나 청년 실업 문제는 한 사회만의 문제가 아닌 전 세계적인 현상이므로 한국 내 정치인들의 공언만으로 해결되지 않는다. 신.자.유.주.의라는 경제 질서는 그 이름이 갖고 있는 가벼움만큼이나 돈이 자유롭게 국경을 넘나들 수 있는 환경을 만들었다. 이른바 규제 완화라는 '자유' 제일주의 가치를 통해 인력이 비싼 제1세계의 자본은 자기 나라의 규제는 물론 다른 나라의 규제까지 해체하며 값싼 인력이 있는 제3세계의 국경을 넘어 들어간다. 그런 뒤에는 제3세계의 값싼 인력으로 값싸게 물건을 대량 생산, 다시 1세계 소비자들에게 판다.

이 과정에서 첫째, 제1세계 혹은 한국 같은 제1세계 언저리에 있는 사회의 일자리는 점차 줄어들 수밖에 없다. 한국 기업들 역시도 오래전부터 중국을 비롯한 다른 아시아권, 혹은 아프리카로 진출하여 그 지역의 값싼 인력 덕에 낮아진 생산비로 이익을 극대화하고 있다. 그러므로 한국 역시도 생산 중심 사회에서 일자리는 없어지지만 값싼 물건이 넘쳐 나는 소비 중심 사회로 이동하게 된 것이다.

둘째, 자본에 대한 규제가 완화된 상황은 금융 산업의 전성기를 가져왔는데 예컨대 최근 십 년 사이 한국 사회에서 엄청나게 많아진 보험 회사, 대출 회사, 상조회 광고만 보아도 금융 사회가 도래했음을 알 수 있다. 강내희가 『신자유주의 금융화와 문화정치경제』*라는 두꺼운 책에서 자세히 설명하고 있듯이, 기업 혹은 자본가는 노동자를 선발, 훈련하고 그들과 임금이나 복지 등을 협상하는 등의 복잡하고 오랜 기간의 과정에 투자하여 이익을 만들기보다, 이른바 '돈 놓고 돈 먹는', 투자한 자본의 회수 기간이 엄청나게 짧은 금융 산업을 선호한다. 이 과정에서 필요한 인력은 전산과 숫자에 능숙한 초일류 엘리트뿐, 국

---

* 강내희, 『신자유주의 금융화와 문화정치경제』, 문화과학사, 2014.

　　　　　　　　　　　　　　　　　엄마도 아프다

영수를 잘하는 평범한 우등생을 위한 일자리는 줄어들 수밖에 없다.

여기에 더해 점점 더 기계화되는 세상에서는 기계가 인력을 대신하므로 더욱더 일자리가 줄어든다. 그러므로 정치가들이 약속하는 일자리 창출에서의 '일자리'는 단순 서비스업이거나 엄청난 감정 소모를 필요로 하는 노동(간병인, 각종 도우미…)일 수 있다. 일자리를 늘릴 수 없으니 피크(정점)에도 도달해 보지 못한 중년들에게 '정년 피크제'를 적용하여, 그 이후 낮아지는 임금 폭만큼의 일자리를 청년들에게 준다는 '꼼수'를 쓰겠다는 것이다. '좋은' 일자리 창출은 규제 완화, 금융화, 기계화 같은 시류로 볼 때 불가능하다.

일자리가 줄어들고 취업 전망이 점점 어두워지자 한국 사회에서는 3장과 5장에서 밝히고 있듯 '엄마 노릇'이 더욱더 촘촘하게 진행되기 시작했다. 극도의 경쟁 사회에서 낙오되지 않고 살아남기 위해서는 내 자식에게 남보다 높이 쌓아 올린 스펙이 필요하다고 판단했기 때문일 것이다. 그러나 이쯤 되면 스펙으로 취업이 되던 시대는 저만치 지나갔음을 알아야 하지 않을까. 다시 말하지만 지금 세상에서는 일자리가 줄고 있다. 즉 일자리를 찾기 위한 스펙 쌓기를 멈춰야 할 때가 온 것이다. '엄마 노릇'의 핵심이었던 자녀들의 스펙 쌓기를 멈춘다면 무엇을 해야 할까.

개인적 '엄마 노릇'에서
사회적 모성으로

일단 당장 또다시 무엇을 해야 한다고 말하기보다 무엇을 '하지 말자'고 얘기하는 것이 더욱 적합할 것이라고 생각한다. 1장에서도 울리히 벡의 말을 빌려 잠깐 언급했듯이 현대는 우리가 무언가를 하면 할수록 '위험'해진다는 '위험 사회'이기 때문이다. 최근 몇 년 사이 느리게 가자는 슬로 라이프 담론이나 귀촌, 귀농 현상이 번지고 있다. 어쩌면 이 '위험' 사회에서 발을 빼 보려는 시도로 읽힐 수 있을 것이다. 교육학을 전공하는 동료에게 점점 과잉적으로 치닫고 있는 '엄마 노릇'에 대한 한국 정부와 사회에 대한 비판을 털어놓았더니, "그것도 맞는데 나는 각자가 자기 자식을 조금만 덜 사랑했으면 좋겠다."고 답한다. 나는 그 말을 '사랑할수록 위험하니까. 점점 더 많이 사랑할수록 점점 더 위험해지니까'로 이해했다.

벨 훅스는 "시간이 갈수록 여성이, 특히 온전한 자아실현을 이루지 못하고 다른 이를 보살피는 일만 수행해 온 여성은 자신이 보살피는 상대를 지나치게 의존적인 사람으로 양육한다는 증거가 나타나고 있다. 가령 어떤 여성은 지나치게 위압적이고 경계를 무너뜨리는 방식으로 상대를 보살펴서 상대의 성장을 돕기보다 해치게 되며 관계가 소원해지게 만들기도 한다."고, 마치 한국의 '엄마 노릇'에 대해 알고 있다는 듯 썼다. 내가 대학

엄마도 아프다

에서 만나는 학생들 모습 그대로다. '엄마 노릇' 덕분에 공부를 꽤 잘하게 되었다고 말하는 그 아이들은 말할 수 없이 의존적이고 수동적이다. 그들은 종종 엄마를 안 좋아한다고, 엄마가 귀찮다고 말한다. 그러나 의존적이고 수동적이기 때문에 어려운 일이 생길 때마다 엄마를 찾는다. 엄마들은 스무 살이 넘은 이런 자식에 대해 "우리 애는 아직 어려요. 아무것도 모른다니까요!" 하는 말을 창피하지도 않은지 자랑스레 말한다. 나는 이들이 '엄마 노릇'을 놓지 못하는 심각한 증상에 걸렸다고 생각한다. '덜' 사랑할 수 있는 방법을 모르는 것이다.

'더' 보다 '덜'이 어려운 경우는 자식에 대한 '엄마 노릇'이 유일할지도 모른다. 이러한 맥락에서 7장의 로리주희가 썼듯 〈줌마네〉처럼 나와 유사한 경험을 나눌 여성들이 함께 모인 공간을 찾는 것이 대안이 아닐까 싶다. 인터넷 공간이 아닌 '진짜' 공간에서 '엄마 노릇'의 피곤함, 억울함, 외로움, 기쁨, 뿌듯함 등을 다른 여성들과 공유하면 좋겠다. '엄마 노릇'에서 벗어나 자기만의 시간, 대화, 활동, 성취에 스스로를 노출시키면 좋지 않겠는가. 그 별것 아닌 것 같은 경험들에서 '별것'이 나오기 때문이다. 6장의 저자 박진숙도 〈줌마네〉를 거쳤다. 〈줌마네〉에서 많은 글을 썼고, 생각이 많아지고 넓어졌고, 다른 세상이 있음을 알았고, 그래서 대학원에 갔고, 〈줌마네〉에서 경험하고 신촌과

---

* 벨 훅스, 『사랑은 사치일까?』, 양지하 옮김, 현실문화, 2015.

영등포(《하자센터》)를 오가며 그곳에서 배운 내용을 자기만의 방식인 《소풍가는 고양이》*로 펼쳤다.

내 자식은 조금 덜 사랑하는 대신, 여성 자신도 다른 사람에 의해 사랑받고 돌봄 받으며 '엄마 노릇' 이외의 다른 노릇도 잘할 수 있음을 확신한 것이다. 그렇게 해서 생긴 능력과 자신감으로 '남의 집' 아이들을 보살피며 박진숙 그녀처럼, '엄마 노릇'이 아닌 '어른 노릇'을 제대로 하는, 이른바 '사회적 모성'을 실현할 방법을 모두 함께 찾는 것은 어떨까.

'학원' 때문에 이루지 못하는 '사회적 모성'

《소풍가는 고양이》가 셋집에서 버젓이 집을 사 자신들만의 공간으로 이사하던 날을 잊지 못한다. 그 집에서 밥을 사 먹었던 단골들은 물론이고 이곳을 응원하던 모든 사람들이 모인 자리였다. 박진숙과 또 다른 어른, 그리고 함께하는 청년들은 느리고 비틀거리면서도 어쨌든 앞으로 나아갔던 것이다. 바글바글했다. 감격스러웠다. 그 자리에는 로리주희와 《줌마네》

---

* '건강한 먹거리로 좋은 삶을 만드는 한식 전문점'을 표방한다. 도시락, 다과, 뷔페 다 되는 이 도시락 배달 가게는 십 대들도 주주로 있다. 2011년에 문을 열었다.

를 함께 만든 이숙경 영화감독도 와서 〈소풍가는 고양이〉의 다큐멘터리를 촬영하느라 바빴다. 그런 중에도 소광숙 사무국장과 〈고양청소년문화협동조합〉(이하 협동조합)에서 함께 일한다는 소식을 들었다며 "참 신기해. 다들 흩어져 있는 것 같은데, 어떻게들 만나 비슷한 일을 하고 있으니." 했다.

사실 내가 〈고양청소년문화협동조합〉 이사장으로 이름을 걸고 있기는 하지만 일은 사무국장이 다 하고 있다. 소광숙 사무국장을 처음 만난 것은 이 책을 함께 쓴 태희원, 최시현, 로리주희와 서대문구에 있는 중학교에서 인문학 프로젝트 〈사이〉를 진행할 때 소광숙을 강사로 초청하면서였다. 누구보다 열심히 '엄마 노릇'을 하던 그녀는 어느 날 문득, '이렇게 살아도 되나? 우리 아이들을 사랑한다면서 이래도 되나?' 싶었단다. 그러다 대학 선배 이숙경을 우연히 만나 〈줌마네〉에서 사진을 배우게 됐고, 글도 쓰고, 사진집도 펴냈다. 〈줌마네〉 덕분에 교육과 관련된 다양한 사회 활동을 하게 된 것이다. 〈사이〉에서 소광숙은 아이들에게 사진 촬영, 수공예 등을 가르쳤는데 반응이 꽤 좋았다. 그래서 〈협동조합〉에서 같이 일해 보자고 '꼬셨다.'

〈협동조합〉은 정의당 심상정 의원이 마련한 예산으로 청소년들이 조합을 이루고 소광숙이나 나 같은 어른의 도움을 받아 하고 싶은 일을 하는 곳이다. 물론 이들을 돕고 싶은 어른들도 조합원으로 가입하여 조합비를 보탠다. 그 조합원이 현재 약

2백여 명에 이른다.

하고 싶은 일이 무엇인지 '생각해 본 적이 없는' 아이들을 위해 글을 쓰고, 그림을 그리고, 춤을 추고, 게임을 하고, 사진을 찍고, 음악을 연주하고, 타로로 점을 보는 등 온갖 다양한 프로그램을 진행하고 있다. 소광숙이 〈줌마네〉에서 경험했듯이, 〈협동조합〉의 청소년들도 무엇을 원하는지 찾아가도록 돕는 것이다.

그러나 처음엔 학생을 모으는 것부터가 쉽지 않았다. 엄마들이 학원이 아닌 〈협동조합〉에는 아이들을 보내 주지 않았던 것이다. 가끔씩 엄마 '몰래' 찾아오는 아이들을 보니 어이가 없었다. 이 문제를 해결하기 위해서는 '엄마 노릇'에 대한 생각부터 바꿔야 했다. 오후에는 절대로 움직이지 않는 엄마들을 위해 오전 시간에 엄마들을 대상으로 하는 강의를 열었다. 〈협동조합〉이 운영하는 카페 〈톡톡톡〉과 고양시 중고등학교에서 '엄마 노릇'에 빠진 엄마들과 이 책에 담긴 내용들을 이야기했다. 공감도 컸다.

'앵콜' 강의가 이어져 고양시 생활협동조합 단체에서도 강의를 했고, 대형 쇼핑센터 야외 광장에서도 했다. 고양시 중고교 선생님들과 교장·교감 선생님들 앞에서도 강의했다. 엄마들도, 선생님들도 뜨겁게 호응해 주었다. 나는 적어도 고양시에서만은 세상이 바뀔 줄로만 알았다. 그런데 전혀 아니었다. '엄마 노릇'에 빠져 있는 엄마들은 아이들이 학원에 가지 않으면 금방 사회

엄마도 아프다

의 낙오자가 되는 줄로 믿기 때문이다. 여전히 '엄마 노릇'을 바꿔 보려는 노력은 힘들지만, 그나마 찾아오는 아이들이 늘고 있어서 그건 반갑다.

스스로도 '엄마 노릇'의 치명성을 깨달은 데다가 〈줌마네〉의 보살핌을 받으면서 다양한 프로그램을 접했던 소광숙은 청소년들에게 '엄마 노릇'이 아닌 '어른 노릇'으로써 자기가 받은 보살핌을 나눠 주듯 실천한다. 최근에는 〈협동조합〉이 운영하는 기자단(기자를 희망하는 아이들)에게 글쓰기, 편집하기, 취재원 찾기, 취재원과 예의 바르게 대화하기 등 기자가 배워야 할 모든 것을 가르쳐서 불가능해 보였던 『톡톡 신문』을 발간했다.

신문을 발간하기 위해서는 기자들과 편집장 소광숙이 오랜 회의를 거쳐 먼저 그 호의 주제를 정한다. 다음에는 주제에 맞는 각 기사의 방향을 정하고, 방향이 정해지면 각 기자는 취재원을 정한다. 그러고는 취재원을 만나기 전에 주제에 대한 공부도 하고 질문도 뽑아야 한다. 방과 후 많은 시간을 할애해야 하는 활동인 데다가 기자들의 (그놈의!) 학원 시간까지 겹쳐, 회의를 하는 것도 쉽지 않았을 것이다. 드디어 이 모든 준비를 마친 기자 중 한 명이 내게 연락해 인터뷰 요청을 하는데(기자단은 경기도 교육감과도 인터뷰를 했다.), 그 태도나 말솜씨가 얼마나 '프로' 같았는지 새삼 소광숙의 능력에 감탄했다. 기자가 뽑아 온 질문 역시 훌륭했다.

인터뷰 후, 소광숙을 흉내 내어 나 역시 기자에게 괜찮은 '어른 노릇'을 해 보려고 "기자님에게 인터뷰를 요청받고 이렇게 인터뷰 할 수 있어서 참 좋았어요. 기사 쓰다가 궁금한 점이 있다면 언제든 연락 주세요." 했더니 "네, 알겠습니다. 바쁘실 텐데 장시간 할애해 주셔서 고맙습니다." 한다. 겨우 중학교 3학년이! 이 중학생 기자는 사회생활에서 배워야 할 아주 중요한 태도를 우리 〈협동조합〉에서, 소광숙 같은 좋은 어른에게서 배우고, 또 즉시 실천해 본 것이다. 이런 '살아 있는' 공부를 '엄마 노릇'하는 엄마들이 막는다니, 그것도 (그놈의!) 학원 때문에! 참 안타까운 일이다.

〈협동조합〉이 청소년을 위해 진행하는 프로그램의 원칙 중 하나는 '취업'이 아니라 '일'을 하도록 돕자는 것이다. 여기서 말하는 '일'이란 청소년들로 하여금 어떤 일의 처음부터 끝까지를 경험하게 하고 그 안에서 생기는 실수로부터 스스로 배워 스스로 성장할 수 있도록 하는 장을 말한다. 〈협동조합〉은 많은 행사를 진행하는데, 행사 기획, 예산 짜기, 예산 절감을 위한 이런 저런 궁리(스폰서 구하기, '공짜로' 자기 친구와 가족 같은 인맥 동원하기…), 집행, 일명 '노가다'(행사 도구 운반하는 등의 육체노동), 평가까지 행사 전반을 '어른 노릇'의 지도를 받으며 청소년들이 직접 한다. '일'에 필요한 공부는 일에 바로 적용되는 것이므로, 그것이 글쓰기, 영어, 철학, 심지어 잔소리여도 청소년들은 눈을 반짝이며 듣고 질문도 한다.

처음부터 그랬던 것은 물론 아니다. '엄마 노릇'을 멈추고 〈줌

엄마도 아프다

마네〉로 건너와 사회적 '어른-되기'의 과정을 겪은 소광숙 같은, 박진숙 같은 사람들이 있었기에 가능한 것이다. 고양시 엄마들 중에서도 서서히 '엄마 노릇'이 아이와 자신을 불행하게 하고 둘의 관계를 왜곡시킨다고 생각하는 여성들이 우리 〈협동조합〉에 말을 걸기 시작했다. 그 엄마들도 소광숙과 협력해 조만간 청소년들과 진행하는 프로그램을 주도할 것이다.

그 엄마들 중에는 전직 교사, 간호사, 미장원 원장에 생활협동조합 대표도 있다. 붓글씨를 잘 쓰는 사람, 비빔밥을 잘 만드는 사람, 바느질을 잘 하는 사람……. 다음 세대에게 필요한 삶의 지식을 나누어 줄 여성들이 이루 헤아릴 수 없이 많을 것이다. 그 모두와 만나 아이들을 위해 무엇을 할지, 하고 싶은지, 어떻게 할지 길고 긴 이야기를 나누게 될 것이다. 〈협동조합〉이 해야 할 일이 정말로 많다.

또 나는 서울시 조희연 교육감의 공약 실천 사항으로 진행되는 〈오디세이 학교〉에 관여하면서 참여 관찰 중이다. 〈오디세이 학교〉는 서울시 고등학교 1학년생 중 40명을 뽑아서 1년 동안 〈오디세이 학교〉의 협력 기관인 세 곳 대안 학교에서 공부하도록 하는 프로그램이다. 이들은 1년이 지나면 원래 학교에 2학년으로 돌아갈 예정이다. 이 숫자는 차츰 더 늘어날 텐데, 우선 2016년에는 90명을 뽑을 계획이다.

대안 학교의 프로그램은 주로 인문학, 여행, 춤, 연극, 음악, 체육 등으로 이뤄지기 때문에 오디세이 학생들은 대입을 전제로 하는 내신 평가의 불리함을 감수해야 한다. 놀라운 것은 학생 본인도 본인이지만 성적이 우수한 학생의 부모들이 먼저 자녀의 '진정한 성장'은 국어, 영어, 수학을 중심으로 하는 교과 교육에서 이루어질 수 없음을 알고 과감히 내신이 불리한 〈오디세이 학교〉로의 지원을 권유하고 허락했다는 것이다. 내신 관련 교과 수업 진행 여부를 놓고 고민하는 〈오디세이 학교〉 교사들에게 오히려 여행이나 인문학의 교과과정을 대폭 늘려 달라고 부탁하는 이들도 역시 이런 부모들이다. 〈오디세이 학교〉의 입학 자격 요건에는 학생들을 학원에 보내지 않아야 한다는 조항이 있다. 이런 부모들이 아이들을 학원에 보낼 리가 없다.

베이비부머 세대보다 조금 젊은 이 부모들은 자신의 자녀가 경쟁에서 우위에 서야만 하는 게임의 규칙을 거부한다. 이들은 학교에서의 경쟁을 '소모적 경쟁'이라고 부른다. 세상이 바뀌었는데, 세상이 움직이는 원칙이 바뀌었는데 동료와 이웃과 협력하고 소통하는 능력 대신, 여전히 경쟁만을 강조하는 학교 교육에 아이의 청춘을 허비하게 하고 싶지 않다고 분명하게 말한다. 이런 부모들은 〈오디세이 학교〉를 참관할 때도 자기 아이만을 보지 않는다. '다른 집' 아이의 이름도 잘 외우고 그 아이의 엄마에게 아이에 대한 듣기 좋은 말도 해 준다.

"○○ 덕분에 저희 △△가 학교 오는 게 즐겁다고 하네요."

"오디세이 학교에 와서 ◇◇ 같은 친구를 만나게 된 게 얼마

엄마도 아프다

나 좋은지 몰라요."

아이들이 〈오디세이 학교〉에 다니고부터 '엄마 노릇'을 할 필
요가 없고, '엄마 노릇'을 하지 않으니 아이들과의 관계도 좋아
졌다고 말한다. 방과 후 학원으로 돌기 바빴던 아이들과 이제
는 아이들이 갖고 있는 고민에 대해 함께 생각하는 '어른 노릇'
을 하기도 하고, 자녀가 〈오디세이 학교〉 친구들과 모여 무언가
를 하며 시간을 쏟을 때면 성장의 소리가 들리는 듯해 벅차다
고 말한다. 무엇보다 '다른 집'의 아이들과 내 아이를 비교하지
않고, 그들과 내 아이가 같이 성장할 수 있는 토대를 마련하는
것이 '어른 노릇'이라고 생각하게 된 자신을 보는 것이 기쁘다고
말한다. 〈오디세이 학교〉 협력 기관 대안 학교의 한 교사 역시
〈오디세이 학교〉 교육의 목표는 인생의 가장 중요한 이때에 아
이들로 하여금 '좋은 어른'을 만나 '좋은' 시간을 갖게 하는 것이
라고 말한다.

이 책의 저자들을 비롯해 현재 '엄마 노릇'을 수행하는 세대
의 사람들은 교육이 경쟁이 아닌 협력과 소통의 과정임을 배우
지 못했다. 배우지 못했으니 상상할 수 없고, 상상할 수 없으니
실천할 수가 없고, 그러므로 제대로 된 '어른 노릇'을 못 한다.
바로 여기에 우리 저자들을 비롯한 엄마들 각자의 '무능함', '무
지함'을 깨달아야 하는 이유가 있지 않을까.

단 한 명의 개인일 뿐인 나 자신과 나와 비슷한 경험을 가진
사람들의 경험만을 믿고, 21세기 교육에 대해 고민하는, 제도

교육계 바깥 사람들과 소통하지 않고 어떻게 아이들을 기를 수 있을까. 아니 무엇보다 어쩌자고 '학원'이라는, 공간적으로도 협소하지만, 그 가르치는 내용에 있어서 제한적이기 이를 데 없는 그곳으로 아이들을 보내고 있는 걸까. 어쩌다가 우리 아이들의 교육에 학교도 아닌 학원이, 이렇게 중요하게 되었을까.

서대문구에 있는 어떤 중학교에서 위와 같은 내용으로 학부모 강의를 끝내고 질문을 받을 때였다. 한 엄마가 질문 처음부터 약간 울먹이며 다음과 같은 말을 이어 갔다.

수학에 뛰어난 중학교 2학년인 아들이 어느 날 학원 갈 시간이 한참 지나서야 집에 돌아왔더란다. 무슨 일 있었냐고 물었더니, "친구에게 수학을 가르쳐 주고 오느라 늦었어요." 했다. 엄마는 약간 화가 나서 "친구에게 가르쳐 주는 것도 좋지만, 학원 시간에까지 지장을 주면 안 되잖니. 밥은 있다가 다녀와서 먹고 얼른 학원 가!" 했단다. 질문을 다 끝내지 못하고 그 엄마는 울었다. 거기에 있던 다른 엄마들도, 그리고 나도 울었다. 각자 왜 울었는지는 모르지만, 나는 그 엄마의 중학교 2학년 아들이 깨달았을 세상 사는 법이 너무 가여워 울었다. 그 아이가 그 순간 배웠을 세상이 너무 삭막해서 울었다. 겨우 중학교 2학년인데, 그깟 학원이 뭐라고⋯⋯. 그 엄마는 아이가 수학을 잘하므로 계속 '밀어 주고' 싶다 했다. 그렇다면 엄마는 아들이 수학자가 되길 바라는 걸까?

그런데 내가 아는 한 그 어떤 수학자도 학원에서 배운 수학으

엄마도 아프다

로 수학자가 되진 않았다. 수학을 전공하는 어떤 선배는 초등학교 2학년 때 서울에서 부산까지 기차를 타고 가면서 기차가 한 바퀴 돌 때마다 숫자를 세어 수의 단위(일, 십, 백, 천, 만, 십만, 백만…)를 혼자 깨우쳤다고 했다. 물론 "9,999 다음엔 뭐야?" 하고 묻는 딸 옆에서 "1만이지!" 하고 알려 주는 엄마가 있었기 때문에 깨우칠 수 있었던 거지만. 딸의 이 기이한 행동을 보던 어머니가 "너는 못 돼도 수학자는 되겠구나." 하셨다는데 아니나다를까, 그 선배, 지금 수학과 교수다.

선배는 학원과 과외 없이 혼자 '미쳐서' 수학 공부를 했고, 내가 만난 그 선배의 같은 과 교수들도 어딘가 약간 (좋은 의미로) '미쳐' 있는 것 같았다. 그러니 수학 잘하는 아이를 '밀어 주는' 것은, 모순적이게도 그냥 '놔두는' 것이다. 혼자 '미쳐서' 수학을 공부할 수 있게 자기가 원하는 책을 사 주고, 가끔 그 책 내용이 무엇이더냐, 질문만 해 주면 된다. 만일 수학자가 되는 것이 그 아이의 꿈이 아니라면 수학 지식을 이용한 다양한 일을 할 수 있도록 그 길을 안내해 주면 될 터인데, 그 또한 '학원'에 보낼 일은 아니다. 많은 책을 읽고, 영화를 보고, 전시회를 다니고, 음악을 듣고, 친구들과 싸우고 놀면서 아이의 수학적 지식이 쓰임새를 찾아가도록 도와주어야 하는 거 아닌가.

물론 내가 아는 사람들이 이 세상의 표본은 아니지만, 수학을 전공한 다큐멘터리 프로듀서도 있고, 극작가도 있고, 카페 주인도 있고, 변호사도 있고, 보험 설계사도 있다. 소설가 중에서도 수학 전공자들이 더러 있고, 화가 중에도 있다. 미국 심리학계의 거물 중 한 명도 수학 전공자다. 변호사가 될 거면서, 심리학자가 될 거면서, 작가가 될 거면서 왜 수학을 전공했는지를 묻는 것은 우문이다. 수학 능력은 어디서고 발현되는 것이고, 그러므로 수학을 잘한다는 그 중학교 2학년 아들은 자신의 수학 능력을 발현할 만한 분야를 어렸을 때부터 두드리고 다녀야 한다. 국어를 잘하는 아이도, 체육을 잘하는 아이도, 또 아무것도 잘하는 것이 없는 아이도 마찬가지다. 21세기의 아이들에게 그 기회를 막고 (그놈의!) 학원만 보내는 것은, 그러므로 21세기적 죄악이다.

대학만 나온다고 능사는 아닌 시대가 되었으니까.

사회적
모성

'엄마 노릇'과 상반되는 의미의 '사회적 모성'이란 우선 구성원들을 경쟁 중심적으로 보지 않고, 너의 성장과 나의 성장, 그리고 다른 사람의 성장은 제각각의 속도와 장場이 따로 있음을 전제로 한다. '사회적 모성'이 격려하는 배움은 학원이나 학교에서만이 아니라 다양한 공간과 시간에서 생겨나는 것이다. 그러므로 다음 세대에 올 아이들에 대한 보살핌은 되도

엄마도 아프다

록 이들을 다양한 경험에 노출시키는 것을 돕는다.

배움에 있어서 경쟁 없이 각자의 속도를 존중하는 것, 이런 보살핌은 필연적으로 '다양함'을 전제로 한다. 그러니 절대로 엄마 혼자서 '엄마 노릇'을 하는 것은 불가능하다.

그러므로 이제 우리끼리 만나야 한다. 만나서 아이들이 지금보다 행복해질 수 있는 길이 무엇인지, 무엇을 배워야 하는지, 이야기해야 한다.

〈오디세이 학교〉 학생들은 등교한 지 일주일 만에 기쁨에 찬 얼굴로, "학교가 좋아요!" "선생님이 좋아요!" "배우는 것이 즐거워요!" 한다.

〈오디세이 학교〉에 참여하는 현직 교사 역시 열흘 정도가 지나자 "이런 것이 참교육 아니겠는가?" 되뇌었다는 이야기를 들으면, 학교 교사와 부모들은 어떤 생각을 해야 할까.

대중 강연에서 〈오디세이 학교〉를 얘기하고 〈고양청소년문화협동조합〉에 대해 말하면, 사람들은 "그게 어디에요?" 하고 묻는다. 경기도 주민들은 "왜 서울에서만 그런 걸 하죠?" 말하고, 서울 사람들은 "〈고양청소년문화협동조합〉 같은 건 서울에 왜 없죠?" 한다.

그도 그럴 것이 〈오디세이 학교〉는 지난 15년간 지방정부와 교육청과 싸워 가면서 전국 곳곳에 대안 학교를 뿌리내린 학부모들이 있었기에 가능한 기획이었다. 〈고양청소년문화협동조합〉 역시 지난 십여 년간 존재해 온 고양시 〈마을학교〉, 즉 어른을 위한 학교가 있었기에 가능했던 것이다. 모두 지난한 투쟁과 토론, 시행착오를 겪으면서 오늘에 이르렀다.

그러니 다른 지역의 성과를 부러워하기보다 각자의 마을에서, 공동체에서, 학교에서 이제부터 '엄마 노릇'의 불가능성을 인정하고, 또 하나의 〈오디세이 학교〉와 〈고양청소년문화협동조합〉, 아니 그보다 더 훌륭한 기획을 탄생시킬 것을 궁리해 보자.

우선 만나서 얘기하고 토론하자. 어떻게 이이를 엄마 혼자의 '엄마 노릇'으로 키우겠는가. 그러니 같이 만나서 얘기하자. 둘이 넷이 되고, 넷이 여덟이 되어 우선 방과 후에 학원에 보내지 않고, 빈 교실, 빈 운동장에 아이들을 풀어 놓고 하고 싶은 것을 하게 하자. 놀게 하자!

준비된 엄마나 아빠가 아이들과 하고 싶은 놀이, 공부, 게임, 얘기, 영화 보여 주기, 운동, 음악 감상…… 등을 시작하는 거다. 물론 싱겁게 한두 번 하다 말 것이 아니니 철저히 준비를 해야겠지. 그러니 한참 동안 치열하게 이야기를 나누어야 한다.

그런 과정을 오래 거치면 각 공동체마다, 마을마다, 학교마다 〈오디세이 학교〉나 〈고양청소년문화협동조합〉과 비슷한, 아이들이 비로소 숨 쉴 수 있는, 자기 지역의 특성에 맞는 또 하나의 배움의 공간이 나오지 않겠는가.

그러니 나는 '사회적 모성'을 이렇게 정의하고자 한다. '엄마 노릇'으로부터 탈주하여 아이들을 살리는, 십 대에게 청춘을 되돌려 주는, 함께하는 보살핌으로 나아가는 것이라고.